清末民初文獻叢刊

虛受堂文集

［清］王先謙 著

朝華出版社
BLOSSOM PRESS

圖書在版編目（CIP）數據

虛受堂文集 / (清) 王先謙著. -- 北京 : 朝華出版社, 2018.3
（清末民初文獻叢刊）
ISBN 978-7-5054-4187-3

Ⅰ. ①虛… Ⅱ. ①王… Ⅲ. ①王先謙（1842-1917）—文集 Ⅳ. ①C53

中國版本圖書館CIP數據核字(2017)第320213號

虛受堂文集

作　　者 [清]王先謙

選題策劃 楊麗麗　尚論聰
責任編輯 胡　泊
特約編輯 齊　芳
責任印制 張文東　陸競贏
封面設計 劉敬偉

出版發行 朝華出版社
社　　址 北京市西城區百萬莊大街24號　**郵政編碼** 100037
訂購電話 （010）68996618　68996050
傳　　真 （010）88415258（發行部）
聯系版權 j-yn@163.com
網　　址 http://zhcb.cipg.org.cn
印　　刷 藝堂印刷（天津）有限公司
經　　銷 全國新華書店
開　　本 880mm×1230mm　1/32　**字　　數** 208千字
印　　張 15.5
版　　次 2018年3月第1版　2018年3月第1次印刷
裝　　別 精
書　　號 ISBN 978-7-5054-4187-3
定　　價 110.00元

出版前言

中國自一八四〇年鴉片戰争以來，傳統的農業文明在西方的堅船利炮轟擊之下徹底被顛覆，有擔當的知識分子苦苦追尋，思索社會改革的途徑。從最初的『師夷長技以制夷』到『民主制度，天下之公理』（梁啓超語），他們發現要『强國富民』，首先要『開啓民智』，祇有民衆擁有了獨立思想和批判精神，國家纔能實現真正的强大。在此後一百年的時間裏（一八四〇—一九四九），思想者們從社會變革深入到國民性的改造，用每一部作品見證着中國近代化的遞變歷程。這是一個極其重要的時代，《清末民初文獻叢刊》正是收録了這一時期的作品，大部分書籍都是早期版本，有着極高的文獻研究價值。

清末的中國經歷了『三千年來未有之大變局』（李鴻章語），大清王朝面對西方列强的艦炮，表現得驚慌失措。尤其是鴉片戰争，使『天朝帝國萬世長存的迷信受到了致命的打擊，野蠻的、閉關自守的、與文明世界隔絶的狀態被打破了』（《馬克思恩格斯選集》）。一批士大夫知識分子，尤其是在歐美諸國擔任使臣或者游歷的知識分子最先覺醒，着眼于對西方國家的考察，進而反省本國政治制度的劣勢，可以視作『啓蒙』的端倪。如曾擔任駐英公使（兼任駐法公使）的郭嵩燾在《使西紀程》中以日記的形式記録了自己對歐西諸國的觀感，他在考察了英國的政治制度之後，發現英國政府官員收入超過三百磅者與普通老百姓一樣同等納税，他説：『此法誠善，然非民主之國，則勢有所不行。西洋所以享國長久，君民兼主國政故也。』他明確提出了『民主』，在國家的管理問題上，人民也有參與的權利。他在該書中所披露的西方政治、經濟、文化等領域優于大清帝國這一事實觸動了保守派的神經，立刻遭到保守派群起而攻之，進士何金壽彈劾他『有二心于英國，欲中國臣事之』，他家鄉湖南的民衆對他更是痛加詆毁，以至于滿城揭帖，誣蔑他『溝通洋人』，在這種群情汹汹的情况下，朝廷最後下旨將《使西紀程》毁版，從而使該書成了禁書。然而，書雖被毁版，却不能堵死民衆的傳播與閲讀的途徑，上海的《萬國公報》依舊連載該書，張佩綸曾説：『朝廷禁其書，而新聞紙接續刊刻，中外傳播如故也。』從某種意義上來説，啓蒙是時代的需要，盡管清政府發諭旨禁了該書，民衆乃至一些朝廷大員却依舊在私下閱讀，以便瞭解外部的世界。進步的社會是開放性的，任何企圖『閉關鎖國』的努力都意味着歷史的倒退，衹有開放，與整個世界文明保持同等的步伐，纔能實現真正的强國之夢。當大批知識分子走出閉鎖的國門，親歷了文明的洗禮之後，也就把啓蒙的智識帶回了中華大地。容閎的《西學東漸記》，梁啓超的《新大陸游記》，崔國因的《出使美日秘日記》等一大批作品介紹了海外諸國的政治、經濟、軍事、外交、文化。雖然這些作品在認識上仍然帶有時代的局限性，然而却是那時最爲珍貴的聲音。

另一方面，在學術上，中國文化母體内『經世致用』思想與資産階級思想相結合，也喚起了變革，以康有爲、梁啓超爲首的改良派試圖通過自上而下的革新以實現變革。康有爲的《新學僞經考》《孔子改制考》就是借經學之表論資産階級學説之裏的著作，康有爲的弟子梁啓超更是通過《新民説》一書提出國民性改造。與早期啓蒙者『師夷長技』的器物文明引進不同，梁啓超上升到形而上的精神領域，從文化心理上更加徹底地進行變革。梁氏是清朝末年到民國初年一個橋梁式的人物，被譽爲『輿論之驕子，天縱之文豪』，其影響力不但在學術領域，同時還在文學領域，他所倡導的『詩界革命』得到了譚嗣同、黄遵憲、丘逢甲等人的響應，黄遵憲的《日本雜事詩》，丘逢甲的《嶺雲海日樓詩鈔》都體現了這種主張。這一主張要求反映新的時代和新的思想，用『我手寫我口』（黄遵憲語）的方式直抒胸臆，對長期占詩壇主流的擬古主義、形式主義產生了巨大的衝擊，解放了寫作者的心靈和頭腦。

與社會變革同步的是早期對西方思想著作的翻譯，這裏面影響最大的是嚴復，他翻譯的《天演論》《社會通詮》等書直接孕育了民國一代的知識階層。魯迅、胡適等人在文章中都曾提到《天演論》對他們思想所產生的震撼。與嚴復略有不同的另一位翻譯家是林紓，他的譯作雖然參差不齊，但却在更細膩的心靈層次對讀者產生影響，許壽裳曾回憶，他和魯迅都熱衷于林譯的小説，如《巴黎茶花女遺事》《黑奴籲天録》《迦茵小傳》等作品。

辛亥革命之後，進步社會思潮成爲主流，比之清末思想啓蒙者『求存』的追求，民國以來的知識階層深入到了更加細微的肌理，一方面呼喚社會變革，另一方面進行點滴的建設，革命并不能使所有的一切一蹴而就，在更加深廣的領域，事物的改變是由微觀而宏觀。通俗地説，比之于革命，建設的意義更大。如《中國商業史》《中國教育史》《中國倫理學史》《中國哲學史大綱》《中國小説史略》等一大批作品都是進行系統的梳理與建設的理論作品。其中，以胡適和魯迅二人的影響最大，他們的作品一紙風靡，從而成爲新文化運動的主力人物。

《清末民初文獻叢刊》收録的文獻大致上可以分爲三個階段，其中龔自珍、張之洞、魏源、郭嵩燾、薛福成等人的作品可視爲『早期啓蒙』，康有爲、梁啓超、黄遵憲、嚴復、林紓等人的作品可視爲『中期啓蒙』，胡適、魯迅、蔡元培等人的作品可視爲『晚期啓蒙』。當然，這種劃分并非嚴格意義上的，大部分啓蒙思想者隨着時代的變化，其思想在不斷進步。縱觀整個近現代史，可以發現，要求變革不是在某一個領域，由某一類人發起和完成的，而是全社會的要求。

變革，已經成爲全社會的共識。

從清末民初的文獻中，我們能够發現一種豐富性。這些作品涉及政治、經濟、軍事、教育、外交、宗教、心理、情感等方方面面，從内而外地净化着中國兩千年以來的封建積習。它不衹是對社會的改造，更是對人心靈的重塑；它首重國家社會之建設，同時亦重靈魂心智之喚醒；它是宏大的，也是微觀的；它是嚴肅莊重的，也是活潑靈動的；這些作品結構精巧，思想内容深刻，擁有濃厚的人文主義色彩，對推動社會主義建設，實現中國夢有重大意義，是近現代中國一百年來最宏富的智識與情感的寶藏。因此，整理這些文獻作品，無論是出于資料保存的目的，還是爲圖書館提供資料副本，都有不可估量的意義。

特定時代下的文獻，當它一旦形成（既指草擬，創作的完成，也指其成爲一個載體），就不可再複製了，也就意味着它將面對消亡。對于文獻資料而言，越接近歷史事件發生的時代記録，越具有研究價值。文獻本身具有不可再生性，它衹會消亡，而不會增多。盡管文獻本身的文字可以保留下來，并進行傳播，却失去了當時的時代氣息。當時的作品可能在技巧上，文字的成熟度上不及當代，但它所負載的信息，創作者的情感都反映了當時的歷史，也就是説，它具有不可替代的歷史意義。

影印的版本有三個特點，第一是擁有文獻的『原始性』；第二個特點是『未經改動的』；第三個特點是『歷史的原貌』。所謂『原始性』，也就是説，它是第一手資料，而非轉述的，回憶形成的；『未經改動的』，是指未被篡改、删節、挖補的；『歷史的原貌』是指在影印製作過程中，完全依照文獻的原來模樣……這樣製作出版的作品，無异延續了文獻的壽命。

近現代思想史上的一個最重大的思潮就是『開放』，從林則徐的『開眼看世界』到蔡元培的『兼容并包』，都是在倡導一種開放式的胸襟。而《清末民初文獻叢刊》最有魅力的部分就是『開放』這一主題，祇有融入到世界文明發展的進程中，中華文明纔能歷久彌新。

《清末民初文獻叢刊》編委會

二〇一七年四月十四日

凡例

一、《清末民初文獻叢刊》（以下簡稱『叢刊』）爲影印本，舉凡所用之底本，均爲該書之早期版本。有清末刊本，亦有民國印本。

二、《叢刊》均依底本影印，未予刪改；原刊本有誤，不予校改，以保留文獻之原貌。

三、《叢刊》所用之底本，因時日久遠存在漫漶的情況，均進行了修復；底本闕文、印刷不清，均保留原貌。

四、爲讀者閱讀之便，《叢刊》中之舊底本目録未標記頁碼者，編了目次；原底本有頁碼和目録，未予重複編目。

五、爲保持文獻的原始風貌，影印本保留了原書書影（原書爲多册，則保留第一册書影）、扉頁等信息。所用底本無相應信息者，則不予妄添，以免錯訛。

目録

履愛堂文集十六卷

趙廷瑞書

宣統戊申仲夏

序

昔姚惜抱以理學名儒類纂古文辭主張後進海内翕然奉為圭臬粵寇之亂
厥學寖微吾師長沙祭酒愁焉而憂以學術之盛衰引為有心世道君子之責
於是裒采乾嘉道咸諸名人集按類編次續姚之書而所自為各體古文一以
姚氏宗旨為歸而進求合乎先儒義理之學先生固不欲以文名而文必如先
生乃可謂獨精者先生之言曰乾嘉鉅儒立漢學之名詆宋儒言義理為不足
述獨惜抱以義理攷據詞章三者不可一闕義理為幹而後文有所附攷據有
所歸故其為文原流兼賅粹然一出於醇雅夫先生於經史諸子
國朝掌故皆嘗鉤稽參訂著有成書固非不能以攷據名世而必若世之傯離
傋霿襲取宋學為高者然而其揚搉惜抱立言如此則先生之自任斯文實重
且遠而所以探討義理發之於古文辭者皆吾黨小子所得而畧言之矣嗚呼
義理之説孟氏寔始言之其旨為禮教所從出學者得之以不同乎雜家者言
而自成其為儒家言者也孟氏既往墨學未衰其徒黨又率能譬諭齊給掤為
名法捭闔諸姦説以蔑禮廢教惛惑愚衆故其文亦喬宇嵬瑣而不可究詰荀

卿子出論學論治悉本乎禮反復推演纂明其趣於是其學爲千古修道立教所莫能外而其文廼大醇而無所蔽近世已來士夫多厭薄中庸務摭取荒徼異言著爲文說譏詗我政制經典而謬謂能拯之傲其禍較戰國橫議爲烈先生獨能主持正學放距衺詖俾其說不至深中乎風教先生之引學術盛衰爲有心世道之責者毋乃在乎是然則先生之文益不可不傳而先生之所發抒乎其文者良有所本也毅受學先生有年知先生之學惟毅獨深每先生一文出輒得先讀讀輒錄之積有歲年遂成巨帙亂離既肇人事日繁深恐師說之存於毅者或及身而散失因與平江蘇厚康孝廉各出所錄若干篇仍謹依先生續古文辭類纂之例次第之都十五卷梓而行世毅生平不能文然偶有觸悟自謂能獲古文家傳授之宏恉嘗以所得質先生曰文而禮儒家言也文而非禮雜家言也先生深韙之今栞先生之文因臚舉已說引申師義而爲之叙後之讀先生文者幸其知所宗尚也光緒二十六年閏八月受業湘鄉陳毅謹叙

序

自來言古文者宗師昌黎夫昌黎之可師豈特其文之格律氣韻云爾哉其進學解所稱列百家六藝細大靡遺而答李翊書論文謂非三代兩漢之書不敢觀非聖人之志不敢存又必識古書之正僞答李師錫則云所志於古者不惟其詞之好好其道焉爾於虖此昌黎文之所以獨絕也宋世歐蘇輩出考其議論雖於古聖賢有合有否要其生平志學各足自立故其文發之而特光歷霾晦而益顯

國朝桐城姚惜抱氏爲義理考據詞章合一之說藉以融洽漢宋門户定文章之趣嚮吾以謂考據以博古義理以明道此非姚氏之私言即昌黎所自期與其教人爲文之恉端在於是然姚氏之文沈潛古籍於義理考據爲能兼綜其全故雖取法唐宋而能拔出一代彼世之號爲桐城派者吾惑焉夫必蓄於内者真而後發於外者有所不容已執持於已者大而後應於世者取給而不窮苟或抱其空質以鳴則雖體貌畢具若假良工之模以製器形狀僅肖精苦頓殊尚烏覩所爲宗派者乎舟楫者致遠之具而非所以致也規榘者造物之用

而非所以造也體律者能文之方而非所以能也且夫文之遞嬗無窮惟道與學之至者廼藉言語以存於不敝偏畸於形貌未有能勝者也宋初鑒五代之纖麗而柳穆以簡淡為高明病臺閣之庸猥而王李輩號稱復古援白嘲黑矯而仍敝奚足語文字之真哉吾師葵園祭酒曩曾賡續桐城纂次各家固亦循唐宋之軌轍而其為文醇懿槃鬱獨追古初奄有眾家之長過而積之挹秦漢之精而不掩其跡達之氣可謂極天下之智勇祛文家之偏畸者蓋先生上自周秦兩漢之書下逮近代掌故之錄罔不纂述成書既世之所推考據家復以餘事發為文章根氐往籍抽析新理燦成統紀各還分職歛焉而彌閎挹之而愈不盡又其衛道愛

國之誠纏綣方寸時見於意言之表直有合於昌黎所云者若其考覈詳密源流畢貽遺字積語較量銖黍視姚氏以下殆或過之已於序滄瀛緼亂絃誦將衰吾湘昔日曾吳諸老相與切劘翁應於干戈顛沛之餘今漸闃焉莫可復得重以邪說流行學校蒙殃文字之變與世運殆無終極而先生獨抱古芳矯然物外後之讀斯集者因益曉然於道範之不可踰越則所繫於風教者尤鉅也

輿受先生教有年於古人之道無所得唯於先生文若有私嗜爰合先生舊作輿同門諸子分類編刻而序其恉以詒讀先生之文者光緒庚子閏八月平江門人蘇輿敬撰

虛受堂文集目錄

卷五

重刊風憲約序代
吳中丞游桃源洞記書後
梓湖文集序
瀏陽婁氏族譜序
卷六
心言序
重刊南華九老會唱和詩譜序
莊子集釋序
釋名疏證補序
頤竹侯所著書序
葵園校士錄存序
韓非子集解序
今文尚書攷證序
漢書補注序
約章分類輯要序
丹溪全書序
文昌功過格序
重刊景教碑文紀事攷正序
又後序

卷七

卷八

卷九

卷十一

卷十六

虛受堂文集卷一

長沙　王先謙　益吾

科舉論上

光緒丁酉戊戌閒時文之敝極矣羣議變科舉法予亦韙之作科舉論上

一統之天下之士以制藝造之列國之天下之士不可以制藝造之今之世論海內則一統合環球為列國然而設科校藝儀仍前政用時文取士而罔識變通殆未抉其弊也自宋明以來制御臣下之道既得倒持末大之患不生故上之計慮惟在於民考選之法禁約之方視唐世而遞加密俾士人搏心奮志求合有司饜其寵榮不生佚志魁桀俛首而趨入吾彀椎愚者固知其無能為君上息偃於深宮而常有鞭笞萬里之勢然逮及末造積弱勢成外侮憑陵羣熟視而無策為下者雖有忠義之氣手足如被桎梏徒瞋目張膽效死以殉前事昭然可覩已所以然者知束縛其民之為利而不暇計及其民不足用之為害狃於一成而不知變化以至此也　國朝因明之舊鄉會試一場承用四書文二三場為經文為策二百數十年中得人盛矣民之服事　國家其收效與宋

明無異也而　天子施德惠於民者積厚而未有已果無外懼百世不易可也道咸之際知有海國矣情事未灼也同光以來知列國所以駕吾上者端緒可究矣而勢弗棘也　朝廷之上振興商務封疆之吏習勤海軍吾財弗外流而勢足自振由其道而人才日出乎其閒雖不改制科無害也自日本之役　國威不張列邦劫持財力殫竭岌岌如不終日我　國家屬望者惟在人才而所以造進之者猶無異乎束縛其民之為苟以救時活國為心不待反復辨難而決其不可矣然則試士當柰何曰宜以策論代難者曰　本朝康熙閒廢制藝用策論矣未幾而復舊乾隆中廷臣請改策論矣而仍試制藝予謂策論之視制藝果有以相高乎曰唯唯否否文之為道所以化成天下歷千萬禩不變也而用於試士者今有數端經藝以存經學試律以存詩學試賦以存賦學楷字以存書學雖去深至者絕遠而不失為從入之途此無論矣獨制藝自明至今名其家者可僂指而陳言相因無窮期也倖而取科目入仕途唾棄如芻狗不則韋幸因循頭童齒豁弗能決舍而遠大之學業或終身未能夢見上之人覩通才輩出不以為早達歷練而成而歸其效於科目至於深山困餓把卷窮年

飲恨入地不知幾千萬人使生附志士之列而死蒙鄙儒之稱誰之咎也況今之時文決裂橫潰其體已不能自立昔人謂代聖賢立言者去之彌遠吾為士人議廢此者專欲畜其精神優其日力多讀有用之書而已若夫策論以存古文之學則亦不能廢也豈謂與制藝較優絀哉難者曰　國家以制藝試則人皆讀四子書四子書士人立身之根柢也子不且以廢制藝者廢四子書乎曰奚為其然也用四書之題目易策論之體裁如宋王安石剏始之作雖廢猶不廢也充之子史以博其趣推之時務以觀其通試不一題本末賅貫使上下其議論而求才之道備焉今也以時文為名而雜家後世之言紛然間出幾不辨其為何體以彼較此不猶愈乎難者曰是則然矣然　國朝文試屢變先有性理論及表判矣乾隆二十二年去鄉試表判與會試俱用律詩四十七年移論二場改詩於一場文後旋去論不用今子以為宜用策論策又三場所固有也存者疑於復重而去者不鄰於妄議乎曰性理之說有窮者也經史諸子時務無窮者也論無窮之與有窮固有間矣三場策近考據之文　殿廷策取對揚之義視散文為策抑又不同夫策論統詞耳合訂其章程而審思其損益有主

者在非吾敢議也難者曰光緒乙亥合肥李公有請廢制藝之疏予時典試江西爲鄉試錄序以爲不必輕議而今自偝之邪曰吾前固云云矣所謂不必輕議者非當時之急務也當時之要惟在商務海軍事理至明吾詞非遁也今萬不得已而求轉機於異日之人才吾亦非謂策論即興起人才之本也思先避制藝之害而已雖然以李公當日言之而吾不謂然也又惡知吾言出不有人焉尚以爲不必然者邪

科舉論下

光緒戊戌夏奉　旨廢制藝試策論已而康有爲逆案事覺新政復舊作科舉論下

或曰甚哉論事之不可喜新也以　朝廷數百年之成法遵奉之唯恐或失一旦視若弁髦廼欲并制藝廢之亂黨之設心亦巧矣予非力攻亂黨者乎何立說之相似也予曰是未可以概論也夫康黨立心背畔議改制度以炫亂天下耳目其欲變衣冠更憲法斷不可行者也自我　朝開國以來官制非不時有損益彼既裁冗職復請設散卿自相違覆此大謬也至於制藝則豪儁有志之

士類不樂為章句所囿而庸庸者因之束書不觀人才消耗半由於此又其體實已滅裂羣激而為廢之之言非亂黨之剏論彼攘其說以自鳴焉爾既奉旨廢去之天下之士喁喁然也今以亂黨倡言之故而復其舊則亦非吾輩所敢議矣曰子明制藝之害而未明其益聞天下之士之以廢為樂而未聞其以為苦也予曰制藝之益予固言之矣然必以人才興起之益專歸之四子書與制藝彼康有為之徒皆習四子書由制藝出身者又何說也夫其心已悖亂雖日誦其文而精其技未見果有益也且所謂苦其廢者何曰以制藝試貧士家有十千錢書可以成名易策論雖什倍於此而不足供周覽其不便實甚予曰子誠愛士將欲其多讀書以成才乎抑徒憫其貧而不思誘進之道也吾聞立政者以育才為亟不聞教學者以恤貧為先子何論之卑也曰今科舉已復舊矣子言太切吾懼子且得罪予曰相時宜為張弛者 國家化成之妙也抒至言以備采擇者臣民獻納之誠也若子諛媚之詞則非吾所願聞也今天下所當究圖者甚衆徒各執其咫聞隅見膠固於心胸而莫能相發此人才所以日乏而世運所以不振也且制藝之宜更定舒赫德楊述曾言之於乾隆時李相

國言之於光緒初　朝廷雖不從未嘗加譴也今之時誠急於舒赫德楊述曾李相國言事之時矣使予而在高位視吾之言果有異於舒赫德楊述曾李相國之言邪

海軍論

嗚呼自海軍之興迄今二十年功既不成而議論猶莫能相壹吾是以歎中國之事隳壞於浮言者多也夫立事必有本謀慮是矣慮遠則謀從而遠慮短則謀從而短凡事皆然何況行軍是故海軍之設志在於戰然後可守未有志僅在守而遂能自固者矧張皇耳目徒侈其名志之不存何有於守且戰或曰子將率中國之人而與外邦海戰乎　國家不勤遠略此古聖之謨訓也子豈未之聞乎予曰吾論其志爾不必有其事也今夫作室者懼寇賊之警則固其扃鍵慮風雨之摧則勤其垣墉若興造未幾而傾毀隨之其謀之不臧決矣彼外邦所以教練其軍師摩厲其器械者舉可考見吾事事取給外人苟且塗飾草具形模又羣以為不急之務而訾笑之一旦有事乃責其不能為一戰之用不亦遠於事情乎人之言曰兵可百年不用不可一日不備此世俗不通之論也天

下豈有百年不用之兵哉果不用至於百年雖備猶不備也吾之為兵必日日如臨敵故慮密而神定寇至則藉以厲吾軍鋒而增益所未到是以士氣不竭而國威常張日本之效西法也海軍既成試至於生番又試之於朝鮮可以悟其理矣當雄邦環伺之秋縱不欲稱兵海上亦當思患於未然而儲材於不匱乃偃然自足不復為深遠可恃之圖豈所謂善為國者乎或曰海軍者外人之長技吾師其長適形其短奚為其必取法乎棄瀕海地數十里深溝高壘以待之此制勝之策也予曰五方均是人也習慣自然豈真彼長而此之短邪中國受 列聖涵育物熾而豐瀕海皆民産誰能棄之且環海七千里而遙所棄多矣能必勝乎譬之一家然閉禦盜於戶外不閉招盜入室而鬬之也或曰如子言海軍其終不廢乎予曰今時事孔亟海澳形勝之區半為敵據雖有海軍將焉置之而以空言相持者囂然未已也自甲午日本之役無事者且四年此真國家閒暇之時孟子與周公所兢兢致意者也徒以籌償國責為事於所以固吾圉者不一及焉遇曰吾自是不與外邦開釁而人之環伺吾側者則以為彼志在通商耳它非所圖也噫嘻其果無它圖也邪

工商論

工與商之相需也猶子母之相生而相養也中國無工政則不必有商政然而商政可已而不得已工政則不可已而已昔在成周之世工商並任而工之為政載籍特詳事集眾長故官府之董勸亟焉惟技巧淫奇則有禁王道所以居正也今之工推泰西諸國就其中析言之輪船鐵軌地球一統之舟車此萬古不廢者也火器相競而益精亦軍政所取資也其無益而蠹中國之財者莫如飲食器用之屬彼來而我購在上者不能禁也於是有南北洋通商之官海道四達衢市闐溢愿者駭觀侈者競美輦去億萬而官取其毛氂益不數十年中土之財將盡入於外邦雖欲不為其奴僕牛馬而不可得矣夫吾民非甚愚也公輸王爾之徒非絕迹於世也貧賤無由集鉅貲而秀異不願能鄙事故非朝廷特闢一進身之途又得悲天憫人之官長相與扶助獎成之無望有工善其事之一日也或曰古聖之所禁而今導之無乃不可乎曰非常之變蓋非常理所能制馭雖古聖處今日其法不能不變也果工政爭勝外人則彼之貨自沮而吾之財不流行之一省則保一省行之天下則保天下富藏於民然後上

之取不窮而事畢舉日本其明驗已然則　朝廷所以進之柰何曰宜倣唐百工伎巧領於少府監差其等以待能者庶幾其相勸乎雖然吾之私議云爾今之人言製造以火器為先而工政與軍政不辨言變法以亂黨為戒而忠謀與邪謀不辨視　國計民生如秦越肥瘠之不相涉焉徒思快其口舌而不悟患之已廹於肌膚也可哀也夫

天地論

或曰古言天地合有諸曰奚為其能合也然則何以有開闢（春秋元命包云天地開闢至春秋獲麟之歲）曰此從其後言之耳非由合而開之謂也清陽薄靡豈重濁之所能附着哉淮南子言天先成而地後定何與曰天一成而不易故先地有時而不定故後何以明其然也元黃既剖陰陽煦育萬物森布人列其中物本無處不有人亦無乎不在西書言先生物後生人先生植物而後生動物且推衍至數千萬年之久然則物之萌芽於何啟人之種類又於何蟄乎斯必無之理也卵形黃白球說權輿五洲既通事歸實驗其虛懸而勿墜則氣之為也陰陽之交不固或火焉而厭於飛灰或震焉而陷為冰海其事備見於前史莊子云陰陽錯行

則天地大終地球傾覆之機必由於此其有孑遺於山陬水滙者復相與出渾淪之中為開闢之祖此可決知者也環球未通以前孰知其所終始今五洲和會已為亘古不變之局彼洲没則此洲記之矣或曰傾覆之災古有徵乎曰高僧傳云漢武穿昆明池底得黑灰後竺法蘭至人追問之蘭云世界終盡刼火洞燒此灰是也吾以此知之孑遺之事有徵乎曰梁書云毗騫國王自古不死知將來事其子孫生死如常人吾以此知之

羣論

天下之大患曰羣夫子言君子羣而不黨明非君子而羣必有黨而為禍烈也又言羣居終日言不及義明終日為羣弊必至是而不義之言其害不可勝窮也然則敬業樂羣非與曰以業相羣即以文會友之義唯敬古樂否則殆矣是故羣者學之蠹也且夫今古之人心處常不靜之勢三代邈矣秦漢以還往蹟可覩明主在上皆屈於宰制之具一失馭而奮起競爭之局成師之出不律則闤市之聚無平則閧唯羣故耳人才者國家之元氣也養於學而後成國之為學貴中正平實易知易從足以共由而徧給庠序之內務令其氣常聚而勢常

散措置或茍失宜忠信者失所憑依姦詭者據爲窟穴迨至中人以下爲異說所簧鼓羣之害成於學則人才喪其泰半雖誅鉏及之而元氣從此傷矣漢之世舉幡救鮑司隸者太學生上書頌王莽功德者亦太學生宋之世乞留李綱衛社稷者三學生請賈似道督師者亦三學生好事一倡雲屬風靡徒取快意不問黑白然其聲氣足懾一時其議論足淆衆聽明季幾復社興遂以害政傾國羣之爲禍不尤昭然矣哉　國朝力懲前弊　列聖以來以社會與朋黨二者爲世切戒故　朝野清明爲往古所未有光緒初中朝士夫頗有清流品目朋黨萌芽焉賴　天子聖仁甄別得宜消釋無迹至於學校諸生類能謹敕自守無復勝國囂張舊習迄今而奏牘上陳競稱社會若不知有前此禁令也者防之二百餘年而決之於一旦問何以故曰法外洋也然則　大聖人渙羣元吉之訓尚不爲後代永法邪噫

虛受堂文集卷二

長沙 王先謙 益吾

國史河渠志序

自神禹作貢河不爲患七百餘載周定王時河徙漸失故道漢武帝元光中決瓠子注鉅野通淮泗自此河淮始通唐以前河北入海宋太宗時決溫縣滎澤頓邱泛澶淮曹濟諸州至彭城入淮神宗時分趨東南一合泗入淮一合泲入海河始奪淮泲道金明昌中北流絕而全河入淮矣元至元中開會通河通運道於是河運相維言治河必先保運明洪武初開濟甯西塌場口引河入泗濟運二十四年決原武至壽州正陽鎮入淮會通河淤永樂九年濬河故道兼濬會通河改從南旺分水過汶北合漳衛過泗南入沂淮漕事大定於是言通運尤亟治河大抵有明二百餘年河屢徙決皆入淮其時治河者或蓄淮敵黃或分黃導淮章疏迭陳功效互著大旨歸於濟運然國用民力寖耗竭矣 國家定鼎燕京歲漕東南粟供天庾淮黃運道致功尤急 世祖耆定區宇即 軫念河患遣大臣經理 聖祖神靈天縱底績安瀾 世宗御極川瀆澂清黃沁

以謚 高宗數幸南服 駐蹕河干 親授方畧同符 聖祖 仁宗 宣宗
式纘舊服永享成功 聖治光昭曠古所未有也咸豐以來河北行貫大清河
入海以時方多故輓粟轉海以濟京畿而河工弗訖運道未暢論者有深憂焉
臣維水道分合古今異宜至行水之法未有能外古聖人之意者亦順水之性
而已黃淮合濟運當藉以為資黃淮分濟運必籌所未備未至之患所宜豫防
已然之迹不容終泥伏見乾隆中尚書孫嘉淦稽璜先後請開減河導黃入大
清河 命廷臣籌勘不行以河未北徙也臣意河未入大清河導使北行其勢
難既入大清河因而治之其事順今不可强而南猶昔不可强而北也或者欲
挽復淮徐故道豈通論乎當淮黃交匯時揚豫岌岌 列聖宵旰區畫賢臣如
靳輔張鵬翮齊蘇勒稽曾筠高斌輩皆仰契 廟謨丕著成績然潰決之事往
往而有 高宗聞河勢北徙喜動 天顏見之 明諭可以知當時 聖意矣
昔劉定公觀河雒而歎禹德之遠今東南瀕水汙下之區安田廬樂生事多不
識當日震驚漫溢為何狀者詎知 國家 聖 聖相承憂勤擘畫成允成功
有造於社稷民生者如是其大且遠也爰述自順治以來二百餘年 訏謨切

議並著於篇宅若海塘若永定河若直省水利上煩　列聖咨儆二三賢大臣修防疏浚之力者亦附載焉作河渠志

史館舊有河渠志稾訖於雍正八年光緒元年增修併黄淮運河為一門張蘭軒同年編修清華任提調屬改為此序時黄河入大清河未久閒有潰決迄未大修至今日而工費之鉅什伯曩時矣足見事變之來非合全局而策其終始不可也光緒十二年正月自記

雲南鄉試錄後序

同治九年庚午臣先謙奉　命副臣汪叙疇往司滇試既竣擇文尤雅者進呈
御覽臣謹稽首綴言簡末曰自回民弗謐滇不舉鄉試十五年衣冠之士流離轉徙厥身家之不皇恤壞地遼遠懷觀光利賓之誠而莫能自致負餱擔簦走數千里與試於京兆者期不四十人抱負瓌異藴思醲粹之徒菸邑慘懍終老戶牖不得階尺寸者比比而是　皇上睠焉南顧實用矜恤昃食宵衣申屬疆臣日求咸序悦欣之道督臣劉嶽昭撫臣岑毓英宣德同力大龕蠢狡屬戎事有閒亟以考官請蓋自咸豐以來鋒鏑四集日月其稔天下率試不如期至

是滇闈與各直省同時並舉其殆天時之轉機而人文之嘉會乎昔有虞之世苗民阻固禹益交贊七旬爰格今茲回民無異苗頑　皇上治體遠規姚室疆吏思敷文之功以贊　神武之用使滇人知　皇慶攸興求才勸學如是其急然後士類之氣大伸而人心得所繫屬柔回民桀驁之習而動以詩書冠帶之榮則干戈之災不滌而自淨其裨益豈一手足之烈云爾哉自明楊慎以古學倡於滇人知尊尚經術恭逢　盛世右文益之磨濯嘉道以還台衡踵武風流斯暢今以十數年不舉之大典耆儒異等爭挾利器盍晉追羣景應而雲集　皇情延屬至切至殷甄拔之任責之臣等殫精竭思勉厥職粲此多士對揚於　廷宜有盛覽蘭茂其人應期挺出為　邦家光是又臣區區之心所夙夜仰望者矣

江西鄉試錄前序

皇上御極之元年舉行　恩科　命臣　先謙偕副考官臣潘衍桐典江西試時監臨某官臣某等進學政臣某所錄士扃闈三試之臣與臣衍桐率同考官臣某等詳慎去取得士如額擇其文尤雅者恭呈　御覽臣例得颺言簡端臣維

文與時為變通而制藝取士前古莫尚之良法也聖賢之微言奧理備於四子書學者正心修身推而至於平天下舍是無由自朱子集論語注又從禮記中摘大學中庸為章句配以孟子題曰四書苟無制藝則其書與諸子等耳上好刑名人師申韓崇虛無人講莊老進詩賦人習潘謝曹馬以制藝取士四書命題然後斯世尊奉一致口復心研不能自已其智者隨所之而入道魯者緣習生悟亦能馴致義理之途達則窮事變充器識為國家純臣窮抱遺經亦不失為鄉里好修之士而科目出身仕途所重士雖兒齒宣髮皆思得一第為榮束天下豪傑於追章琢句之中以柔其獷悍橫逸不馴之氣其為功豈可一二數哉　國朝制藝設科實沿明舊康熙中改用論策後弊益甚仍復其初乾隆時舒赫德楊述曾等有更定文體之請卒從廷議而罷流及今日論者漸忘前事又激於風氣日卑復有以制藝為可廢者臣愚謂法屢更則國是紛教不一則民志惑我　朝　聖　聖相承凡有刱垂極之細微無不再三精審矧制科大典苟有可易豈待後來故今日之要務在求才不在變法且寇亂以來勛臣半出科目朝廷收制藝之效而未受其弊此其不必輕議斷可識矣江西鴻生鉅

儒炳鑠往代即以制藝論王安石肇其端文天祥備其體四雋五家暢其流談斯事者必用江西為稱首其人文章行誼咸卓然表見於世曷嘗為制藝掩邪我
朝薰陶涵育二百餘載廬山贛水旁薄而鬱積者宜必有發見焉以其時考之則可矣將復有魁奇閎達者出以應
聖代文明之運乎臣等忝與試事甄拔必嚴選錄尤慎期以昭示先民矩矱此則職所當勉者多士生長名邦果抗心前哲感奮興起不以制藝自畫是
聖天子作人之澤也臣與榮焉維時
官斯土者某某等例得備書

浙江鄉試錄後序

光緒二年丙子臣王先謙奉
命副臣潘斯濂典浙江試事竣錄其尤進於
朝謹拜手稽首綴言簡末臣伏覩
龍興之初秀水朱氏鄞縣萬氏諸人承明舊學用文采彬雅倡於鄉二百餘年承流嚮風天下通材稱浙最盛寇亂起咸豐初逾江湘穴金陵憑陵大吳以窺全越郡邑殘破人文散失畧盡矣然乙丑而後舉科凡六每試應者萬餘得士數百奇才宿儒駢出其中美矣至哉非夫
聖人之教涵濡薰積極深且久孰克致於斯乎班固曰本吳越與楚接比數

相并兼故民俗畧同臣去歲奉 命典試江西其地古介吳楚之交而與越接人稟經術為文善言名理今浙人之文藻繢論議廼或過之斯班氏之論為不然與臣愚以謂文章之道生於人心而成為風俗周世十五國其地盡今齊晉秦豫數省犬牙相錯然方其分裂歌詩一出則審音者知為何國之風屈原哀而楚以騷鳴相如奮而蜀以賦競若有方隅風氣之限而莫識所由然制藝之行於世久矣其所謂同異亦微矣然各行省之業此者父詔而師勉心慕而手追亦皆自為風尚浙人出其含英咀華之餘力以蔚為應舉之文其於江西之善是者並駕分馳爭能而各極其勝合則俗同分則習異亦古今之世變然也

臣聞 高宗朝訪求遺籍浙中奏進著錄至數千百種 上既嘉此邦能讀書矣 巡幸東南 特命給帑繕四庫全書頒之浙藏度有閣 賜名文瀾俾士子得就近誦覽然則今日陶染 教澤奮身著作之林者烏可不識所從來也

臣不敏於文事無能為役敬述 聖天子栽培延企之盛心及其鄉先正篤信好古今昔人才學術倚伏衰興之故願與邦人士共勉焉

東華錄序

臣聞天以佑民為心君以體天為國此理千古不易自有中國以來君臣陳戒恒用是為勸勉至於實盡牧民之職以仰承天休丕基洪業鞏若金城當開國而已垂億萬禩之統未有如我　大清者也自古歷世久而得天下者莫如周忠厚累積延祚八百然昭穆之世威靈浸替啟東轍矣炎漢以降其君多以崛起草剏之際媮為一切以幸天下一再傳後綱紀頹弛陵替之漸開變亂之端作即有享國綿遠曾無百年不遘內憂外患苟且枝柱卒用顛危所以然者祖宗培植而未遑子孫紹述而不足恩澤不能深結人心而法復無以持其久也明祖肇立百度號為精密故其末季師喪財匱而國勢不傾然開剏之初誅戮安忍靖難兵興元氣剝喪仁厚之澤亦少竭焉萬歷以還綴旒在上延及天崇橫恣極於宦寺盜賊四起元元塗炭至於言路猖狂變亂國是君有權而不敢收臣有忠而不能效綱維蕩然國亦灰滅矣由是觀之為治之道豈有他哉仁為百姓留其有餘雖萬厚不以為嫌法為天下制其泰過即一蹴有所不可惟在人主謹持魁柄因事調劑以適其宜斯為可大可久之業故曰徒善不足以為政徒法不能以自行此之謂也我　太祖皇帝肇興東土無利天下之心因明

臣召釁起兵復仇既定諸部破明兵取遼瀋遐邇懷畏遂建 尊號用賢納諫
崇儉黜奢嚴法令以肅羣情亟民事以崇本務締造伊始而治具畢愜屹然建
萬世不拔之基為 帝太祖功莫隆焉 太宗皇帝下朝鮮臣蒙古殘明取其
城邑性不嗜殺慼然以生民為念命將出征每誡毋妄誅掠屢勝之後猶投書
明主講和至數十次以善養人禁絶侵暴法不寬貴近恩無閒疏逖雖未定中
原而精神意量廓乎兼容并包萬流傾心規模宏遠為 帝太宗德莫懋焉
世祖皇帝沖齡正位因明運告終入關翦寇奄有九有親政以後制作聿新延
訪儒臣斟酌百代 聖懷謙抑責躬之詔屢下迄於 晏駕未改厥初舉明季
朋黨流風賦歛苛政一埽刮絶與臣民更始俾薄海内外重覩天日所以為
帝世祖 聖祖皇帝天錫智勇幼即以康乂天下為心值三孽不靖東南岌岌
宸謨默運措寰宇於磐石之安闢郡海島犁庭漠北危招羅刹就我皋牢 躬
上聖之姿以好古敏求為務誦讀講貫儒生無以踰其勤挽强命中材武之士
無能程其力凡有制作皆條理始終闡抉闓奥為萬代法黜陟賞罰與天下為
公 宮庭呼吸通於窮巷 巡省河防屢勤鑾輅故能排羣疑而成丕績蠲租

給復月不絕書　湛恩龐鴻浹民肌髓古稱令辟若漢之文帝宋之仁宗不足以仰方　美備堯舜至矣然洪荒簡陋可以清靜無為治之如我朝民物之熾豐疆域之廣遠有未易言就理者洵乎　聖祖為書契以來首出之　一人也及　皇躬不豫比戶祈禱　升遐之日路祭巷哭徧於窮壤凡有血氣咸懷一心奉主之誠雖云守成實兼開創所以為　帝聖祖　世宗皇帝始居潛藩獨立不倚　睿謨沖邈默契　天心唯　聖祖為能無憂唯　世宗不愧達孝既纘大統朝野欣慶承六十年生息之後慮天下習於縱弛日揭示大義以濯磨人心自宗藩以至臣庶始凜然守法奉公永遵蕩平正直之路至於蔀覆閭閻纖微必至　先聖　後聖若合符節以唐虞執中之心極文武張弛之用所以為　帝世宗　高宗皇帝仰紹　詒謀以育以正　天授神武成　兩朝未竟之志準回平而北無漢世匈奴之患金川定而西無唐代吐蕃之擾保世恢基極於無外鑑儲貳之失定立賢之策善繼善述於斯為盛所以為　帝高宗仁宗皇帝以繼體授受　親承　訓政為曠代罕逢之盛逮　躬攬萬幾首除煬蔽三省邪民應時平靖遂以寬仁慈恕鎮定海宇至於周歷陪都講武木蘭

昭示　祖宗之大訓以垂戒方來　孝思不匱自來仁聖之君鮮能及者所以
為　帝仁宗　宣宗皇帝養正青宮戡定大難踐阼後　躬行節儉方物之貢
裁減大半務約已以養天下之和自抑以平天下之爭　遺訓昭垂欲舉配
天祔　廟鐫碑陳器諸大典及身罷之　聖不自聖之心度越萬世故　廟為
清　宣宗　文宗皇帝即位嚴諭臣工湔除積習詔求才賢以資弼亮羣下
震動回易耳目值羣盜肆逆久未蕩平憂憫黎元不遑安處海疆弗謐　宵旰
增勞成功未覩而　明識宏畧任賢勿貳後來定亂諸臣皆拔自　特達之知
遂以經緯天地重就清晏故　廟為　清　文宗　穆宗皇帝稟　兩宮懿訓
再造區宇　一人垂拱於上百爾奔走於下中土既平苗回並戢自古中葉多
故若晉室之隆卒保江東唐平安史遂階藩鎮跋扈之患皆以域中寇亂一蹶
不振惟　帝者定偉烈為方策冠將錫海内臣民以永永安集之福旱棄天下
弗究厥施至於今日哀慕之聲未已故　廟為　清　穆宗古之有國者英君
誼辟恒不多覯殷商賢聖六七不皆有成績可稽詩美成康史言文景繼世者
恧焉我　朝　神聖代興開闢僅見推其指要亦曰盡教養之道而已　聖祖

高宗前後普免田賦數至億萬　列聖建元介壽諸鉅典詔蠲逋賦亦動逾一二千萬當粵寇鴟張度支告匱不聞有厲民之政視師者榷商稅濟饟事過即　詔停減江浙甫復永減漕額誠天地之至仁也　世祖定律令除寃濫聖祖每讞獄遲回愼重至再三常以此意諭勉臣下　世宗　高宗　仁宗明罰敕法權衡科律析及毫芒世守兢兢好生之德古無疇比　深宮脩省止於至善自　朝達野在綱不紊羣臣士庶莫不有當然之矩矱俾之率履以自納於理道之歸　心法相承繼繩加密光天之下海隅蒼生咸憬然曰　聖人愛我此其貽無疆之福式克至於今日休也與臣往誦蔣氏東華錄粗知梗概從事史館敬繹乾隆以次各　朝為續編病蔣氏簡畧自天命迄雍正錄之加詳然後　列聖圖治鴻模可循迹推求而得其精心所注刻既成謹颺言簡端用告後世治國聞者於庠讀是編而不感奮起立勉為良吏民者非人也是則微臣區區纂輯之微意也已光緒十年歲次甲申閏五月

東華續錄跋

洪惟我　皇清光宅函夏　列聖纘承　至德豐功度越隆古　仁育義正海

寓蒙福宜勤成書昭示萬禩凡有血氣戴履　高厚遊息酣嬉幾忘　帝力紀
載闕畧聽覩茫昧靡以宣　上德抒下情匪他人任實為史臣責臣前見蔣良
騏東華錄纂纂自　開國以來迄於雍正頗具條理乾隆以後未聞續撰若　皇
朝武功紀盛　聖武記嘯亭雜錄諸書於乾隆朝事實多所采摭至　徵獻
鴻誥之垂貽典章名物之富美六十年中燦若星列掇拾舛漏咸所不免自非
年經月緯難可尋究考之往代以本朝國史編年剏自宋司馬光稽古錄厥後
作者約數十家李燾續資治通鑑長編明鄭曉吾學編史裁特備而宋林駉皇
鑑箋要取寶訓實錄國朝會要為注固知國史官書咸資採錄體例斯存亦載
筆之柯則也伏讀乾隆二年五月　上諭曰向來　列祖實錄聖訓告成之後
皆藏之金匱石室廷臣罕得見者朕思　列祖聖訓謨烈昭垂不獨貽謀於子
孫亦且示訓於臣庶自應刊刻頒示俾人人知所法守用是有刊　五朝聖訓
之　命若乃　方畧則例悉載　絲綸　寄諭　硃批並得宣示仰見　聖人
示寰海以大公開臣庶之蒙惑　醲恩厚意復古無兩惜乎　欽定諸書頒賜
有限雖在士夫無由徧覩至於閭巷彌絕闚仰臣愚竊謂　本朝二百餘年來

所以陶冶彝倫無微不到故名臣耆碩項背相望而或服吏者練法而玩刑業儒者襲經而市利緼孽釀釁戎生伏莽一旦潢池盜弄鹿鋌猰噬杼柚告空宵旰廑慮竭天下之力僅廼平之而元氣休養又需數十百年矣雖天地之大物不答施豈德風偃草之效有時或爽毋亦　朝廷條教不能戶喻　彝訓之垂與世推移簡册無稽覩聽未洽故致然歟　臣　備員詞曹編摩史館亦頗究心當世之務痛斯民無知與所以報　上德之未至仰體　大聖人公天下之心遠追前代李鄭述作近接蔣氏當日所錄凡登載　諭旨恭輯　聖訓　方畧編次日月稽合　本紀　實錄制度沿革纂會典軍務奏摺取　方畧兼載御製詩文旁稽大臣列傳成東華續錄一百二十卷乾隆一朝政要大畧具存不揣冒昧敬登梨棗欲得家置一編循覽紬繹於以體　聖訓而遵正直蕩平之路微臣區區之意實在於此嘉慶而下稾本麤具雍正以前錄視蔣氏加詳將以次刊行焉時在光緒五年歲次己卯秋八月

天祿琳琅跋

自古書用紙代竹帛美惡雜出隋世平陳存太建時書為古本別召工書者於

秘書內補錄為正副二本藏宮中餘賞秘書內外之閣厥後寫副又有上中下
三品之分此在當時鈔本中已寓鑒賞別擇之意唐末始鏤版逮宋而盛太平
興國間三館六庫書籍正副本八萬卷見於青箱雜記史稱帝幸國子監閱庫
書問經版幾何刑昺對以國初不及四千今十餘萬版本大備以此知館庫所
藏亦皆版本自是目錄家網羅考訂紛然雜出沿及元明刊摹愈廣將欲博覽
遺書尤以精究版本為重矣洪惟　巨清肇造區夏　列聖右文遠邁古昔
天府羣籍富有日新乾隆四十年乙未　命取內府藏書重加整比　敕編天
祿琳琅書目十卷越嘉慶二年丁巳以秘笈琅函捜采彌夥復輯後編二十卷
書都一千六十三部自宋迄明五朝舊槧咸備旁羅遠紹既大極無外而於梨
印流傳之時地鑒賞採擇之源流並收藏家生平事畧圖記真偽研討弗遺尤
細破無內於版本嚴擇廣收而明末影宋鈔本並從甄錄仰見　聖學博大囊
括萬有足以津逮儒生準繩百代而豈隋宋所能及哉前編已入　四庫提要
不及後編以世無刊本罕獲覩者光緒七年於京師購得舊鈔攜歸長沙從弟
先泰見而驚喜願授之梓以公天下並假湘潭周氏鈔本與湘潭胡元常王啟

原善化劉鉅及從弟先豫精心讐校刻既成謹綴言簡末以見　聖代文治之
隆及儒者逢辰之幸爲前古所未有云光緒十年甲申閏五月

皇清經解續編序

國家稽古同天崇邁往牒　世祖臨御之初　御注孝經頒示海内所以宏闡
經術綱維人極復　命廷臣撰易經通注折中古訓仰稟　睿裁　聖學精深
開生民所未有　列聖繼體炳焉同風　聖祖　世宗　高宗三朝　欽定
御纂諸經揭日月而章雲漢於是海寓承學之士慓然於　聖教所先羣以研
經爲首務而又　殿本　庫書布在寰宇凡優游　盛世者咸得悉其智能闚
仰美富家纘户述流風益昌　本朝經學之隆跨唐躐漢非夫　大聖人培植
深而嘉惠厚其奚及此易之賁貞離而悔艮其彖辭曰觀乎人文以化成天下
而離之彖辭則曰重明以麗乎正乃化成天下夫人文者化成之象也然非重
明麗正無以致之唯我　聖清當之矣道光閒前大學士臣阮元總督兩廣薈
萃　國朝學人撰著刊於粵東爲　皇清經解千四百卷巻　昭代之儒風導
後進以繩矩優優棣棣觀者美焉今距粵東刊經之日踰六十年中閒寇難迭

與逢警相望而率土人士內函貞固之氣外炳文明之姿枕席可安弦誦不輟纂述之盛視承平時抑無多讓幸值 神武耆定寰海鏡清不於斯時裒集遺編賡續刊布懼彌久散佚曷以稱 聖天子勸學右文至意光緒十一年臣奉恩命視學江南抵任後檄學官覃心蒐采合臣舊藏掇其精要得書二百九部都千四百三十卷 奏請設局刊刻經營三載工乃告成臣自愧學術疏庸覲聽未廣豈足以繼先臣阮元之萬一惟是彙而存之以待後善學者擇焉冀於 聖朝文治少有裨助竭微臣區區之誠云爾光緒十四年歲次戊子夏六月

續古文辭類篹序

長沙　王先謙　益吾

自桐城方望溪氏以古文專家之學主張後進海峯承之遺風遂衍姚惜抱稟其師傳覃心冥追益以所自得推究閫奧開設戶牖天下翕然號為正宗承學之士如蓬從風如川赴壑尋聲企景項領相望百餘年來轉相傳述徧於東南由其道而名於文苑者以數十計嗚呼何其盛也自聖清宰世用正學風厲薄海耆碩輩出講明心性恢張義理厥後鴻生鉅儒逞志浩博鉤研訓詁繁引曲證立漢學之名詆斥宋儒言義理者惜抱自守孤芳以義理考據詞章三者不可一闕義理為幹而後文有所附考據有所歸故其為文源流兼賅粹然一出於醇雅當時相授受者特其門弟子數輩然卒流風餘韻沾被百年成就遠大逐末者不闚而知道者常勝詎不信與道光末造士多高語周秦漢魏薄清淡簡樸之文為不足為梅郎中曾文正之倫相與修道立教惜抱遺緒賴以不墜逮粵寇肇亂禍延海宇文物蕩盡人士流徙展轉至今困猶未蘇京師首善

之區人文之所萃集求如昔日梅曾諸老聲氣冥合簫管翕鳴邈然不可復得而況山陬海澨弇陋寡儔有志之士生於其間誰與祓濯而振起之乎觀於學術盛衰升降之源豈非有心世道君子責也惜抱古文辭類纂開示準的賴此編存學者猶知遵守余輒師其意推求義法淵源采自乾隆迄咸豐閒得三十八人論其得失區別義類竊附於姚氏之書亦當世著作之林也後有君子以覽觀焉

郡齋讀書志序

自班書列藝文志隋唐宋史代沿其例家分類合今古咸萃千百載上之箸述賴以不泯然世禩彌遠作者日出而不窮經籍糾紛難可援討　國朝修明史志藝文斷代為書亦其勢然也故私家簿錄合前代載籍而彙輯之有以考證其存佚補正史之闕遺所繫甚重且史志僅列書目不若簿錄家闡明指要並其人姓字里居生平事蹟展卷粲列資學者博識尤多自宋晁子止厥為此學陳氏振孫繼之並為後儒宗仰而晁氏尤冠絕蓋子止承其家文元公四世之學藏書宏富博覽不倦又得井憲孟贈書益探賾鉤深發抒心得辨正精覈為陳

氏所不及其言孔子之教别為六藝然其要不外修身若以此而觀六藝猶在璇璣以窺七政之運無不合者不然則悖繆乖離無足怪也又謂人惟有意求全故中懷憂懼先事以謀而有所不敢為有所不敢為則其蔽大又謂儒者之道雖知壽夭窮達非人力必修身以俟知耳目之於聲色有性焉以為其樂也外而不易吾内以此自為則為愛己以此教人則為愛人於學問之途實能見其大而返之約其論釋老二教無意於世不自附於聖人若學而又失之憂其為禍則以熙甯元豐後學者用意過中如東坡輩猶蹈此失叙述本朝諸人侃侃指斥於夏子喬王介甫張天覺無少假借即論當時事實亦多足與正史相參訂推明京氏易以著漢易學源委謂蕭穎士賦知幾唐書褒貶為失實譏商子而訂索隱之謬取文選以正淵明之字蓋其大者在於明經術維世教其小者亦足以沾益後來箋注考訂之士信乎通貫宏遠不名一家陳氏謂其發明有足觀者阮氏元稱其次序有法猶淺之乎測晁氏也雖其中或閒引謬説弗加考辨或編類未審姓氏牴牾若陳直齋馬貴與焦弱侯所論良所未免然大體精密言議歸於至正可以翼聖而信後者已舊有衢袁二本得失互見爰合而

校之既竣栞於長沙余於晁氏一家之學庶幾盡心焉聊以步姚趙之後塵而滿錢矐之夙願若以不賢志小識之則余滋愧矣

魏鄭公諫錄後序

嗚呼自季弟之歿余嬛嬛獨立心志荼邑不能少自發抒迄今十餘年矣凡弟所造作籥篋不忍省視歲壬午遭毋喪歸孤苦餘生益以病困乃强自振厲取所為詩文及校勘之書覆加考訂將次第刊之以成余弟未竟之志亦以慰吾毋於九原既成魏鄭公諫錄校注五卷重校續錄二卷魏文貞公故事拾遺三卷年譜一卷迺序其後曰自古以諫名者多矣或危言激論於濁亂之朝身遭殖臨聲流奕世使學者掩卷歎息美其言而哀其忠或回翔盛時抗懷古哲樹迹剛鯁情存建白亦足回一時之風振頑懦之氣蓋中材有志者猶勉企焉然而識足以達萬事之原才足以持國家大計而不為一日戔戔之謀事英毅之主立言必切其身當斧鉞犯雷霆而無所於動則吾以為難其人如魏鄭公者千載一遇而已唐承隋大亂之後先王之道墜地盡矣太宗講求政理博謀羣臣惟公以仁義之說進議者或訾其非太宗信之力行不倦紀綱法度犁然當

乎人心曾不數年幾致刑措使當時風俗革南北亡隋之敝蒸蒸焉日進於古後世人主知三代之治爲必可復而不敢有菲薄斯民之心皆公之言啟之也然則天之生公非獨贊有唐二百九十年之鴻業亦所以開後世之治也公出謀發慮炳於史籍他人得其一端皆可以自表著其尤難能者在於正人主非心急起直擿而回其意於俄頃之間同朝變色結舌莫能自伸獨垣然出之不以喜怒從違毫髮介意非其學克析理氣克配道何以幾此孔子論事君曰勿欺也而犯之孟子曰責難於君謂之恭公之謂矣唐世傳公事蹟者有敬播劉褘之張大業王方慶數家獨方慶諫錄傳其自序云採聽人謠參詳國典以成此錄案唐百官志貞觀初每仗下議政事起居郎記錄於前史官隨之後復置起居舍人秉筆隨宰相入殿故貞觀時事記錄獨詳方慶得據國典以求其實其與政要通鑑册府元龜閒亦文同事異詳略互殊則傳聞各別耳公傳載太宗詔公卿所諫前後二百餘事非至誠奉國何能若是其年遷尚書右丞參校各書公遷尚書丞在貞觀元年或遂謂公前後祇二百餘奏非也而諫錄所載通公生平一百三十事知其遺佚猶多余弟既寶愛是書詳爲校注並及續錄

且輯拾遺年譜二書所以表章鄭公至矣余復以自著新舊唐書合注公傳坿後俾後之景仰公者攬其全焉新傳云孅人言徵嘗錄前後諫爭語示褚遂良帝不悦通鑑亦以為言者如是舊傳則謂徵自錄示史官曾子固據之書公傳言以是益知公賢而太宗怒之薄其恩禮失終始之義余謂當時既有仗下記錄則諫爭必眾見之奚煩自錄示人且此迺後世近名者之為耳公烏有是哉嗚呼能强諫而不自以為名則庶乎純臣矣光緒九年癸未夏四月

曾子輯註序

漢書藝文志曾子十八篇其篇目離合與今曾子書同異無可考隋唐志有曾子二卷王應麟曰今曾子十篇皆見於大戴禮蓋後人摭出為二卷朱子亦謂世傳曾子之書獨以大戴禮之十篇充之是知昔人已取大戴記十篇别為曾子書隋唐書列之於志宋世猶見行本高似孫子畧及應麟漢志攷證引曾子首篇題作修身今大戴記題作立事意當日行本其中必有遺文與義參差損益可以資考訂廣異聞者惜乎其不傳也吾邑彭麗崧先生平日服膺曾子之言既為孝經注解補正又廣采傳記中曾子軼聞粹語彙為一編世庶幾得見曾

子之全書矣而先以近所爲曾子十篇輯注命余爲序夫聖門之徒顔氏而外惟曾子得其宗曾子名不列於四科其立言垂訓較閔子以下諸儒獨詳而得道如顔氏廼不多以言見夫子稱有德者必有言又嘗以無言之旨開示及門毋亦言之果不爲聖人重耶余觀曾子之書論述立身孝行之要天地萬物之理有國者由之而治有家者由之而安處足以保身而出足以成務所謂合德行言語政事文學而一以貫之者也非曾子得聖道之統宗不能爲其言而觀曾子之言人亦愈知聖道之無所不備語曰羣言淆亂必衷諸聖聖人既没諸子遞相授受源遠而末益分不有得其宗者出而立言則聖人之教將以高遠而愈即於迷晦使顔子非早卒其以言牖世亦必不後於曾子然則學者欲求聖道其無賴於曾子之書邪十篇之在大戴記中自范陽盧氏爲注後　本朝朱氏彝尊劉氏台拱孔氏廣森王氏念孫父子皆有論著汪氏中作正誤自立事篇四十九至天圓篇五十八別爲曾子篇次讎校加密阮氏元作曾子註釋而十篇始有專書先生因之作輯註精采衆説閒附己意繁不鑿文約不迷指於序善矣昔程子於小戴記中表大學中庸而出之朱子作集注然後人知尊

尚曾子一書行而阮氏及先生之功於是爲不可沒先生素不滿於阮氏之學
獨是書取其註爲多可謂能擇善者

談瀛錄序

國家代天子育萬彙常不極其威克仁義漸被優游化成無有內外蛾伏受命
咸豐閒蝨賊內訌洋船踵至於是西北大小十餘國立約互市日本不通中土
垂三百年同治十年其使臣柳原前光等來請通商旣有成言越四載窺我臺
灣怵威而退　皇帝嗣位特遣二品頂戴翰林院侍講何如璋等爲駐日本大
臣以固邦交而光緒四年其國突以兵破滅琉球取爲郡縣又法西人作輪船
戰具變易衣冠務慓狡其民以逞其武力侈然爭雄列邦矣然地大不敵中國
二行省兵甲四出賦斂倍蓰民生愁煩莫有固心俄人虎視卧榻之側負英責
至銀二千餘萬歲罄入不能償毋亦惟國之顛覆是懼而奚爲多得罪於中
朝王君爵棠奉兩江總督沈公檄往逾月盡得其形勢險要風俗情狀歸爲談
瀛錄三卷文贍而事覈汪大淵之島夷志畧黄衷之海語不能過也異日從事
東方者宜於是書有取焉爵棠歷兵閒久規畫遠大而亦不遺纖悉誠得操柄

奮袂必能恢宏建樹以彰　巨清綏攘之烈其撰述之不朽抑末也爵棠益勉乎哉光緒六年夏五月

葦野詩文合鈔序

自文字興而聖經燿孔子集其成其教人首稱詩而生平所致力者獨贊易以究天人性命之原作春秋以肇筆削編年之體豈不以之二者闡天道明人事足以昭示無極至於詩則吟諷感激使人自得於性情之正學者入道之初有取焉而扶世翼教未嘗專恃此也龜山彼婦獲麟泰山諸歌夫子於勞苦哀傷之際偶一發之而他無聞其不以是也歟自漢迄明詩人輩出傳者無幾其幸存而合於溫柔敦厚之教美刺勸懲之旨者抑又無幾自君子視之直玩物耳其間名材鉅儒更世踵起殽為史志精為義理好古而資深有箋註考訂之學通今而適用有掌故經濟之書皆稟式乎聖籍植幹乎人為辟若江河萬祺不廢其維持者大故傳習者遠儒者不擇途而遵之可乎哉光緒七年越南阮君述來京師以其國葦野詩文合集視余葦野者今王之叔父而倉山之弟也倉山工為詩中國見者靡不歎異葦野之詩至見倉山詩者咸驚謂不亞倉山余

尤愛重其文如論黃鐘為萬事根本辨春王正月諸作以為能研精樸學不徒以詩雄也越南於中國為同文稟孔子之教前黎以來文治大啟迄於今人材勃興褰箸彬郁而王族多賢又如此詎不盛與阮君言葦野年將七十篤學不勸被服儒素與人言未嘗及詩文獨以道義政術諸書誨誘後進夫理學昌而節義興儒術明則浮華之士屏斯真立國育才之要也葦野以王家懿親為國宗仰責在綱維風俗匡直士類誠出所學風示有眾而導其趨吾知嚮合景從者將如水就下丸走坂而不可止區區詞章之末葦野為之如此其工而言不及之後之學者宜有以得葦野之用心已歲在辛巳季夏

衡陽陳氏譜序

咸豐十年予從今兵部尚書衡陽彭公水軍為嚮導營營官守備王公吉司書記時陳君大源方以從九品率一舟出入風濤矚矢間為人樸誠而勤敏王公倚如左右手予心偉之嗣予辭歸而水軍屢殲巨寇復城隘以百計與陸師會克金陵義勇聲聞天下彭公遂為中興名臣王公總兵狼山後卒官蒙 優卹君亦以功 賞孔雀翎晉階廣西補用知府矣東南大定彭公與曾文正公歘立

長江水師不聽君之粤撫委督理船廠今且十餘年頃書來將以歲入薪貲所餘倡修族譜屬予為序且言其貫出唐江州刺史崇世所稱義門陳氏者也至宋世曰代環者由江右遷湖南藍山後六世曰光卿者遷臨武後十三世曰朝知者官浙江總兵始徙家衡陽為縣人自朝知以上丁繁而散處凡四修族譜走諮諸邑而併營焉歷晷踰年弗周弗晰君用慨然纂自朝知以下為支譜講明條例補綴闕畧先謀其分以俟其合可謂致力勤而用意厚矣往見曾公序彭氏譜謂歐公著唐書宰相世系表於巨族既推其本源出於某帝某王又歷叙漢世名賢之系相承不絕畧無參稽猶豫之辭致為後世所譏而彭公纂譜斷自始遷祖凡前世達人暨同姓異望之顯者別為一編凜凜乎闕疑之誼予謂六朝以前矜尚門族至唐而廢降及末世譜牒承嬗蕩然無可稽考歐公掇拾前聞意在存譜學之崖畧世系表非公自作其沿譌襲謬公亦莫能舉正或遂用為譏議非也其稱陳氏出自嬀姓虞舜之後又歷叙齊敬仲楚相軫趙成安君餘漢太邱長寔逮陳高祖兄弟雖荒遠不足據而載宣帝子叔明後裔兼京襃灌諸人與宋史孝義傳述義門先世相證合是陳氏溯源帝系尚非無可徵

信今君之為譜芟繁訂謬本舊纂而加詳實不以史籍所侈陳者夸於人人其矜慎一如彭公不尤足尚矣哉君異日宏大厥施楨幹　國家惟用平日臨事樸勤敬慎之道持之不懈聲鄉邦而光家乘行且與彭公相後先其以余言為左券可也

悔全堂詩集序

光緒紀元之冬外舅周筱樓先生郵其詩若干卷自東湖走書命先謙曰知余詩之深者莫如女其為我序之於是先謙拜手綴言曰夫山産大材而中音律繩削之巧合也干將出洪鑪而芒刃無堅鍊冶之用神也方道光中海宇清晏士咸以文藝相切劘先生從其兄自庵先生遊若郭筠仙孫芝房吳澐台滋荻舟皆當世號能文魁奇之儒先生與上下其議論年最少而質敏出語輒屈其坐尤為監利詩人王子壽所心折酬唱積歲時其得師友問學之助如彼粤寇既張楚奮於武人爭走軍壘取富貴先生嘯歌一室傲然不屑意既連蹇於有司晚乃浮沈一官冀效尺寸南朔奔走崎嶇阨塞身世之感喟閱歷之瑰奇不自遏抑涵演為文逮於窮老筆未輟口其心力之專勤如此故其詩取境必真

數旨必暢古不戾俗華不掩質未嘗規規步趨一家之言而其氣浩乎自得於尋常筆墨徑涂之外嗚呼其可寶貴也已憶癸亥歲先生居湖北巡撫嚴公幕出詩授先謙讀之皆軍諮之暇所成也越庚午先謙溯漢水過岳家口相見推局中岳家口當水陸之衝公務繁猥又無名蹟勝境發舒志趣而先生得詩獨多今去而從公於東湖東湖古夷陵也其山水清雄陽輝而陰媚既備見於袁山松之記酈善長之書吳起陸抗之所戰爭王宏中歐陽永叔之所謫居也茍有多古意妙能為詞章者處此足以憑弔發興抒寫抑塞然則天之成就先生為甚奇而詩之日增而彌工烏知所涯涘邪自古詩人不必皆達然出窮愁以發歌詠者其光愈遠若先生之才茍降心以逐時之所趨宜無不如志而嫥嫥焉畢力於文詞信於此而彼屈焉天道然也先生其可以不憾矣

壽梅山房詩存序

昔人有言詩三百發憤於不遇者甚眾余觀漢魏以來畸人騷客抱負瓌異泯默不得申姓名不見史冊獨其發為文章流傳於若顯若晦之際有心人得而珍護之而亟欲其有傳於後非惟以其文足貴廼其志可哀也及其傳之既久

或錄此大顯百世下諷誦而慨慕之者誠有之矣而伏處荒陋行而不遠終就滅没後世傳記僅能悉其姓氏里居文章卷帙若此何可勝道則又以數負有為之才文采足自表襮而沈薶夭壞魂魄歎憾於九原者尤多也凡以不遇之故豈不悲哉以余所交當世才儁老死不得志者往往而有至其著作可以覽觀相與愛重而思有以傳之亦余後死者之責也其果大顯於百世下為論古之士所採錄或唯存其姓氏里居文章卷帙於不可紀極之代余不得而知要之哀其志而貴其文欲其不至沈薶以慰九原之魂魄用意豈與古人異歟蓋與余交最早而遇最困以死者有二人焉曰黃士畸晉臣李謨禹臣禹臣於晉臣為中表戚與余亡兄會廷少同學於晉臣之祖雨田先生後廿餘年不相聞咸豐辛酉余至武昌訪晉臣水軍舟次而禹臣方司嚮導營書記始與余相見語次及亡兄輒為之歔欷太息已乃薦余自代而歸後復出終無所合以同治辛未歿於九江旅次禹臣喜為詩言必稱杜甫又常以學杜勉余偶有作禹臣剔抉瑕病不少貸余深韙之蓋禹臣於詩實能得其所以然之理而其生平顛連困憊無所發抒及時事可歌可泣一寓於詩多沈鬱悲涼之響然卒以家貧

不得竟所學爲容以老且死其身之所遭與心之所造遽止於此悲夫余昔爲詩哭禹臣今其弟湯臣裒其遺詩見示爲刪存若干首而栞之禹臣性孝友既嘗見於所爲詩湯臣篤愛其兄所以經營身後甚至家稍裕矣而禹臣不及見嗚呼豈非其命也夫光緒十年夏四月

磨綺室詩存序

同年友丁君竺雲既卒之明年其弟藩綬介友以其遺詩屬先謙勘定先謙爲刋存若干首而序之曰自古閎達儁異之士將奮於功名以發其才與志於文辭恒畧焉以謂其道非尊也而苟其學大而能博有弗爲爲之輒工幸而乘青雲佩金紫聲燿乎後世天下重其人遂併其所旁及之業爲之矜重秘惜不忍其就湮不幸而不遇以老死或盛年而摧折其才與志舉無所見於世而其不甚措意以爲之者反藉以畧著其生平則雖殘篇斷稾猶相與護持而亟傳之如吾竺雲者重可悲已竺雲年二十餘舉於鄉才識通敏人咸目爲偉器竺雲亦重自負會試再黜入貲爲戶部主事窮年下帷於書無不窺治經史能得精意工時文小楷尤端好取上第若拾芥然卒困不進卒年四十一竺雲既連不

得志有所感憤寓以詩顧不時作或朋好督促始一賦聞以質余因講論聲調高下字法欸夷銖黍必校和劑迺已蓋笠雲為學務窮其奧不自恕如此今觀其詩清深雅健之作往往追迹唐賢而其性情風節嶄然不滓者皆於諷詠焉見之雖事業未就名未立所存詩復無多然後之傳笠雲者於此或有取焉則笠雲為不朽也余與笠雲以同治甲子同鄉舉時吾邑中式二十四人官於朝者余及笠雲蕭敬庭彭稷初而已三人所學各異皆誠篤君子也余光緒壬午以憂歸八月笠雲赴至今歲四月又哭敬庭以歲月之不居　國家之多難二三朋舊奄忽徂謝獨立庭宇四顧蒼茫手攬斯篇有不知涕淚之橫落已光緒十年甲申夏五月

坦園詩存序

璞韞玉而山輝焉謂璞玉可乎金鑄劍而降神焉謂金劍可乎古之文人欲有傳於後先求信於今將有所獲於人必無所護於已雕琢之力鍛鍊之方不續而施焉則是卞和寶頑石而區冶不鼓槖其無成也必矣楊君蓬海少以詩鳴興之所發飆舉雲起頃刻百紙為之卅歲日有程課飢渴奔走不以自廢近都

其集始道光丁未至光緒乙亥為卷十四而屬余序蓋君生平積詩數千今其栞存僅什三四嘗寄余書紙九番細字密綴旁行斜上每番可六七百卷摘其篇篇摘其句句摘其字余當日相與往復商榷者君掐擢胃腎黜竄損益靡不精善最數千言嗚呼吾蓬海人但見天才敏捷得詩工且多而為之甚樂豈知其憔悴專一廼至是也君方游陟崇階出膺 國家連城之寄為 天子布德宣力持此好善虛受之心以往吾見人之盡輕千里而來告甯獨詩之傳且不朽耶君昔與先兄敬吾交頻過余家論詩亹亹不倦余垂髫侍兄側雖不盡解心歎羨其能兄沒君以詩哭之慟後數年復與余日為文字飲又各以貧困出走舋別別必有詩今追懷舊遊零落都盡讀君詩而余兩人二十年離合悲喜之故怳然如在目前烏能以無感也

溶川詩鈔序

蔣君溶川與余別久不相聞今春以詩集命喆嗣少穆寄余京師乞為之序憶丁卯歲余至杭時冦亂甫平君已由諸生積勞擢監司贊浙江大吏軍事袀服肅容戎士佩刀左右侍氣象武猛談兵亹亹若決江河不聞其以詩鳴也乙亥

復見於豫章相得益驩而無一言及文事今觀其詩材力精能雖專一於是者莫能過其撫時書事豪宕感激與史表裏尤異時考古所不廢廼詑嚮者知之不盡而君深藏若虛不可及也自粵賊倡亂東南曾文正用文學起家督師爲中興勳臣冠一時左彭江羅諸公聲績爓寰宇出其詞翰皆足頡頏著作之林此由　聖代詩書之澤入人既深士得通其變化蘊爲智能趨公赴忠卒能回天地而光日月文事之優斯武畧所由美也而皆出於吾楚殆亦有不偶然者邪君父之純先生茂功隆譽終於秦藩政隘其施少穆以軍功至大官通敏有幹畧宜位崇顯益振厥緒蔣氏之流慶遠矣君承藉豐豫陶寫風雅歡愉之辭廣大之音將與日俱增而未知所極他日相見願從君盡讀之

龐潛卿時義序

甯津龐潛卿先生高材博學壯歲舉於鄉會試危得而復失者屢矣先生益憤發以貲爲户部主事居京師窮年鍵户綜覽墳典於科舉之學微精求之近不得志光緒甲申令弟省山中丞舉其時義視余則皆精實閎深之作近世捷獲之士罕能逮者中丞且曰吾與兄幼同學同試有司同官於京友愛篤至每談

經較藝昕夕忘勸文字之飲必偕歸則評隲人物高下議論臧否及天下事措置得失莫逆於心當時以為宋眉山蘇氏後數百年無此樂也兄在官鞠躬履方為大僚所器異以衰老不復應試既補主事遷員外郎嘗祁寒入直遇烈風幾仆地遘疾遂卒生平著作散佚時義甚富而嬾不自收拾今存者僅十數首吾將授梓以無没其心力之勤子其為弁言語次愴然不能竟經曰凡今之人莫如兄弟中丞蓋有以知天下至樂無逾於兄弟無故者矣今距其没有年猶珍護遺文必欲傳之以不死其兄用意深長可念哉余兩兄一弟竝積學早逝今歲甫為亡弟輯刻遺書而兩兄叢稾盈篋都未整理歲月奄逝行坐疚心以視中丞彌自恧也

王氏塾課初編序

制藝至今日而變態極矣作者之不古風會然哉先大夫詔余兄弟曰余學為文時師猶教以先輩義法師女等者但聞講求時尚余為世道懼焉此語距今垂二十年每憶之有餘悲也暇檢行篋得先大夫所為文暨先伯父文數篇恐就湮失並搜兩兄一弟文又數十篇板藏於家南中尚有存稾他日取以來當

悉棨之

孫漁笙時文序

光緒丙子余主浙試榜放浙翕然稱得士然浙之文美不可以究迫束解額摧落裁抑雖不重爲人訾余心固不能無憾孫生漁笙好古多聞之士也闈中得其文筆勢才藻拔出涂徑心甚異之顧額取盈矣又其時磨勘新例加密相戒不敢踰程式同事者持之卒置副榜後知生果奇士不怡累日一再來謁詞意肫然若有深感者余尤媿之明年郵寄向所爲文京師而請益於余余則何以益吾漁笙今夫持貨而入市者欲其速讎也郢客之歌引商刻羽雜以流徵其和彌寡以曲高也今漁笙之文瑰意孤行奇趣開發落落然自抒所得使人讀之殆忘其爲制藝漁笙欲以此傳於後窮極其變化則余不能知矣若將以應世之所求願且無歌最高之曲而持必讎之貨既爲之序且用是爲規

讀均軒館賦偶存序

讀均軒館賦者吾師龐文恪公居詞館時作也公登　朝年未三十以　大考超擢踐歷清要爲江南團練大臣有保障鄉里之功入持臺憲長都官有清介

不撓之節游心文林撰集宏贍是編特玉堂校藝之餘然其瑰辭騁放動止閑則流轉清婉韻致愈美古心契吴顧雅式總陳鮑可謂超然獨秀衆妙畢赴者矣伏讀　聖祖仁皇帝御製賦彙序曰唐宋用以取士名臣偉人往往多出其中至元始不列於科目朕以其不可盡廢閒嘗以是求天下之才由此二百年來庶吉士散館及廷試翰詹皆用律賦魁儒碩輔駢羅競進自其爲翰林時經史而外兼考索聲韻駢偶之學故析義密而製式益工如公之德業文章其大者炳在天壤而律賦復精詣若此固　上求下應之理則然抑亦篤於學者隨所業而無敢自恕也傳曰登高能賦可以爲大夫豈不信與公子絅堂劬庵編修文行高懿闡聲於時獻賦之榮將世濟厥美先謙辱公門下竊聞緒論山木之感忽焉十秋攬斯編悽然弗能已絅堂昆弟校栞竣事爰敬識於簡端

國朝試律詩鈔序

試律之在今日其於詩道若甚微也然體昉於唐唐之人或未能工豈不以命題爲詩思極於題而無能自騁其體又非他詩比也試院晷刻中繫不能給而題與體限之故工之卒難唐之所難而今易焉以爲不足道過矣雖然唐之於

詩瑰偉百變窮極幼眇獨罕工試律或以謂才力之所窮與體製之未備殆不然也非天留其風氣以待後世之才秀者耶經術盛於漢書法盛於魏晉之間駢儷盛於南北朝古文之學盛於宋詞曲盛於元制藝盛於明古近體詩唐稱盛焉　國朝兼之而試律觀止矣余見夫世之為此變態日新亟采其精以成斯刻自金雨叔先生以次列而輯之得四十三人嗚呼盛矣然試律盈天下而余所選亦僅矣可不謂難耶淵之不可以臂測也運臂於淵臂竭而曰淵止於是人不嗤其妄則哀其愚矣以試律為小非試律之小也

師竹吟館詩存序

國朝文治邁往牒取士之方屢進而加密乾隆二十二年令直省鄉試去表判與會試俱試五言八韻唐律詩四十七年移性理論二場寘詩第一場四書文後又久之而論裁夫詩之習聲律對偶與表判同而風雲月露之詞視高談性命相去彌遠然以之試士表判展轉勦說論則陳言相因反不如詩之用思深而工拙易形能得潛心劬古之士故令典垂百餘歲而光景常新或者從而小之其於　聖人維持啟迪之深心固日游泳其中而茫未有覺也自金雨叔紀

曉嵐兩先生以其幽情雋旨恢拓涂徑後來循規尋響遂爲顓家之學人病其散而無紀余是以有　國朝試律詩鈔之刻詞館諸作雅正之軌分科彙輯近疏之闕然余是以有館課詩存之編同志者一再續之不已法備於積久而義精於其同者　上求下應日出而不窮自然之勢也藤陰主人殫精斯業近輯其同學子諸君會課詩得二百五十餘首顔曰師竹吟館詩存以示余其詩選言樹骨根柢經籍不窘拘於矩度而獵逐於豔藻信可謂尤工者夫試帖之與古近體詩自唐以來截然不相混顧其爲道一耳探其源於彼乃能究其業於此有能爲試帖而不能爲古近體者矣未有不善爲古近體而能以試帖名家者諸君篤志雅懷涵　聖涯而斟古義必皆作爲雅頌以歌詠　大清之功德被金石而垂之無窮而試帖其先聲也余故樂得而序之且用是爲券焉

試韻舉隅序

自韻書作而古今事物之顆列載籍者各以其文來屬其在唐時顔魯公韻海鏡源延多至三百六十卷宋元以降塗附滋繁雜陳子史旁羅詩賦徒供披尋剿剟之用於韻書之本義固無當也夫字學莫要於聲非聲無以求字之原非

韻無以會聲之統唐以來韻書已不能辨古聲所從出至因韻傳文又彌失而彌遠矣史志及簿錄家坿韻書小學類近世為韻書顧離小學而二之尚能與探文字之本邪余雅愛阮氏經籍纂詁博而不雜以為雖不以韻書名而於聲音訓詁使人籍以會通韻學之指歸者莫近乎是惜卷帙繁重傳習蓋寡吾邑李俞圃先生著試韻舉隅遵　欽定韻府閒以已意增輯典從其畧解取其詳根據說文兼綜羣籍其究心在字學之源嘉惠後來用意與阮氏為近先生纂述甚富是書取便學者亦足見讀書用力之勤也昔陳彭年等重修廣韻增益注文冗漫逾甚丁度譏之若見此編當以為實獲我心矣先生曾孫淑和孝廉篤學能文珍護先澤將刊行之而屬余序其首

書彭烈婦行狀後

人雖蠢悍頑獷聞忠臣孝子婦女義烈事未有不慷慨動色肅然以敬非人情之好異誠有觸於天理之同而不忍為異也若吾鄉彭烈婦之死較然不汚其志乃眾口附和無稽之辭從而蠛之其父兄呼號於舉國彌久而幾不伸痛夫生今世而為完人者之難也而卒之學士大夫同聲以請疆臣入告　宸章

有光以坊以祠以表奇節烈婦千古矣而當日挾私忿以忍其心悍然涴白壁而不顧者不為之寒心而短氣哉夫烈婦之遇變而即自縊也知死而已及姑勸以須家人質證則不得隱忍以待迨一歸見其父返而仰藥自殺展轉二十六日中神愈暇而心愈苦誠古從容就義者之為也人生所最難者死也從容就義又難之難者烈婦之志以為苟可以明吾心迹而死焉斯已矣後來襃揚崇飾此自 聖天子闡幽勵俗之大權而薦紳先生有心世道者所不容已烈婦何與焉烈婦不以是為榮豈以彼嘵嘵者為辱哉抑余於今世詆毀之事重有感焉庚午之秋天津民與西人搆釁 朝廷命相國曾公往治其事於時議者紛紛曾公以時方多事不肯遽啟兵端恬然犯衆謗以成國家之至計今日曾公往矣而一代偉人之胸襟擘畫千載下尚有以相諒也而彼侈然以道學經濟自命者其心地之正大明白不必如曾公他日之建樹不必如曾公即令易地以處其能慎密堅忍為國家善事而弭患者亦不必果如曾公而旁觀坐嘯徒欲以其氣矜淩躐乎曾公之上則又奚怪彭烈婦以一弱女子而不能閒執讒慝之口邪蓋余所歎者世運人心隆替之故而不必為一人一事發也烈

婦之兄稷初孝廉痛其妹之死以行狀乞周自庵先生及余為詩歌以章之自庵先生之詩足以不朽烈婦矣余乃書其後而歸之

書蘇東坡論范增後

余讀史記反復秦楚之際而知蘇氏之論范增謬也夫鴻門之宴項羽不殺高祖增曰奪將軍天下者必沛公時義帝尚存而增以天下屬之羽其心無義帝不待智者而知矣羽疑增與漢有私稍奪之權增大怒曰天下事大定矣君王自為之然則羽前日之事皆增為之又甚明矣增始從項氏雖無君臣之名其分已定故終欲依羽成功名史公項羽本紀一則曰項羽范增再則曰項羽與范增以羽增相提並論着增為項氏私人也方項梁起吳中終身不出楚境而秦方席全盛之勢增因勸立楚後以號召楚人使洶洶之人心有所歸藉以為始事之基增七十不仕於楚非有故主之思視張良之勸立韓後迹相似而心則殊而義帝乃梁所求得也與增無一日之知何謂帝立而增與之同禍福哉帝遣沛公入關而不遣羽擢宋義上將軍以救趙而班羽其下豈獨羽不能甘亦必增所不願以舉玦撞斗之事推之知安陽矯命悉增謀也殺義破秦而羽

之威文勢成帝之死生已定於增手矣且夫天下擾攘之際盜賊之行非有君臣維繫之義也假虛名以相號召即為所擁戴者亦自知寄命於不可測之地吾觀義帝之擁立情事畧類劉盆子其遣諸將西也約先入關中者王之身為共主而豫以王關中謝於他人其處心積慮未敢侈然自以為君也使羽死垓下而義帝尚存高祖亦豈能北面事之特其寬仁大度又權畧善御或如光武之封更始裂土授爵苟全其身以羽之很戾無謀大業未就而下策乃遽出於弒嗟乎增之贊殺宋義也事權之所繫其勢有以成其爭彼義帝何足慮而使羽躬負弒逆資天下以義舉之名此非增之咎而誰咎哉史稱增好奇計吾觀羽坑屠焚掠吝賞矜功不聞增一言諫止所謂奇計安在徒汲汲勸除沛公以為盡殺天下豪傑可不施仁義而制海內則增直庸妄人耳高祖論楚漢得失言我能用三傑羽有增不能用謂羽不能用人非以增足畏也而蘇氏因此稱增人傑且以為高帝所畏增不去則羽不亡噫由羽之道而無變其所為增不去果能不亡耶

劉氏傳忠録序

長沙　王先謙　益吾

傳忠録者宋承奉郎劉公學裘裒輯其先人所得賜額宸翰暨當代名賢碑記悼祭詩文為一編以闡揚三世之盛美者也劉氏之興肇自贈太師資政殿大學士忠顯公韐忠顯長子寶文閣直學士子羽以功贈少傅少傅長子觀文殿學士江東安撫使忠肅公珙入參樞密出總師旅有抗直之節誠勤之勛弗究其施天下悼痛西山真氏以謂前代世家自東漢楊氏外鮮能及者蓋劉氏三世效忠之榮聞大顯於時矣夫任天下之艱者其中胄有深固不撓之氣成不世之業者其始必無與流俗競功名之心方忠顯知越州禦賊誓與城存亡遣使金營從容就義少傅守三泉據胡牀坐壘口扞敵知以身報國而已朱子為忠肅墓碑亦稱其安撫湖南受命兼行賊張甚兵未至人心動揺惟以賞信刑威振士氣殄數萬强寇其臨難不避謀慮鎮定者孟子所謂至剛至大配道義而無餒者也然金人南牧議者欲乘士民之憤進躡之忠顯以亟戰為非張浚議

大舉圖金少傅謂宜益兵屯田以俟機會乾道閒宰相建言恢復舉動煩擾忠肅謂荊襄四支也朝廷腹心元氣也今不憂元氣之憊而憂四支不強非臣所敢知其言皆審固持重不欲僥倖於佳兵之一逞以視爭意氣於口舌閒者相去又何遠耶蓋君子履其位雖蹈白刃而不辭處旁觀則孰慮兼權務求其至當其志遠虛譽而近事實後一己之私計而先國家之安危斯其所以為忠而傳之無媿色也歟忠顯次子直祕閣子翼用吏績顯季子通判興化軍文靖公子翬為世儒宗學者所稱屏山先生也宋史三公各為傳列文靖儒林而不及直閣是編載胡氏寅墓誌述其知建劍撫治諸州鉏姦活民廷薦循吏璽書襃擢事及張磻鄭起潛文靖謚議足補史闕據李邴朱子文知文靖為忠顯季子非仲子足正史誤餘亦多資發明參訂為攷古者不可少之書匪獨劉氏世寶而已文靖裔孫佩瑀等於道光十四年始得是編而授之梓遭亂散失今其後嗣陽湖學生震之等復鳩工重刻乞言於予予維忠顯諸公大節宏聲輿起百世而忠肅再知潭州平劇寇增戍薄歛人賴以蘇大修書院延張宣公教士勸學其有功德於湖南甚厚今讀是編猶若拜公位於嶽麓六君子堂中慨慕無

已執筆為叙其何可辭震之等尚篤念先人益振厥緒處惟文靖是宗出以忠顯諸公為法則太上三不朽之道不出家而有餘師矣嗚呼可不勉哉

宋劉屏山先生文集序

宋史傳道學儒林九十九人籍閩者踰五之一他方儒者莫尚焉崇安劉屏山先生朱子嘗奉父命師事者也朱子少孤貧飲食教誨先生與兄少傅公實扶翼之朱子表先生墓跋遺帖述之為詳與史傳合而先生當時議論後代崇祀皆推原於朱子以加襃顯其食報可謂隆矣蓋朱子為學師延平李氏而大成而啟發旨趣緊先生之力兩先生皆閩人朱子居閩而傳閩學之統故言朱子之學者以閩為稱云夫宋世講學諸賢類能遺得喪外死生務以明道修身為急吾觀朱子父韋齋先生寢疾時顧拳拳為子擇師而先生與朱子反復講貫至臨没而無倦非夫道力堅定神明湛然者烏能若是文集二十卷其嗣子右修職郎平父先生編次而朱子跋其後墓表所稱復齋銘聖傳論在焉先生少喜佛氏説歸而讀易渙然有得以為學易當先復既銘其齋又告朱子以不遠復三言為終身之佩余謂先生屏佛老而趨正學殆庶幾能復者也其明決又遠

出鷹山横浦之上已先生裔孫震之等重授剞劂請序於余因書所見以質後之讀斯集者至其文之可傳朱子跋語已盡之今不復贅云

紫石泉山房文集序

歙縣吴澹泉先生與桐城姚惜抱王濱麓同受古文之學於劉海峯先生獨惜抱名最顯其徒衆尤盛相與張之以為大宗先生之文高於濱麓顧或有不盡知者將其文傳之未廣抑徒衆不如惜抱之盛無從而張之者耶余觀海峯評論先生之文傾倒甚至若不當在弟子之列而先生為文發攄心胸磊磊熊熊有浩然自得之氣未嘗揣摩趨步於規矩亦無乎不合蓋斷然自為一家之言也夫學者學其識也而文者文其志也吾之識既足以達而志足以明則今日之為文宜不以前日之所學自限故凡有所託以自尊者皆必有不足於中者也如先生信所謂雄俊之君子已先生天性孝友有廉正之節自少遂志道學深以無成為愧懼屢見其意於文故其根本盛大發為文章與世俗之求工於詞者絶遠余昔錄十數篇入續古文辭類纂以志欽向今李君輝廷重刊全集吾知其傳益廣海内皆能讀先生之文而喜先生之道日以盛昌也因復為序

之如此

集句訓子詩序

田君海籌自咸豐間宣力水軍積功擢專閫恂恂有儒風喜為詩酷嗜放翁一日出訓子詩三十首示余皆集放翁句也夫詩之道原本於情性而事不越乎倫常因倫常以抒情性者莫切於父子之間故古之工為詩者尤惓惓於此淵明有責子命子詩為以詩訓子之權輿少陵謂淵明以子之賢愚挂懷疑其未必達道然其為詩示宗文宗武屢見集中一則曰熟精文選理休覓彩衣輕再則曰應須飽經術已似愛文章期子讀書至為深切毋亦天性之至不能自已於言而其譏議淵明乃故為達觀之辭以自解與君起家戎伍顧篤愛文事且時用讀書訓子昔石勒以子大雅好文詠謂其愔愔不似將家子勒不足道而以將家望子亦未遽為非今君乃與之異趣者豈非龕亂之時用武而 承平之世右文彼此各遭其勢而然與集句體至宋而盛君又集宋人句為詩文足以達其情信沈氏括所謂語意親切過於本詩者陶杜名篇不能專美於前矣余聞君子稟承君訓已能克家他日必有仿少陵之徐卿二子歌作詩相頌美

者請以余言為券可也

四書文豳序

豳風七月之詩周公陳古以戒今者也餘皆為周公而作文中子以豳為變風謂成王終疑則風遂變惟周公至誠能卒正之孔子傷夷王已下變風不復正故終以豳風言變之可正也夫自古天下風無不變亦無變而不能正者文章小道耳然詩之變也極於綺麗李杜正之文之變也極於駢偶昌黎正之雖謂李杜昌黎為詩文中之周孔可也制義之於文又小之小者也變至今日極矣常熟張君瑛遂於經史之學能古文兼精制義彙前明 國朝名家制義尤雅者為一編名之曰文豳蓋君為文之力足以復古而復錄斯編以蘄正文風之變其諸讀詩而有周孔之思與吳公子札觀樂於魯為歌豳而美之君吳人也以豳正天下宜自其鄉始余忝視吳學文風之變正無所辭責覽君文及斯編以為豳風盡在吳矣因歎其美遂為之序云

姓畧序

古者姓氏之書所以明貴賤別婚姻自周氏本迄於唐氏族志作者代殊用意

則一迨閥閱之風既渺而輯錄之學漸興稽諸傳記約有數端張九齡姓源韻譜務推源流而林寶元和姓纂諸書繼作此以網羅為義者也劉知幾劉氏譜主正訛誤而鄧名世紹興姓氏書辨證諸書繼作此以考訂為義者也四字韻語肇於今坊行宋代之百家姓而　國朝黃九煙百家新箋等書因之搜采僻姓肇於楊慎之希姓錄而夏樹芳奇姓通　國朝單隆周希姓補等著因之其大略也陽湖沈君定猷篤學好古以黃氏之書及張氏念先所輯續編尚未有注博采群書為之箋釋復考得奇姓二千數百家其單姓用宋邵思姓解以偏旁字類分門之例依　字典分部次之複姓用張林書例以下一字依四聲為次通為姓略四卷補遺一卷復取注所未備及歧出者援引參證為補注三卷蓋畧得劉鄧辨正之意可謂兼諸家之長者矣沈君既沒其友人將刊行之乞予為序余嘉沈氏用力之勤及諸君好義之美故樂為一言向有志搜輯希姓久未成書覽是編益流連不置也

重刊儒門法語序

天之生人將以有為也其無所為者適不得自齒於人為之必有其方而方不

待外求也孔子以無所用心為難而孟子言求放心蓋心之用無其所則放矣故學為人自治心始心治則施於百體措之萬事無不有釐然各當之則止而不過則聖賢帝王之學一以貫之是故能治心者能盡性者也性盡而參贊化育在其中矣貫天地人之謂王通天地人之謂儒孔子之道所由與堯舜并尊也與自宋迄明大儒輩出所以發明孔子之學者論說萬端而皆以正心為競競

國朝彭南畇先生服膺道學諸儒取其訓辭尤要者輯為儒門法語開示後學至為切近是編迺湯文端公節本曩經栞布今楊君丹山牧通州復刻之請余為序以貽學中弟子員丹山信知教士之要者諸生果讀是編而返求諸心則微之極於飲食居處之閒顯之達於事君臨民之際咸有所持循而不至為外物所奪雖進身伊始而於他日出處之道已有卓然自立之基更由是而博學深思勿尚空談勿矜捷悟勿持門戶之見勿雜功利之私則本諸心以推諸事為者不可勝用雖謂孔子去人不遠可也夫子曰法語之言改之為貴巽語之言繹之為貴是編所錄嚴正婉篤無不曲當乎人心蓋法語而兼出以巽語諸生有說而繹或從而改斯為善矣苟屏棄之且非毀之尚得以為人乎哉

楊丹山試藝序

楊君丹山以同治庚午舉於鄉辱與余有相知之雅越七年丙子成進士以知縣分發江蘇吳子健中丞語余曰楊君非獨文士迺經濟才也吾與之語其見理明而處事當新進鮮能及者時君到省甫數月未幾任沭陽換銅山鉏姦煦良聲績蔚起比余視學吳中而君已由上元知縣擢通州直隸州矣君牧通二年士民相與安其政教盜賊不興獄訟衰止而君治之益勤朝究夕圖殫瘁而弗恤尤以勸學育材為急於培植書院考校文事意恒有餘於其力閒采吳士之佳者告余又條舉興學諸務以助余志慮所弗逮蓋君仁恕明敏自入官後瀓精於民事常有經緯萬端彌綸世宙之心文藝不足為君多而生平寢饋其中所以開智能而成功名者宜其亦有樂乎此也通人士既愛頌君尤喜讀君之詩文君乃都其試藝如千卷將授之梓以式多士而請序於余余維君文體正而材優神閒而氣定適肖其為人以出取而讀之知非其才與學足以自樹者不能為也余方選刊吳士試藝冀於文風有所裨益今君試藝行求工於文者皆有所取則而風氣丕變無難君真助我者哉

劫餘勵存序

丹徒李雨人先生都其詩古文及試藝為一集題曰劫餘勵存蓋先生少躋禁近乘軒軺文譽翕鳴才藻横溢名都酬倡之篇寰宇登覽之作盈几積案不自珍惜往往為人藏去既遭寇亂鄉里邱虛笥篋蕩盡追維疇曩恍乎烟雲之變滅獨文字之根於性情者不能一日去懷始復网羅叢殘補綴收輯而先生年垂八十矣方道光末先生以名翰林督學粤西晉階學士年富才豐見者望若天人以為指顧登上位顧澹然奉身以歸若世事毫髮不關其慮今讀其文如與地方大吏論礦事捄生會諸書於　國計民生所在侃侃持論無瞻徇迴知先生雖伏處閭里而康濟世宙之心未嘗忘也賢者之進也將行吾志以下膏澤於天下非徒顯榮其身名而遂已也事會所遭可以止則止漢二䟽知足不辱之言雖疑於專為身謀而不計其君之誰與為治然懷謙遠勢有合於肥遯勿用之誼至於身之既退凡官吏之設施公事之成敗宜非我所敢與獨一方大利害所繫則薦紳為民望者固當出口舌以靖鄉邦之難而不得以畏避緘默為高謂夫列　朝班而食　君祿者非草莽臣比也不明斯義出必為患

得之鄙夫處亦鄰於忘世之畸士如先生者可謂幾於道矣先謙夙慕先生名今秋修謁於泰州辱命為斯集序爰舉先生志行之大揭於簡端至其文之工讀者自得之不藉先謙言以為重也

張孔伯文集序

余耳張君孔伯名久憾未得一見今秋過維揚君寄示所著書又以文數十首屬余為序余受而讀之其文辨正學術亭決古事括經精而洞史與傳記諸作宏益掌故其考訂尤詳覈者如周尺攷據史記商君傳證為秦步六尺之始東部侯國攷據國志虞翻傳定為東部侯官謂與上郡龜茲屬國下有侯官縣同例侯乃候轉寫之譌以正錢氏大昕改為東侯官之失並冥思孤詣前無古人至於指事言情斐然具體可謂陶鑄眾妙不主一家者也夫文以理為幹以修辭為用然無其本而求美於辭信美矣不足以示後學與識之所積發而為文無施而不可譬猶持良玉文錦以入五都之市鮮有不寶貴者君學高而識邃宜其文無乎不善而傳之必遠無疑也君於汶長之書沈潛通貫譔著宏富海內皆知尊尚余讀是編而歎世之目君為小學專家者知君未盡也故樂為道

之如此

汲古閣說文校勘記序

今世所行汲古閣說文為毛斧季五次修改本以毛氏刻書之精好斧季之能讀父書何其無持守與甚矣善述之難也洪琴西都轉家藏未刓改說文為斧季弟四次手校樣本光緒七年刻於淮南書局承學之士翕然歸美今秋道揚州張君乳伯以說文校勘記見示迺知當日刊書時乳伯在事即成此記都轉以為太繁不用僅坿錄兩本異同於書末余笑曰是鄭人買珠櫝類也都轉奈何而有是昔段氏據斧季手校本為說文訂今刊於湖北書局人寶愛之此記詳審精密出段氏上實治說文不可少之書也因從臾乳伯亟鳩貲付刊俾得與局刻說文相輔而行而序其緣起如此後之攬斯編者勿以為太繁而棄之不觀斯幸矣

宗子相先生詩集序

興化宗子相先生前明嘉靖七子之一也方先生官稽勳員外郎為嚴嵩所惡有剛正不阿之節出參閩藩捍倭寇有保障城社之功遷提學副使臨郡縣敝衣

蔬食屏絶供張以躬行範諸生見百姓疾苦語諄諄不能休卒年三十六士民會哭為祠以祀素絲之詩桐鄉之傳人以為無多讓也余觀先生志行未嘗欲以文人名而後之人顧多稱其詩蓋方其少年才高氣鋭落筆輒拔出一時一二有氣力者相與張之以為吾徒結社要盟主持夸奭而當時求名之輩靡不奔走顛倒於聲華意氣之中此有明中葉以降士習之敝致然如先生之成就卓卓不以此自多可決也學者苟不欲為一世士其所自處宜何如哉先生初與謝榛李攀龍王世貞梁有譽為五子益徐中行吳國倫而七榛心薄國倫與攀龍論不合世貞輩因力擯榛諸人集各為五子詩意謂與已而六削榛於七子之列今觀先生五子詩獨首榛無國倫其次即列寄李順德詩是其為五子詩時已當在李謝不合後而不以一時之私廢天下公論其於友朋風誼有足紀者先生十一世孫禮堂廣文持集請序因備論之至先生詩昔人言之詳矣故不贅明史文苑傳言倭薄城先生與主者共擊退之日本傳不詳其事今集有明巡按福建御史樊獻科序言當事者既去迺從戈矛中密與子相議戰守則主者即獻科亦足補史闕云

行素堂彙刻經學叢書序

經之有總集蓋自齊衡陽王鈞始也經學之有總匯也自五經正義始也迨版本既行宋朱子臨漳四經岳氏相臺經傳實為彙刻經學之始元明以降流布滋繁 聖清文教昌明人尚經術納蘭通志之編大梁經苑之槧摉羅往籍蔚為巨觀顧於當代儒碩不一及張金吾續經解目錄閒涉 本朝璜川吳氏經學叢書采 本朝為多猶雜廁前代獨儀徵阮氏學海堂槧本多至千數百卷悉 國朝人所自為書足以燿儒先服古之勤而揚 昭代右文之盛可謂美善也已今去阮氏刊書之日又數十年中遭喪亂人民流離而絃誦不輟鴻生代興將欲廣綴輯以備訪求其無賴於有心人之為之歟吳縣朱君樾之汎覽博通喜刻書既依顧氏彙刻書目例為行素堂目睹書目十卷又最其欣賞者為槐廬叢書四編近復以所刻經學叢書介葉君槐生問序於余閱之則皆 國朝人所著自九經古義外悉阮氏槧本所未及夫阮氏之書抉擇精嚴為治經者高樹準的茲朱君體仿叢書與阮氏為書之義稍别而蒐討勤力意在章明 國朝經學為自來叢書所罕有蓋其託名命意尊其用心亦於是為尤密方

必於君屈一指行素之名且與勤有汲古爭烈矣

密菴自治官書序

方君密菴自治官書答張中丞問海州興革事宜書一卷禀詳書函堂判文告守城軍報各一卷而以吳郡官書類附焉海之為州距兩省治最僻遠西北界山左人民健訟好私鬬蓋其風氣固然而君視事未久撚賊往來境上與官軍相馳突數月君方無事時勤於為政斷清閭閻訟盜之源有急則拊循其人民而感激以忠義軍旅絡驛餽餉無乏卒舉危疆而袵席之在官十有七月未嘗一日自休息今其官書犂然具列可覆按也君明敏足以幹事而其心肫然務與天下以性情相見故所慮常在小民根本至計至於當幾立斷一準情理之平雖累歲塵牘折以片詞燭照龜卜銖黍不爽人以是服其能而不知其蘊於中者至深厚也余頃以試事至海去君為州日且十年見昔與君同官者語及君曰好官也而海之人士述君舊績猶相與嗟慕不置心竊益敬其賢君氣剛持正不為流俗所容當時以事與上官齟齬力求去前蘇撫張公樹聲知君俾權守蘇州卒為人擠排不得竟其施嗟乎直道之不行久矣顧念以君之為

官而韜其才用使不得究極其心於民事以迄於今是則可惜也已予數年前道滬上始見君以論文相得久乃益親君雖年逾六十議論袞袞才力强健固非遂忘世者屬以此編相示為書其簡端且令當代膺進退人才之責者知有斯人也

重修泰興縣志序

楊侯甫莅泰興而先謙適來督學江南相見則曰吾邑志失修久方董為之以屬子序復走書督至再最後以志來曰吾代已及期幸此書畢工不至愧對吾士民矣蓋侯在官不逾二朞而舉七十三年廢墜之事其才通敏而得人以理迺如是之速成而盡美也古之良吏必周知所治土域民風之要歷代通變之宜然後修吾教而民從之有所興革則利賴及於久遠故志乘者有司施措之前規匪徒以為文章觀美而已然吾觀今之人方馳心域外之觀雍容坐論一切取塗飾耳目為能苟有鄰於文事者必斥為不急之務幾若不名一事而天下可治則嘗疑古今時勢之不同而先王教人大中至正之道之果為今日詬

病也侯之為政遇義勇為若義塾恤嫠節孝集賢祠諸大端以督率先感有成績而於邑志尤攷訂勤勤不遺餘力殆忘其身非久任者將侯之嗜好與俗殊與抑誠見其大而能然耶泰興自前明來才俊蔚起文采彬郁若茅忠愍之節義何棠張羽兄弟之忠直吳侍郎存義之清德季振宜陳潮之文學並閒世挺生輝映江介自今以往邦人士流覽斯編不出其鄉而師資大備吾知必有感喟興起思所以紹前修而翊　盛世者雖謂皆侯之嘉惠茲邑可也

堵文忠公集序

長沙　王先謙　益吾

嗚呼小人之危人家國也若是甚哉余讀堵文忠公集思明之所以亡未嘗不爲之三歎也自莊烈殉國率土瓦解然其時忠臣碩士欲爲明盡力者天下相踵也史忠正奉宏光留都宜若可以有爲及出國門而馬士英扼之唐桂諸王崎嶇嶺嶠勢已不國而爲之督師者黃忠端束手於諸鄭公亦坐制於五虎奸臣悍帥當室毀風漂之日初不計其身世之將如何惟掊擊英賢以供目前之一快往復相尋覆轍若一故公遺疏有曰臣受命以來冀再合餘燼少收桑榆不料調兵則一營不發若曰有兵則豐其羽翼也索餉則一毫不與若曰有餉則資其號召也致臣如窮山獨夫坐視疆場孔亟泣血拊心畧無展布嗟乎此在後人把卷流連猶爲之扼腕切齒況於身丁其厄者乎宜公之死有餘憾也公少負奇氣人目爲狂生及官長沙日議城守定亂民誅醴陵賊渠其材畧已足表暴於天下矣觀於答延儒之問則自請危險誌江門之墓則恨不同死蓋

志所素定固然非夫慷慨喜大言者比也遭時屯邅羣凶彌乎宇宙獸駭魚爛不可收拾獨與何忠節左提右挈以偏隅殘破之區抗
興朝雲霓之旅枕戈飲血挫而猶厲所降李錦數十萬衆終其身無叛志則公之精誠足以維繫人心與宗忠簡之能用王善無異而其權宜隱忍以就大計識者固當諒之王氏永厤實錄楊氏三藩紀事本末或於公不無微辭要豈得爲知公者哉公在日自訂其文所謂定參稿者及没公友魯釗求得之以歸公姪景源暨其鄉人先後裒增編成十卷遭亂散佚鄉人重輯爲八卷已不復見公集之全矣然公豈藉文以爲重者覽者宜有以悲其志焉公籍宜興有族人居無錫遂爲其縣學生故明史稱公無錫人

頻羅庵遺集序

鎮海鮑君景溪重刊梁山舟先生遺集凡詩五卷文題跋各四卷直語補證日貫齋塗説筆史各一卷介余友蕭君敬甫乞爲序先生以善書鳴海内逮老而名益尊讀集中與孔谷園論書諸札及答王禹卿索書次韻三詩詞翰之精信乎能兼美者然先生於詩文以不樂爲人役不恒作其存者皆絶去摹擬揮發

胸臆多夷愉清曠之致補證諸編頗資考訂其意匪以爲箸述也取自適而已
先生之論書也謂學古不宜作意求似又曰不可有名心在余以爲於它文事
亦如之斯其品詣絶俗所以尤不可及歟方先生壯時門第科目不難立致高
位顧乃棲遲林壑六十餘載其澹於榮埶既足以愧懷禄耽寵之徒而於文藝
之名亦若避去唯恐不遠此非蟬蛻囂埃遺外世務確乎有得於中者不能然
也然卒終其身至於今聞望日益光顯遺文舊牘無足而走天下昔人有言逃
名而名我隨豈揚雄氏之所謂以德爲幾者耶每流覽斯集思先生之高風未
嘗不爽然自失也頻羅庵者先生晚歲居之因號頻羅居士並以形諸詠歌先
生嘗與友人書守家法不修佛事則其用是自號蓋聊寄超曠之意非有慕於
浮屠氏之術云

金忠節公集序代

當明福王之敗明之遺臣耆老思爲故主盡力者奮袂執戈雲集霧合然大都
無宿完之備制勝之師倉卒召集不旋踵而覆滅獨金忠節公以沈毅宏達之
姿值國勢艱危精究武畧講練於平時而踔厲於臨事不可謂非才糾合鄉兵

授以節制遂拒馬士英黔軍之擾靖左良玉狼兵之亂其所任用如諸生江天一項遠副將羅騰蛟輩皆負氣誼許與見危致命不可謂無人據徽州形勝之地以績谿大鄣山為中屯分兵六嶺聯絡控禦不可謂無備　大兵初臨搏戰互勝而降人張天祿黃澍導師深入慷慨就縛天實為之非公謀之不臧也余嘗讀公集諸疏因以追維當時情事方莊烈帝朝申甫之敗公以薦舉非人幾得罪矣而帝原之黔軍之難馬士英坐公首禍有旨逮治公且重得罪矣而帝不惟原之又起用之君臣相與之際不謂不深然卒不能畀以封疆將率之任以覘其設施而收補救之功於萬一徒令公處無可如何之日區區以忠義自顯亦豈非天耶公集凡八卷舊刊於楚中而吾鄉之景慕公者顧罕見其遺編亦缺憾事也乃重刻而序之公墓距余家八十里嘗往過拜奠其下而翁嶺叢關祁山諸隘公昔日用兵地也每因事至其處考案圖籍周覽形勢慨地險之難恃悲天命之有窮覺公之精靈髣髴如在云

重刊新安志序代

新安山郡也其山西北自嶺嶠下而出於休婺之閒者曰率山登高視之黃山

齊雲皆出其肘腋下山水東流爲漸江歸震川汊口志序所稱率山之水北與練溪合爲新安江過嚴陵灘入錢塘者也其西流者一由祁門達浮梁一由婺源達鄱陽爲廬江水山海經曰三天子鄣在閩西海北亦謂之三天子都浙江廬江皆出焉酈元本之爲水經注準今率山地望適合而郭璞謂三天子都爲歙東玉山則以今績溪大鄣山當之誤也余因思秦於此立鄣郡蓋取義三天子鄣爲最古而自來說地理者云秦以大鄣名郡又非也漢更鄣曰丹陽其所屬黟歙二縣廼得後世新安全郡地孫吳別爲新都郡晉太康中改新安至宋仍其名羅鄂州始爲之志觀其敘述有體徵引賅備多補前史志傳之闕洵考古者不可少之書矣自秦漢迄今郡邑割併不常沿革回惑而吾徽州一府適符宋代新安屬地之數余又性好游覽老耽詞翰念文獻之不可無徵而是書之爲山水增重也爰重刊而序之如此

留雲山館文鈔序

留雲山館文鈔一卷武進費晉卿先生所著也先生世居縣西孟河莊河故唐刺史孟簡所濬通志謂之孟瀆河其水經縣北孟城山入 江相傳晉孟嘉隱居

茲山高風貞操後人多景慕之其地代有隱君子云而俗又言天醫星當其分野漢甘石星經所云巫官二星在房西南主巫醫職事者故孟河多產名醫其然否不可究知然江以南人豔稱之先生祖父子孫以術業相繼活人至不可算今言醫者必首孟河費氏光緒戊子先生孫繩甫觀察來江陰相見具述家世梗概乃知先生以名諸生困不得志敦行於室扶義於鄉抑非獨醫之善也方咸豐初粵寇陷鎮江屬縣皆不納糧武進有劉明松者聚奔牛以北五鄉人於夏墅議請得如鎮江屬縣無事眾享其利有則獨當之鄉民惑其言郡將名捕明松眾洶洶思變先生疾馳至開諭利害咸感悔期三日完糧而五鄉案堵當是時微先生幾大亂及事定絕不自言其天性高澹尤不可及云先生著有留雲山館詩鈔二卷詩餘一卷醫醇賸義四卷醫方論四卷制義二卷行世觀察將續刻斯集而屬予序予觀先生之傳朱君理文也稱馬少游之言曰士生一世稱鄉里善人斯可矣夫以先生之勇於為善而窮居鄉里不得一伸其道於時宜其志見於文若是今觀察世先生活人之業而心其行善之心又才識閎遠將出其身以加利澤於天下豈特如先生所云鄉里稱善者耶予不敏不

足以知先生之文為特著其生平行事之大端而以觀察孝孝述德之意為他日券焉

思益堂集序

周自菴先生既沒之明年喆嗣芊生大令以毀卒其孫椿圃遭兩世大喪黽勉經營不皇暇息先謙慮先生撰著日就湮失訪諸其家得詩文詞日札如干卷亟與瞿子玖學士謀共捐貲刻之既成謹為序曰先生當咸豐初以文學侍從受 上知 特命充巡防大臣兼辦京畿團防事宜將不日躋顯要先生感激奮厲彈劾無所避忌權貴側目由是岌岌不安其位矣會以憂歸里曾文正再出督師引與共事而胡文忠與先生有夙嫌扼之不得合併晚歲還 朝久乃進秩同光之交兩守侍郎而先生遽以疾休終其身進退顯晦之際若是其艱也然先生自罷官後寓居京師闢小軒日坐其中以丹黃自娛寒暑靡輟又幾十年所為四史補注及日札諸書皆成於其時似天之位置先生有夙定者余以歎先生不早自知其無與於功名不得壹意於學問之途以大昌其著述為可悲也然使先生老而康強爵位益高當 國家承平既未必別有表見而併此

十年心力亦銷磨於仕宦不暇專致之學問其孰為得失識者宜有以辨之蓋先生在時余嘗持此論以慰先生而迄今每思之未嘗不為先生幸也先生於歷代詩家靡不抉精洞奧故其為詩奄有眾妙要以義山劍南為歸晚遭困蹇轉造平淡蓋所得益深矣日札博綜兼挍尤詳掌故其文詞皆清絕可喜而於駢體文義法尤精嘗曰吾師胡稚威之博而不取其僻愛洪稚存之雋而不學其纖自命如此曾文正亟推其能四十以前積稾盈寸先生南歸時家人在都鬻書自給誤售之存裁卅餘篇今又僅見其半余既刊之十家四六中矣文字之厄如此豈亦有數存也悲夫四史補注先生自刊於京師今已別行此外奏疏應奉文字若干卷尺牘若干卷攷訂金石題跋書畫之文裒集未刻者尚數十卷待椿圃它日成之云

江左制義輯存序

督學者於士子之文三年而兩試第其高下而操其進退至切近矣然方其莅官也於庠序之教可以堅明約束至士子為文之方與吾之所以取士不能言也歲科試畢例進士於庭勖以修己為學之道於文亦閒及之須臾之告誡不

足轉移風氣亦明矣抑匪特此也三年試於其鄉衆競於圓美輭熟之文以冀試官之一當不則其父兄交游羣訾病之苟獲選矣則詑為奇遇而人亦弗能盡知也為督學者誠愛重其士而冀其成名孰肯驅而反之於古而俾其取戾於時者文之變殆靡所終極乎余自視學吳中按試諸府州得佳文輒栞布為多士式既有清嘉三編之選矣思稍進之復輯是編常熟張君瑛遂於文因委重焉余覆加增損自嘉慶以來迄於今都若干人弗及知者闕焉文若干首皆醇雅有根柢可觀覽夫惟其不專求工於文故其工如此也諸作者大半獲登於甲乙科暨余頃嘗拔高等然則鼓琹於空山蓺蘭於幽谷而謂世必無聞見之者其説誣矣是余所以進多士也光緒十四年夏六月

南菁書院叢書序

光緒戊子秋予刋　皇清經解續編成時試事既畢還暨陽候代檢舊藏及近得之書稗益蓺文者尚數十種遂以餘力促召梓人刋為叢書　國朝儒碩朋興纂箸之盛實能洞達閫奧修起廢墜大之經箋史注曠隆往代即旁逮諸子雜家靡不疏通證明厎於精善雖其間學人所得大小醇駁各有不同然前明

空疏淺陋之風庶乎滌蕩盡矣　中興而後斯道益章海内人士咸知崇厲實學以空腹高談為恥視乾嘉之際執漢宋學齗齗相辨論者固不侔矣聞道而大笑積久而後信亦必然之理也當此之時尚有資於問學之書亟取而公諸天下傳之久遠宏益儒者之見聞仰贊　聖朝之文治豈非士大夫維持世教者之責與自來叢書之刻多雜廁前代或汎及詞章兹編專錄　國朝非有禪考訂者不入書分八集皆可喜可觀予未及授采者又屬吾友院長繆筱珊編修賡續成之板存南菁書院因以名其書四五集則院中高材生所撰述多士觀覽興起尚益覃精術業偕登於作者之林是所深望也

磵東詩鈔序

當嘉道之際吾楚以詩鳴資邵間者鄧湘皋歐陽磵東兩先生也湘皋年少於磵東而推服其詩甚至曾文正公作湘皋墓表稱兩先生以詩相厲剖晰豪釐至於書問三反窒極得通則互慰大歡其專精如此故兩先生詩最有名然湘皋闡揚先達獎寵後進交與徧天下而磵東峻牆宇少許可中歲杜門不出為人通介絶殊故鄧先生聲問滋章而非吾楚人罕稱述歐陽先生者光緒中

國史館續修儒林文苑傳吾友繆筱珊編修董其事見示文苑傳稾有鄧先生無歐陽先生初續修例定專詩集無它經史纂著者不入杜浮濫也然如宋大樽吳嵩梁輩皆以詩工故得列傳而筱珊未見先生之詩亦實不知有先生其人蓋湖外文章聲氣之睽絶久矣以先生人品之高潔學問之淵裕今讀其詩猶想見其人而姓氏不登於延閣文字不能播於天下士夫之口更數十百年其遺集在若存若亡閒恐吾楚人亦無能道及者而先生眞將没矣可不惜哉先生詩凡十卷陶文毅公以道光六年栞於淮陽沅湘耆舊集梓其三卷余取校之互有得失因删存為二卷精詣之作畧備復仿阮文達公史傳集句體為先生傳一篇刻成並寄筱珊且用廣其流傳庶幾異日海内稱詩者或不終没先生乎是則余區區之私望也已

麋園詩鈔序

余鈔磵東詩畢一日張雨珊孝廉過余曰吾邑有詩人毛青垣先生子豈未之知耶吾觀近數十年中鄉先輩抗志希古得杜詩骨法為多無若先生者昔裕莊毅為刋之鄂中而傳本絶少吾為子求之既而以書寄示讀之心歎其工信雨

珊言不妄復丐雨珊訪求其後人得所藏家傳於先生行實略備蓋先生負瑰異之材卒困場屋窮老湖湘中無能發抒意氣殫精微神從事聲律以爭千載後寂寞不可知之名可謂遇艱而志苦者也然當時鄉人罕有稱道先生者觀家傳所述陳公子沆招不往及為沈道寬走數百里稱貸免禍事意先生以樸誠剛介之姿睥睨濁世宜不為流俗人所憙故雖其詩之工亦無能知而好之使垂老不遇莊毅則先生之詩與其為人俱泯滅矣余因以歎天下學人志士身不顯而名長湮者古今何可勝道如先生不可謂不幸也余懼其詩久而失傳約取精粹之作刊為一卷最家傳及莊毅諸公詩序語為傳坿焉余聞先達言莊毅自湖南巡撫擢督兩湖吾鄉人學行尤異者自鄧湘皋先生以次咸被敬禮後進一藝之長必容接而獎成之一時人才蒸蒸皆出門下今觀所為先生詩序情意懇至而學識足以及之非徒假好士為名高者也嗚呼公卿大夫中烏可無斯人哉

詩餘偶鈔序

先謙少耆吟詠顧弗習倚聲偶涉筆非所好也官京師時從周自庵先生遊先

生晚病廢不能多治書暇輒作小詞強先謙與酬答嘗語先謙吾詞不主故常用自娛而已然清妙處自謂不減宋人因言道咸間與孫芝房侍讀李舜卿孝廉諸人為文字飲每舜卿一詞出芝房及余皆歛手歎服芝房歸卒舜卿以盲廢且死三十年無此樂矣芝房遺集刻於湘中惜舜卿詞無傳本子盍求之先謙心識不敢忘張雨珊曰吾於鄉先輩詞最推舜卿先生近人中服膺者王壬秋杜仲丹其尤也雨珊每入都必以近作詞示先謙未嘗不工先謙既解官歸雨珊過從逾密索其詞視前所見且倍蓋生平於此尤專精云芝房先生與雨珊姻也雨珊訪諸其家又得其未刻詞數首貽先謙壬秋仲丹適在長沙先謙又皆求其詞讀之李君筱屏亦自新化以舜卿詞至先謙因丐雨珊選自庵先生詞尤佳者都六家為一集彙之閒見所未及則俟它日采補焉昔新安孫默輯王漁洋以次十五家詞自三家六家遞增閱十四年而後成先謙此刻猶默意也雨珊言向不識仲丹巴陵逆旅中聞人誦新詞詢知為仲丹作遂往見定交又言吾多識海內詞人異時必助子訪求成巨集嗚呼若雨珊可謂篤於好善矣筱屏名慶曾舜卿先生從孫

大學章句質疑後序

郭筠仙先生為大學章句質疑既有年先謙始得受讀卒業謹推其義而為之說曰大學一書聖功王道備矣而其要莫先致知知止也知所先後也皆知之事也知止然後見聖功無不貫知先後然後見王道無速成是故明乎天下國家之必本於修身而治亂厚薄之幾可以立決此知先後即知本也明乎誠意為明德新民之要知其所當止而反求之而聖德之宣昭至於使民懷而不能忘畏而不敢欺故曰誠者非自成已而已也所以成物也至誠而不動者未之有也此知止亦即知本也知止所以得道而知先後已近之矣明德新民其為物一也既曰物有本末即曰知所先後是致知在格物也格即格其本末也物格而後知至故知本即為知之至也推吾身必以達之家國天下必好惡得其正而不可有辟而其行政用人所以同民好惡者則德本財末足以該之此君子所謂絜矩之道也格者度也文選蕪城賦格高五嶽李注引蒼頡篇云格量度也絜亦度也鄭注絜猶結也挈也君子有絜法之道謂當執而行之又云絜矩之道善持其所有以恕於人耳鄭云絜猶結也挈也者釋名挈結也結束也束持之也明挈結非有二義並取同聲字為訓總謂執持其矩耳朱注絜度也或問何謂言絜之為度也曰此莊子所謂絜之百圍之木賈子所謂度長絜大者也愚按絜訓麻一端無特度義鄭

朱二說皆讀絜為挈曲禮釋文挈又作絜挈壺氏注挈讀如絜髮之絜是挈絜字通說文挈縣持也持此者可以度彼故挈又引申訓為度鄭云善持其所有以恕於人亦持己度物之意二說元可通格物與絜矩無二義也通天下之人情而劑其平即以操天下之物理而無所遁而豈有他也哉自魏世考正石經以為此書序次倒亂宋儒各加論定而朱子章句為學者所宗其補致知格物傳開示入道之門用心至勤而緣此聚訟者亦滋紛循經以求之然後知其理已具也章句釋物有本末曰明德為本新民為末是所謂物者顯屬之明德新民矣而舍此以言格物何謂也其釋格物曰物猶事也是固即事窮理之義而補傳之言曰即凡天下之物莫不因其已知之理而益窮之以求至乎其極世之學者疑其言浩渺無涯涘今夫先王以禮治天下大之極於郊社宗廟之崇而微之通乎簠簋乾餱之故可謂繁賾而無算矣而其要惟在因人情而為之制是大人格物之學也外是而言格物非大人所以為學也明乎此奚以補傳為哉凡讀古書因其條理而為之節目而已不當以己意與乎其間如章句所云殆猶以己意與其間者也先生此書還古本之舊觀息數百年之辨爭使大義粲然復明於世為功於學術治道甚鉅先謙深味其旨復有見於格物絜矩相通之理稍著其義

於簡末幾附先生之書以不朽或於聖賢垂訓之意不無一當云

中庸章句質疑序

天下何以不治非愚不肖之為患也賢知者岐其心思騰其口說亂吾教而賊吾道也取賢知者範圍之使確然知吾教之不可易謹守吾道相引於無窮而天下治矣自周衰迄乎春秋戰國天子威令不行先王之禮教廢而不講姦頑竝興犯分亂理高世之士思捄其敝而不知所裁於是發憤太息欲殫殘聖法棓棄一切以反乎無為其言曰禮相偽也道之華而亂之首也而儒者之言亦曰禮生於聖人之偽非生於人之性也人之性固無禮彊學而求有之也其言離禮與性而二之使夫顓顓者皆曰吾性非有是也是率治天下者束縛而苦我也則禮壞而先王之道窮矣之二人者豈欲亂天下者邪是賢知之過也子思子憂當時道術日晦而知其弊必將出於此乃作中庸以維世其意抑賢知之過而令求之卑邇也以為先王所以為教原於天而賦於人君臣父子兄弟夫婦朋友之交有分以相臨有情以相接因其知覺而為之節文莫之能外則莫之能易也非禮不動以為修身之基而尊親之等殺又禮所從出也惟其義

極於廣大高明謹其微先在喜怒哀樂是故由困知勉行以幾於知仁勇由慎獨以進於至誠無息惟崇禮而已居上則行禮如舜武周公極其位天地育萬物之功能而祇以全孝為下則學禮如仲尼雖有溢中國施蠻貊之聲名而不敢倍周各盡其性而已反是則無忌憚之小人也素隱行怪者也行險以徼幸者也自用自專生今而反古者也身且不保何論行道此中庸教人之微意與朱子章句表章此書至矣而求之過密析之過紛經文浩衍隨所指言之而亦各自為歸宿筠仙先生獨有見於子思子著書之精意實以禮為之質幹反復推闡而皆不離其宗蓋此書越二千年得先生發明之而始有正解誠亦古經之幸先謙獲從先生後稍窺厓畧承命作敘謹撮其旨要而推論其著書之緣起如此以謂立言而靖萬世之人心者莫如子思氏之學也

重刊世說新語序

晁子止曰小說之來尚矣不過志夢卜紀譎怪記談諧後史臣務采異聞往往取之故為小說者多及人善惡肆喜怒之私變是非之實以誤後世識者以為篤論自余觀之非盡為書者有心之過也采摭所及見少聞多而其言變矣詞氣

抑揚聲情乖隅而其言又變矣能袪此二蔽者蓋難言之此小說所以少佳書也余嘗怪臨川為世說新語一書彼其時去魏晉未遠固宜紀載得實而秉筆不慎事實牴牾致為劉子元輩所譏蓋不免如余所稱二蔽若其羅前代之軼聞供詞人之藻繪則游心文苑者所不廢也劉注匡弼之功尤為此書增重而唐人修晉書如周安東求絡秀為妾韓壽私賈充女之類經孝標糾正者猶取入傳何其迷謬者與桓靈寶殷仲文亂賊之徒言行無足稱述而書中稱舉至於再四良以其時篡奪相仍綱常廢墜不復知忠義為何物此難以苛責臨川又豈孝標所敢舉正者哉近世通行王元美世說新語補本刪節元書坿以何氏語林全失臨川之真余因取元書重刊貽同好者覽焉元美序言世說所長造微單辭微巧隻行因美見風因刺通贊使人短詠而躍然長思而未罄可謂盡其妙矣又云私心好之每讀輒患其易竟夫既患其易竟矣而又刪之噫嘻是則明人之為學也已去古益遠往籍日湮如是書之存抑其幸也

周易集解纂疏序

自輔嗣注易排斥象數獨標新學唐宋承之敷暢名理漢氏易學幾乎息矣雖

然易也者象也象立而數行焉則之效之孰與示之伸之長之孰則極之今離象數而言義理曰吾將以明易也其果有當於聖人之恉邪資州李氏悼漢學中微采子夏以次三十五家之說輯為一編後之學者賴以考見聖經古義昭代儒風隆盛元和惠氏武進張氏覃精漢易遞有撰述罔不根柢是書安陸李君遵王於是有纂疏之作參稽眾說揮發舊文俾讀者展卷而攬漢易之全用意至美惟集解作於孔疏之後時王韓全書大行不在采輯之列且序云刊輔嗣之野文是其意不以王氏為然而埶錄及之竊所未喻纂疏廼用漢儒易義以釋王韓孔三家之說斯惑之甚也又其書徵引多誤識者用為詬病刊行未久板燬於寇余督學江蘇續刊皇清經解左君紹佐郵寄是書以未遑攷訂置之而其時王編修懿榮疏請以

國朝人所著諸經義疏頒行學官李君書然居首天下咸知有纂疏一書逮余攜以南歸思賢書局取而重刊之陳君保彝為覆檢徵引元文詳加釐正瑕類就滌精英煥然其有義例抵牾以尚非全書之累姑仍不改後之究心漢易者吾知其必以是編為先路之導則有功經學非小小矣

荀子集解序

昔唐韓愈氏以荀子書為大醇小疵逮宋攻者益眾推其由以言性惡故余謂性惡之說非荀子本意也其言曰直木不待檃栝而直者其性直也枸木必待檃栝烝矯然後直者以其性不直也今人性惡必待聖王之治禮義之化然後皆出於治合於善也夫使荀子而不知人性有善惡則不知木性有枸直矣然而其言如此豈真不知性邪余因以悲荀子遭世大亂民胥泯棼感激而出此也荀子論學論治皆以禮為宗反復推詳務明其指趣為千古修道立教所莫能外其曰倫類不通不足謂善學又曰一物失稱亂之端也探聖門一貫之精洞古今成敗之故論議不越几席而思慮浹於無垠身未嘗一日加民而行事可信其效推而皆準而刻覈之徒詆諆橫生擯之不得與於斯道余又以悲荀子術不用於當時而名滅裂於後世流俗人之口為重屈也　國朝儒學昌明

欽定四庫全書提要首列荀子儒家斥好惡之詞通訓詁之誼定論昭然學者咸知崇尚顧其書僅有楊倞注未為盡善近世通行嘉善謝氏校本去取亦時有疏舛宿儒大師多所匡益家居少事輒旁采諸家之說為荀子集解一書昔管

竊所及聞亦坿載不敢謂於荀書精意有所發明而於析楊謝之疑詞酌宋元之定本庶幾不無一得刻成謹弁言簡端並揭荀子著書之微旨與後來讀者共證明之云

方言序

昔班孟堅為揚子雲作傳具列所為書而不載方言藝文志亦無其目宋洪邁洒疑是書為偽託然攷常氏華陽國志述蜀都先賢讚稱子雲作方言常書本之陳承祚耆舊傳其言可信而班氏獨闕者蓋因其書不見於劉向歆父子七略無所據以入志遂併傳刪自序兩言耳觀本書載子雲與歆往復二書知當日裒輯未終秘不肯出致世無傳述原委可悉也應氏風俗通義言周秦輶軒之使求方言還奏籍之嬴氏之亡遺棄脫漏蜀嚴君平林閭翁孺才有梗概子雲以次注續與常書稱子雲師嚴林作方言合至其詞義堅深表裏經訓非博覽深思之儒不能為雖西漢多文人然自子雲外無足當之者矣因以推知前古采風之使方行列國匪獨陳其詩篇而已其於異俗殊言必將備其聲音訓詁隨以上進天子展卷而紬詞緣文以知指而天下治亂興衰之故可得而徵也

特其書藏在秘室民間罕得見者周公作爾雅以垂教然後詩書之文可讀至於音義所自卒未明言今觀方言載周召二南齊秦衛鄭之語足以稽合經文者可決爲天府舊記所傳其采自朝鮮洌水西甌桂林諸區者或出後來訂墜搜遺之力迺歎方言與爾雅同原歷千載而相賡續嚴林輩之用心與叔孫通梁文諸人等而此二書者剏例於姬旦纂成於子雲誠聖作明述之極軌也已方言以戴東原攷證盧紹弓校正二本爲最善郭子瀞觀察取而合刊之因索余序爲論是書大畧而推究古義如此至合刊體例觀察自序詳之矣不具述

方言序代

昔郭景純敘方言曰考九服之逸言標六代之絕語六代者唐虞夏商周秦也以爲書貫唐秦詩包商周旁達九服皆有徵驗而其爲爾雅作敘僅云總絕代離詞不及方域殊語說者遂疑爾雅之文與方言不屬非也文字之興造端象法孳乳假借半由方音上古民生殊域老死不相往來則方有定言音有定字商周之世殷宗五遷洛頑再諧民既雜廁音漸轉移春秋諸國遷滅尤多秦漢之間徙民實土此方之人多流於彼方後日之音遂殊於前日即以詩書攷之

如盤庚曰不能胥匡以生胥之言皆河南語也据方言轉而東齊矣呂刑曰庶有格命格之言登洛陽語也据方言轉而梁益矣肆之言除召南語也而方言以為秦晉陽言美目鄭衛語也而方言以為燕代若此之類難可悉數此前古方言轉易之明證也書中所稱南楚語今吾楚什不存二三而它方古語如美為盬琢為鐫散為廝披展為舒勃草木傷人為刺飲藥而毒為癆參之近日楚言轉相符合此又漢代方言遞易之明證也西漢之世猶為近古是編又權輿輶軒之采於羣經故訓賴以推見本原宜乎景純玩雅之餘旁味而為之作解而張稚讓推廣雅訓備載靡遺也與余曩讀東原戴氏攷證本以為精善後又見抱經盧氏重校本錄戴之切要者合之丁小疋各家說兼附己見用力甚勤循而求之丁說既不多見所謂各家者亦不著其名惟序稱改正百廿有餘條驗之本書案語約略相足可據定為盧說其餘總歸之校本而已恭逢　聖代右文乾隆閒取永樂大典所收方言詳加釐正然後是書精英煥發實儒生稽古逢辰之幸竊謂戴盧所述已具椎輪援據發明猶資討論頗思會萃舊聞為之疏證困於人事卒卒執筆之暇爰先取二本詳校合刊之既為古籍廣其流傳亦

俾儒先表章之功無有失墜後之君子儻有涉於此者乎余竊自附於擁彗清道之末耳矣

查毅齋闡道集後序代

右涇縣查毅齋先生闡道集奏疏一卷書札語錄各二卷文四卷詩一卷行實諸文都一卷坿其末前明中葉陽明良知之學徧天下龍谿王氏尤以都講為人所宗其後學入於禪至謂虛寂微密為千聖相傳之祕範圍三教之宗説者謂王學之獘龍谿啓之先生雖師龍谿而言入陽明之學有從虛寂樂三者之分不如由此心之明實致其知由淺入微不執於見即為虛不染於欲即為寂有自得之意即為樂正陽明之傳而捄龍谿之失用意不在何性之許孟中下也余觀先生語錄篤實切至其於三教異同言之精晳為後學力杜岐趨有功學術甚鉅至謂成學必求朋友自性命之學不明故人不知友義之重而以孔子言無友不如己者但謂趨向不同初非必求勝己尤得取人為善之義易曰君子以朋友講習曾子亦言以文會友以友輔仁蓋自三代以來迄於前明為學之道未有能易者也末流放失茲事遂廢今也出而遊不知孰為正人聚而

處不聞何為正論會講之風微而朋友之倫或幾乎廢矣讀斯集亦豈能無概然與元書板燬於寇先生族人鳩貲重刻來乞余言余惟先生抗直之節循惠之績與其勇退高尚之志實兼太上三不朽斯集之傳豈惟查氏之榮亦吾徽人光也為引伸論之猶若神遊水西社中不勝企慕流連之感焉

讀禮叢鈔序

李幼梅觀察既除喪之明年以所輯讀禮叢鈔授先謙讀之而謹序其耑曰曲禮言居喪未葬讀喪禮既葬讀祭禮鄭氏康成云為禮各於其時說者因謂凶事不豫習居喪乃讀之果爾尸子言曾子讀喪禮泣下霑襟一夕五起視親衣枕何以稱焉古之人禮外無學而其道務反之身故其於禮也讀之則必為之唯喪禮非居之者不能為前此之讀明其理而已至是然後見之躬行猶懼其差違也且為且讀之此經言讀禮意也吾尤以為天下事之不及恒生於太過是以先王定禮知夫天屬之恩送死之慘至性動於不容已而或大越吾屖範圍也故含歛為之制斬齊為之等哭奠為之節虞祔祥禫為之期俾君子各以其時講習之防檢念慮而無滅性亡等之虞準中制行之百世而不至為吾禮病古

聖著之於經以詔勉學者之深心蓋昭然可覩非然當人子哀慟迫切之際而責以簡牘佔畢之煩聖人不若是之遠於人情也觀察居其母太夫人之喪毀瘠倍至而動止必稽於古禮既葬廬墓學禮益勤因捜討　國朝張楊園氏以次一十二家說禮之書輯而刊之命曰讀禮叢鈔既體諸已又公之人美哉觀察之用心乎余喜是書之行裨益世教甚鉅因推禮意以解說經家之惑且為不學者箴焉

鹽鐵論後序

漢書田千秋傳言昭帝世國家少事百姓稍益充實始元六年詔郡國舉賢良文學士問以民所疾苦於是鹽鐵之議起觀班氏為傳載大將軍霍光乞千秋教督千秋終不肯有所言而於贊復引桓氏雜論車丞相當軸處中容身而去之語以終之其微意可覩矣以千秋名德見推重大將軍而勤恤民隱之恉又自大將軍出得千秋一言鹽鐵酒榷均輸可悉罷也阿附同列取譏後世惜哉桑大夫用心計得幸躐居輔道之位顧絀仲尼而崇商鞅鄙原顏而慕蘇張亦當時大道不明學術不一之咎也至乃夸其籌策之積致富成業鄙哉可與事

君子賢良文學之議正矣若其言不禁刀弊聽民放鑄俾共人主操柄與二賈謙詞相庚至謂加德施惠北夷必内向欵塞斯迂闊不達事情之論也夫所謂以德服人者有力而不輕用力之謂也苟無力則德無由見而人奚自服書曰大邦畏其力力非聖王所諱言武帝之失在於内多欲而急興利至其詰戎固圉未嘗非也是故有鬼方之克延致氐羌之王非衛霍之師必無渭橋之謁儒生之議茍其不在當局履全盛則戒用兵處積弱則思奮武捄敝補偏取相警厲而已至於國家大政斟酌損益發慮於深宫擇善於逼邇而使草野新進與二三大臣爭詬於朝堂抑豈所以崇國體式方來乎重栞是書竟因備論其時事得失如此桓氏屬文在西漢特嚴徐褚先生之匹歷世綿遠闕誤相仍如李孟傳姚鼐輩所訾不足病也

祁氏三世詩文集序

昔黄帝子二十五宗得姓十四祁居其一至伊祁氏遂有天下氏族莫尚焉姓氏書傳會言祁出周司馬祁父後非也伊祁作都平陽故祁氏子孫居晉地春秋自晉外無它祁魯僖公十年晉祁舉已見錄左氏傳説者又謂獻公孫英食

采於祁遂以為氏及奚黃羊食邑為氏者皆謬也當晉靈公時有彌明者用武力事趙宣子效忠一節後别為祁氏而黃羊以老成名德嶽立衰叔遂大祁宗三家分晉淪為庶姓所在流徙若聖元若謀以説經撰著名漢晉閒其世居晉地者明安邑山東兵備副使鶴用勛績顯　本朝壽陽相國文端公寯藻耆儒重望輔道　三朝相國子子禾先生今為禮部尚書其在高平太子少保刑部尚書兩廣總督恭恪公塤其尤著也恭恪公之父暉吉先生諱汝棻嘉慶庚申舉人中書科中書公子季聞先生諱之鏸道光癸卯舉人耆篆隸書工詩畫官灤州知州以事去職屏居京師益力於古卒年五十三高平祁氏既以文學貴仕稱盛一時與壽陽伯仲兩家同在朝列仍世恩好稽合譜牒迺知同出一源云季聞先生喆嗣壽泉官湖南廣盈庫大使年力壯盛幹練有器局君子謂恭恪之澤未艾也今歲壽泉裒其祖父以上三世遺集付梓而屬予言予昔受知子禾先生又與壽泉相習稔知兩家受氏分合之源披讀遺編欽其累葉文章之美因念世德綿遠更歷二千餘年而材賢挺生族望益振蓋無若晉祁氏者爰坿著其得姓所自正俗説之歧誤以質壽泉而壽泉誦芬述德用意至勤其

益自奮為明德後之達人又可決知已

晚香堂賦鈔序

同治乙丑先謙成進士時湖南同入詞館者衡山茹芝翰香永順黄晉洺瑟菴益陽周開銘桂午長沙蕭晉蕃敬庭與劉君釆九及余六人者獨釆九年最長才名早盛與余論文尤相契也余與翰香諸人留館而釆九補外吏滇南為遠別余邑邑久之然以州縣官澤易下究能造福一方持壯語慰藉釆九釆九亦用自憙庚午余典試滇中釆九為同考官相見大驩討論文字無虛日榜放後置酒大觀樓賦詩贈行嗣以擢補順甯府一至都後數年不復相聞而聞其以事去官為之扼腕驚歎去歲相見於會垣握手道契闊語及廿餘年身世升沈相與感喟而釆九亦已老矣一日語余吾生平阸於時運久宦不遂獨文字之志未衰近歲主講書院見生徒作律賦欣然命筆積得數十篇子試為我序之亦使天下知吾當日被擯非獻賦不工之過也余受而讀之材高而氣逸殖富而詞豐信乎盡律賦之能事獨念釆九博學多通隨所處皆足自表襮而縕負瓌異卒以湮鬱不申則疑天之所以待釆九不在功名之途而故抑塞之使畢

力於文章而後酬之以不朽然則采九其可以无悶也巳采九工為詩古文詞所注莊子得古人著書微恉其科舉之學如制藝試帖詩皆陸續行世律賦誠不足盡采九之長惟其才氣不可掩抑充然自足於筆墨之外幾不能測其為六十許人余是以歎其能而重惜其未大施於世後之論者其無以雕蟲薄子雲也

合校水經注序

少時讀漢書地理志驚歎以為絕作惜其上溯古蹟旁羅水道宏綱巳舉細目未賅雖為書之體固然而於探奇者古之懷猶歉然弗愜也嗣讀酈善長水經注深美其用意足輔班氏所不逮蓋班之志水撮舉終始而所過之地從畧酈則於漢世郡縣端委並包曲折貫串旁引支流以千數百計使後之披渠訪瀆者一展卷而如案古圖書班之志地根據經籍俾三代以來之要典不致放失無稽酈尤因地致詳元魏以上故事舊文皆可攷求而得實其繁簡雖異精思實同洵乎閎覽之山淵方輿之鍵轄也巳夫地無古不立水非地不章酈氏為書之恉在因水以證地而即地以存古是故遷貿畢陳故實殽列世或訾其好奇

騁博及視為詞章所取資雖謂於地理之學概未有聞焉可也今非無顯疏水道之書以校彼優絀果何如哉余耽此三十年足跡所至必以自隨考按志乘稽合源流依注繪圖參列今地兼思補證各史關涉水地事蹟及經注未備各水為之作疏人事牽率懼不獲卒償斯願曾用官校宋本參合諸家輯為一編久藏篋笥先授梓人以質海內之好讀是書者而推論其要義如此至合校之微意則備具例畧中

滇詩重光集序

凡事以利賴及天下為最鉅而功必自一隅始君子之為學非區區善其身已也將由家而溉之國焉推之四海焉得其位則求滿吾位所及之量然後為能自盡不幸窮居亦必隨時與事充吾心力所能至而以未至者竢諸人惟有作於前廼有述於後政教所繫文獻所徵彼蒼默寄於人人聽知道者起而自任端木氏言大小分識孟子稱守先待後比物此志也彼握踏者烏足以知之石屏許麟篆廣文寄示近所刊滇詩十六卷且告曰吾滇文學代不乏人　國朝尤盛嘉慶初保山袁廣文文典弟季有滇詩文畧之刻而乾隆前作者賴以有

傳咸豐初昆明黃文潔公琮刻滇詩嗣音集道光以上風雅畧備丙辰後燬於兵大亂初平文物凋喪學人閒作雅音未衰率以無力梓行旋就湮佚吾為此懼輯光緒以前文踰十家詩踰四十先刻詩編仿嗣音例命曰重光集前之遺者補畧者增次輩行坿事實俾論世者有攷已編而燬者重刻之費無出損俸入賡續成之有助與否非問也余聞之喜甚昔吾鄉鄧湘皐先生當道光承平之世輯栞沅湘耆舊集曾文正志其墓美其用心之厚以為長逝者所託命若麟篆掇拾於喪亂殘缺之餘豈不尤難能邪夫德莫優於好善義莫尚於輕財量莫廣於與天下為公惡莫甚於不樂成人之美廣文世所稱卑官而貧者也以麟篆居之廼汲汲然修廢起墜捐已貲而代謀焉其意識閎遠足以興起頹俗感激好事它日持此心以膺人民之寄則何施之不溥何幽之弗揚邪文於道未為尊也詩又文之一端而麟篆所輯特方域之書也然軍興以來直省人文垂燼苟聞者皆慕效其所為則海內之文學得所託而不憂泯滅雖一隅而足以及天下其機與理固存焉此余所為嘉歎而不已也語曰人之欲善誰不如我麟篆亦將聞吾言而自壯也夫

五塘詩草序

五塘草者石屏許廣文印芳麟篆所著詩也同治庚午余典雲南鄉試得麟篆文大喜拔寘第二同考官或相誚讓余曰此必佳士請姑待驗吾言榜發果宿儒也既挾所為詩來謁余題五律贈之首聯云一笑得山谷自慚非老坡末云平生期許意豈獨在巍科固知其非一世士矣歲癸未麟篆會試再報罷余方憂居長沙迂道來訪賦詩二章為別嗣是不相聞今秋自滇寄示刊行詩六卷則余昔所見及贈別之作皆在距庚午且二十三年麟篆當咸同之際目覩滇中文玩武媮姦頑奮張大亂已成哀身世之仳離斯民之無與拯恤往往中夜起立慷慨悲歌集中感時傷亂諸篇識者以為不減老杜夔州後作光緒閒兵禍漸定麟篆亦時出遊則紀行投贈之什為多大都雋旨曲包精思獨詣信乎其詩豪也麟篆既以文名當世適省會建經正書院當事延為院長用其學倡導後進又蒐刻光緒以前滇人詩文數十家其公善之心尤不可及而其道亦日益光因麟篆請為序其詩非余文足重麟篆而麟篆為余增重也五塘者在石屏近麟篆居曰熱水曰洗馬其三已弗可識云

晥蘭齋文集序

天下之至樂莫如得朋東漢之氣節宋明之道學友誼稱極盛然而依附聲景標榜門戶為不少矣夸毗之徒薄文藝為不足道而篤實如曾子必曰君子以文會友何邪蓋文之為道與性情通必其人有通博之才真摯之氣堅特之行若虛若無之心然後可以同道而相益四者一不具不足以言文友雖文與時遞變其為會友之達道無古今一也非是則終歸於慕悅徵逐而已李君佐周長余一歲自幼同學相愛好稍長各以飢驅出走十數年不相聞而特聞其古文之學冠絕時輩壬午歲余歸相見長沙各出所業相質情誼視疇昔逾密再歸又加密焉每作文不得佐周定之心不釋佐周為文其待余定而後快亦若余之於佐周也佐周性耿介不諧俗顧獨暱就余余文不逮佐周遠甚而佐周以為可以入道得其一言稱許輒數日喜佐周之文導源龍門其峻潔在昌黎半山之間不輕視人人亦鮮真知之者今年春病幾死余再四索其文稾出之敝篋曰子姑弃之余亟付剞劂佐周病小愈索稾靳不與其文遂行世佐周善古近體詩然不多作尤工時文甫三十絕意進取竟以歲貢生老人咸惜之而

佐周東然不屑讀其文可以知其自命矣

養知書屋遺集序

夫經綸者時也屈伸者命也時與命相際而才顯焉不則反是吾見役志於功名之塗以畢其生及其不遂而殉而無復有以自見者甚多而可悲也惟魁奇傑特之士自其始為學時即已靡不通究出而應世未嘗以庳小自域而散見於楮墨者眾咸寶貴之其或卒絀於遠大之程出其餘藝猶足頡頏千載作者自古賢達莫不皆然吾於郭筠仙先生尤深慨焉先生當咸豐　朝即已直南齋膺　使命假歸後起為蘇松道擢守粵撫罷官再起為閩臬超遷侍郎持節數萬里外之海國可云尊顯然而德不諧其偶志不達其施履安若危齮齕沓至病免踰十年於　國家利病民生疾苦未嘗不關懷也窺其所學未究萬一而世俗頗敝直道不行先生亦老病且死矣先生之文暢輿義理冥合矩度其雄直之氣追配司馬遷韓愈殆無愧色古近體詩造意取材離絕凡近晚年不多作縱筆偶成皆有意度評隲經史攷訂尤精余婁從臾付梓先生曰吾姑不欲以文人自命孰不可時年已七十而意氣不衰如此歿後喆嗣炎生等出

其叢殘稾本視余遂與楊商農孝廉次爲奏疏十二卷文集二十八卷詩集十五卷其所撰禮記質疑諸書已別行復剌取子史中隨筆記錄者爲養知書屋讀書記若干卷先生自少精力絶人論箸甚富即余所曾見詩文書牘於友朋家者今其稾皆不可得葢先生一生蹤迹無定又嬾不自收拾故散佚若此之甚今幸存者特緒餘耳然抑豈先生之初志也噫

重刊風憲約序代

甯陵吕叔簡先生以名儒循吏致位卿貳疏陳天下安危明史美其鯁亮所著述多出新意風憲約一編則按察山西時作也首提刑事宜其目爲人命之條十二盜情之條十一姦情之條四監禁之條十聽訟之條十二用刑之條四狀式坿次按察事宜凡二十憲綱十要及報政實單坿獄政別爲卷坿後萬厤中葉朝政不綱犴獄繁興民生重困先生自以職任所親摶心壹志播爲文告哀矜悱惻蘄使屬吏有所遵循用拯時艱於萬一百代而下如揭苦衷厥後筦刑部疏稱法者持天下之平如輕重可以任情則律例不爲一定請俯從司寇之平勉就祖宗之法其言當時積弊與約中備荒詰奸卹無告清戶糧諸條情事

隱相證合蓋先生忠誠為國所以納誨施教維持上下之交者始終如一轍也我　朝　列聖欽恤民命弼教協中勝國衰政一埽刮絕迄於今蒙業日久法令之弛積於無形庸才或以寬厚養奸能吏又以武健揚己如兹編所論列敢謂必無哉余奉　命陳臬楚南念民生之日艱懼刑獄之多濫與二三寮友以實政相奬勉爰取兹編重付梓人公之司牧其或世殊事異則斟酌而變通之若其指陳切當時弊迺吾儕所當目怵心惕神奮力踐者也諸君子將欲儗迹龔黄平揖於雋舍斯道其何從焉史稱先生為襄垣知縣有異政調大同徵授户部主事與卷首自述為令兩邑合晚以忠直見屏康濟之志鬱而未施讀兹編彌歎惋不置云

吳中丞游桃源洞記書後

桃花源章自陶靖節之記至唐乃仙之詔隷二十户奉徭備灑埽靈宅醮壇廣形歌詠時君好道而荒誕不經之説附焉宜昌黎翁之僞之也余謂靖節作記但言往來種作男女衣着如外人設酒殺雞作食餉客無殊異世俗事不當以為鬼物東坡言漁人所見迺避秦人之子孫引南陽菊水蜀青城山仇池洞天

三事以為天壤若此者甚眾而中丞吳公記游言漢通西南夷黔中滇池夜郎諸君長阻絕徼外不知漢廣大賈人市浮牂柯江而下五溪沅澧閒不當孔道山陬僻壤民樂其業徭役追呼所不及雖隸郡縣若與人世隔絕故魏晉以前武陵人不知有桃源是二說最為得之余又以為秦人避亂居此亦自有說史記秦本紀昭襄王時司馬錯定蜀二十七年錯因蜀攻楚黔中拔之三十年立黔中郡括地志云故城在辰州沅陵縣西二十里唐劉夢得登司馬錯古城詩自注秦命錯征五溪蠻城在武陵沅江南是當日沅澧左側皆秦兵威所至吾意必有秦人戍役不歸尋幽選僻相率聚居若交阯馬流之比而為之魁者抑豈無一二奇桀如盧生徐市之流知世亂未艾號召部署塹險自固不與人境通歷世蒙業遂習而相忘歟此皆情事之可揣見者也晉太元非平世所謂武陵太守者為政不知何如漁人一出意彼中長老慮好事復至豫為阻絕觀其語云不足為外人道辟世之心若是其深也而遂詫為仙蹟豈非差謬之尤甚者邪中丞下車未期政教風行百姓和樂盡楚之南皆桃源也屬以閱武西行道經斯土慨焉興慕撰為記文致美民俗歸譽有司盛德謙光夐乎彌遠洞前

亭觀橋梁皆縣令余君集貲修建一登記覽自後遂爲勝迹蓋山川之靈得陶記而開有中丞之文而大顯而韓蘇諸君子憑虛臆測雖所見互異不如今日目驗之得實也既樂觀公之文因以余所見附書其後云

柈湖文集序

巴陵吳南屏先生嘗自刊所爲文曰柈湖錄者歿後二十年思賢書局鳩貲重刻先謙獲與校讐之役迺爲蒐補散佚得文如干篇爲卷十二而謹序其耑曰自咸豐軍興楚材輩奮而曾文正左文襄爲之魁士之有志名業者莫不走軍壘依倚取通顯先生與二公交密終身未嘗有所求請文正欲寄以幕府之任卒謝不往以舉人　大挑司鐸瀏陽意有不合即自免去博觀載籍洞晰精微而於古人爲文之道孤往冥會意量淵然常有以自得者嘗往來岳州城南白鶴山之呂仙亭君山之九江樓寓居累月經時樂而忘返天容水色晴曀雨夕千態萬狀奔赴几席時或扶筇而行揄竿而釣皆以發其筆墨之趣所寄愈遠而文亦愈高矣始居京師以文見推於梅郎中曾亮時梅先生方以桐城文派之說啟導後進其言由　國朝姚劉方三君上溯明歸震川氏以嗣音唐宋爲

古文正宗先生顧謂文必得力於古書不當建一先生之言以自隘其後曾公為文敍述文派稱引及先生遂與友人書極論之所以自別異甚力蓋先生之文詞高體潔實能自進於古而世俗尋聲逐影之說無所係於其心故觀其為文與其人之生平足以壯獨行之胸而激懦夫之氣可不為卓然雄俊君子與吾楚近日功名之塗日闢而山林遺逸世或罕能留意叙斯集而傳之使知如先生之全於天者尤可貴也柈湖者洞庭支流所入俗狀而呼之曰銅柈湖水經湘水注所稱同拌口也先生居與近因自號柈湖漁叟云

瀏陽婁氏族譜序

唐書宰相世系表言婁氏出姒姓夏後東樓公封於杞為楚所滅子孫食邑於婁因以為氏城陽諸縣有婁鄉是也攷二漢諸隸琅邪晉屬城陽非宋郡縣表不為歐陽公所撰此亦一證也左傳隱四年莒伐杞取牟婁杜預注以婁鄉當之地在今山東諸城縣距杞國都遠疑牟婁當日遂屬於杞若近世西國經營外域之比故後一入於莒再入於魯而奉春君婁敬迺特以齊人顯於漢初族望亦在山東婁之以婁鄉受氏無可疑者若樓姓系出東樓與婁氏源流自別

而宋樓宣獻攻媿集載乾婁中心簡詩云得姓共東樓是猶儴仍氏族家之言混同而不攷實明宋濂序義烏樓氏家乘推本東婁必別婁為邦婁之裔抑又非也瀏陽婁峻三提軍示余合修族譜其宗人叙述稱首奉春至唐同平章事師德為初祖傳十三世諱浩者徙新建浩孫忠簡公機忠簡曾孫時避元舉進士官御史次子景華入明為通判遷瀏西鄉子瑞卿居國井政卿居迴巃其子南木再徙井巃各立祠譜於是婁姓在瀏者析為三厥後宗人心安廷輝慎堂三君欲合之而未能則置田立會以俟前美有繼積產漸增峻三心安公孫也始捐金贖先人遺宅立公祠歲聚三支祠人祭於其所又二十餘年而合修譜成夫族之不得不分者勢為之也於既分而思有以合之又天理人情之至也然使轉徙遼遠世系靡詳則當聽其分而不強其合近世敝俗多為總祠聚異方同姓之人聯為一族而祀上世得姓最初者其中譌濫失真徒滋奸弊茲婁氏之為譜盡邑為限本支昭晰不遺不誣斯則可貴也已峻三壯年積百戰致專閫隆聲茂功與奉春平章後先輝映今奉　天子命屏扞桑梓厥施未艾楚人以為榮而余幼時見君族譪農孝廉名謙光者性豪宕善屬文叅出政卿房峻

三言其已逝後嗣能自力於學人尤多彬彬文行可稱云譜中平章忠簡繪列遺像宣獻輓詞亦坿見卷内想見昔賢采摭之勤而御史公在元時刱修新建支譜自製序文頗以婁本邾婁為不可信並疑東樓後去木為婁之非與余意合因為推究世系本末質之峻三以復其族人而特著婁氏合族之良規俾後來知所範圍而不敢有過焉

長沙　王先謙　益吾

心言序

自宣尼既没大道横裂周末逮漢諸子競鳴蘭陵成都原流近正而成都於斧藻特工厥後徐王二中尚存古意宋明以降義理彌暢而未爲文人能事也柱史之精詣漆園之寓言其於文諸子莫尚而言不列於儒家余以謂風虎雲龍之喻張弧載鬼之奇以及盤誥詰屈公穀荅難斯皆經肇其體子演其緒者也若揃子之精而不戾於經之恉其不爲天下之至文乎吾邑張蕉泉先生自少沈酣百氏之言洞幽達奥雷霆光怪盤鬱胸臆故其宣之於文古義根互奇趣閎發儕輩聚觀詫所未有嘗爲心言一書以深湛之思舉幼眇之理體包萬殊道盡六合其文則雕肝鉥腎而出之莊諧雜陳奇正互啟高言追老莊精義貫周孔斯大易所謂修詞立誠者乎曾文正公稱其約六經以成文非虛美也方道光之季益陽湯君鵬以文名京師爲書數萬言號浮邱子每夸於人曰能從我一讀浮邱子乎及見此書大歎服郭筠仙侍郎銘先生墓云浮邱湯君雄伏

一世見君心言氣輸神移蓋其為時推重如此先生没後稿本為人刻之蜀中間有譌舛喆嗣雨珊謀重栞之屬余序其顛委余見先生晚不獲飫聞緒論顧生平服膺先生之文又與雨珊治秋為昆弟交不可以嘿雨珊既為此書作注因併栞之其發言洞微簡而有要揚烏之與元不足道也

重刊南華九老會唱和詩譜序

南華九老會者武進莊勁菴先生與其致仕歸里之宗人為唱酬雅集其孫宇逵達甫徵君輯所為詩並各坿譜傳以行者也九老之為斯會當乾隆十四年時海寓無事民氣和樂　朝多清白之吏野盡可封之户而莊氏仕宦文學之盛甲於江左九老出樹名績處絶壓滓類能遺外榮利以養其天和其族年逾六十未與會而以詩和者又廿一人翰墨交暎流風蔚然古處敦睦之休至今猶可想見非夫遭際隆平沐浴　聖澤人材盛而風俗醇其奚及此粵寇躪江南昔日簪纓杯斝之場蕩為灰燼詩譜版亦燬矣而南華之世澤炳焉日章廿一人中藥雲先生者勁菴親兄也其元孫衛生先生以翰林起家從胡文忠公林翼綏定楚北官布政使勛望為世推重布政之子心安觀察才高而識敏宦

譽隆翁將以益大其宗適于役楚北獲覩詩譜鈔冊亟重裝之而屬先謙為敘語曰莫為之後雖盛弗傳今一展卷而莊氏諸老清風高致與一時文讌游從之雅如接諸心目間視古之述祖德誦清芬者用意無多讓觀察為能不沒其先矣雖更歷徂齡而音徽未沫職以斯譜之故然則文翰之功其又可少哉九老之首九十翁省堂先生清度初通判鳳凰營復以禮部儀制司郎中主湖南鄉試勁菴先生知石門縣今觀察復官吾省結轍踵武實官迹之佳談先謙不敏獲承命紀述與卷中惲張洪趙諸君子相後先何多幸也勁菴先生諱柏承巢雲先生諱松承順天南路同知衛生先生諱受祺觀察今守鹽法長寶道

莊子集釋序

郭君子瀞為莊子集釋成以授先謙讀之而其年適有東夷之亂作而歎曰莊子其有不得已於中乎夫其遺世否塞拯之末由神彷徨乎馮閎驗小大之無垠究天地之終始懼然而為是言也騶衍曰儒者所謂中國於天下乃八十一分居其一分耳赤縣神州外自有九州裨海環之大瀛海環其外惠施曰我知天下之中央燕之北越之南是也而莊子稱之亦言儵與忽鑿混沌死其說若

豫睹將來而推厥終極亦異人矣哉子貢爲挈水之槔而漢陰丈人笑之今之機械機事倍於槔者相萬也使莊子見之柰何蠻觸氏爭地於蝸角伏尸數萬逐北旬日今之蠻觸氏不知其幾也而莊子柰何是故以黃帝爲君而有蚩尤以堯爲君而有叢枝宗膾胥敖黃帝堯非好事也然而欲虛其國刑其人其不能以虛靜治決矣彼莊子者求其術而不得將遂獨立於寥濶之野以幸全其身而樂其生烏足及天下且其書嘗暴著於後矣晉演爲元學無解於胡羯之氛唐尊爲真經無捄於安史之禍徒以藥世主淫侈澹末俗利欲庶有一二之助焉而其文又絕奇郭君愛玩之不已因有集釋之作附之以文益之以博使莊子見之得毋曰此猶吾之糟粕乎雖然無迹奚以測履無糟粕奚以觀於古美矣郭君於是書爲副墨之子將羣天下爲洛誦之孫已夫

釋名疏證補序

文字之興聲先而義後動植之物字多純聲此名無可釋者也外是則孳乳繁賾恉趣遷貿學者緣聲求義輒舉聲近之字爲釋取其明白易通而聲義皆定流求珥貳例啟於周公乾健坤順說暢於孔子仁者人也誼者宜也偏旁依聲

以起訓刑者例也例者成也展轉積聲以求通此聲教之大凡也侵尋乎漢世閒見於緯書韓嬰解詩班固輯論率用斯體宏闡經術許鄭高張之倫彌廣厥旨逮劉成國之釋名出以聲為書遂為經說之歸墟實亦儒門之奧鍵已隋唐以還稱引最夥流澌後學取重通人往往古義舊音展卷有會語其佳處尋繹靡窮雖官職致辨於韋昭食品見非於徐鍇諒為小失無害宏綱亦有直解可明而繁詞曲證良由主聲之作書體致然自說文離析形聲字有定義無假譬況功用大㬎於是釋名流派漸微其言聲之學迺沿為雙聲疊均而說文從聲之法亦生直音故吾以謂說文直音之肇祖而釋名者反切之統宗也舊本闕譌特甚得鎮洋畢氏校訂然後是書可讀長洲吳氏所栞顧千里校本是正亦多其中與義微文未盡揮發端居多暇與湘潭王啟原葉德炯孫楷善化皮錫瑞平江蘇輿從弟先慎覆加詮釋決疑通滯歲月既積簡帙遂充因合畢氏元本參酌吳校及寶應成蓉鏡補證陽湖吳翊寅校議瑞安孫詒讓札迻甄錄尤雅萃為斯編剞劂甫成元和祝秉綱垂示胡許二君所校為芟去重復別卷坿末期以補靈巖之漏義闡北海之精心大雅宏達庶匡益之

顧竹侯所著書序

山陽顧持白同年寄示其郎君竹侯文學所著書蒐輯宏博裁擇精審致功於經訓字說可謂勤矣為之序曰治經者不通小學無以究其原不明叚借無以盡其變不釐然於今古文之界域無以析眾說之是非而折其衷典午大儒雖精博如郭景純尚不能通貫小學叚借之旨故於說經不免違闕至　本朝而說文多專家之學或更上溯三代彝器旁求漢魏字書所以窮六書之淵微啟古訓之秘與美矣盛矣若今古文之分則段茂堂孫淵如之治尚書陳樸園之治三家詩不能無顛倒迷誤之病蓋自康成注經雜揉今古後儒猝難辨識強執鄭說仞為今文此其蔽也毛公為詩本不在孔壁古文之數自謂傳自子夏當時已不尊信以獻王所好依附幸存然漢人罕稱道者劉子駿欲牽引以張不傳之學頗議立之而移太常博士書不及一字足以推見至隱其析邶鄘衛為三卷不以周南召南為地名而強釋數語廁之卜氏大序致上下文義不通用心至為謬妄桑中序誤解禮記碩人序誤讀左傳則影附古文而實不明古文若斯之類尚難悉數徒以鄭君鶩博為之作箋鄭學盛而毛傳行三家遂陵

夷澌滅無復片簡之存惜哉惜哉自今以往謂無有志復古者起而正之吾不信已竹侯所輯小學鉤沈續編廣興化任氏所未備有功倉雅隸經雜箸甲乙編洞明通借之理旁推曲暢古義大顯三家詩遺説續考研覈之詳幾駕陳氏而上之殆集　國朝諸儒之長而務袪其敝者其它各種未見元書不敢妄有論議方言校補聞郭觀察已採栞之釋名則余刻有成書未知於竹侯所撰有合否也竹侯爲余督學時所拔士今果覃精故訓力求至於古人持曰可謂有子承屬弁言因略引其緒以諗竹侯竹侯必且曠然遐思而有得也已

葵園校士錄存序

葵園校士錄存者從弟先慎與及門諸子裒三省鄉墨兩同門錄及吳中清嘉三集選輯合栞者也溯余通籍以來凡五與試差之考而三主省試再校禮闈光緒乙酉奉　命督學江南以未與考得之駑劣小臣蒙被　異數忝竊甚矣迨戊子告歸七八年間養疴里閭因循坐廢乙未倭人不靖邊事大壞二三豪俊瞋目扼腕太息於國之無良富强之不亟講相與歸咎制藝無用之學思一埽刮絕余弟輩復何取於前此歷試之文而錄之存之也哉雖然　國朝功令

以時文取士二百數十年名臣碩儒駢出其中至今日以無人無學為時文罪則亦有未盡然者且夫文之為體不一靡不有叛有因歷千載而一致今將使工制器而命之曰爾其舍所為方員平直之具務單精騁思取象於手則超般與扁殆非善誨之大匠也時文一小技廢而廢耳若制科一日不變法固自有程式在今談文者方且離凡近而索高言捐繩尺以求奇士才質未必俛而就徒使斆學之事失所憑依人心滋不靖道亦日敝矣豈扶世翼教之君子而忍出此余於時文無能為役然每與試事兢兢致慎不敢別立宗旨好尚詭異幸免取譏當世明哲而所得魁奇博通之士亦往往而有猶憶甲戌分校繆筱珊編修李蒓客朱蓉生兩侍御趙桐孫太守卷並出余房力薦未售同人詫余此四君獲雋足冠一榜余時亦頗自負文章聲氣之徵其果冥合符契有非盡出於適然者邪而世俗徒泥文句求之抑又傎已刻既成書數語簡端葵園者余歸里後所築居遂自號也

韓非子集解序

韓非處弱韓危極之時以宗屬疏遠不得進用目擊游說縱橫之徒顛倒人主

以取利而奸猾賊民恣為暴亂莫可救止因痛嫉夫操國柄者不能伸其自有之權力斬割禁斷肅朝野而謀治安其身與國為體又燭弊深切無繇見之行事為書以著明之故其情迫其言覈不與戰國文學諸子等迄今覽其遺文推迹當日國勢苟不先以非之言殆亦無可為治者仁惠者臨民之要道然非以待奸暴也孟子導時王以仁義而惡言利今非之言曰世之學術者說人主不曰乘威嚴以困姦衺而皆曰仁義惠愛世主亦美仁義之名而不察其實蓋世主所美非孟子所謂仁義說士所言非仁義即利耳至勸人主用威唯非宗屬乃敢言之非論說固有偏激然其云明法嚴刑救羣生之亂去天下之禍使强不陵弱眾不暴寡耆老得遂幼孤得長此則重典之用而張弛之宜與孟子所稱及閒暇明政刑用意豈異也既不能行之於韓而秦法闇與之同遂以鉏羣雄有天下而董子迺曰秦行韓非之說考非奉使時秦政立勢成非往即見殺何謂行其說哉書都二十卷舊注罕所揮發從弟先慎為之集解訂補闕譌推究義蘊然後是書釐然可誦主道以下蓋非平日所為書初見秦諸篇則後來附入者非勸秦不舉韓為宗社圖存畫至無俚君子於此尤悲其志焉

今文尚書攷證序

尚書傳自伏生其徒歐陽夏侯西京立學宗習徧天下溯龍門著記虎觀講經迄於熹平所刊一以今文為主雖其間有史公雜采之說有三家歧出之說要皆截然不紊考迹可知古文肇出魯壁不列學官盛於新莽微於中興厥後杜衞賈馬賡續倡和若故為今文樹之敵者而其從來亦遠矣夫經義不窮引而日新學塗衆趨則材高者激而返古理勢固然無足怪者漢書稱今文徒衆或善修章句或增多師法是今文已各自為說若古文當日之不泯亦非獨文字古也史遷從孔安國問故明孔氏嘗為故矣遷書載堯典諸篇多古文說是古文有說矣桑君長名傳古文其言散見地志水經與今文不同者皆可決其為古文說劉歆又從而推演之如莽建六宗立三公及三統厤言文王受命武王克殷之年顯背今文由歆剏說此可以意定者而必謂古文義說盡出於歆或不其然自鄭君以漢末儒宗雜糅今古為書學一大變東晉偽經傳出茫昧千年　本朝碩學朋興今古文界域始明而蔽亦因之曲阿高密強仞今文蔽一尊尚古文故抑伏傳蔽二不信史記擯斥舊聞蔽三皮君鹿門治尚書最精嘗

為大傳疏證古文冤詞平議二書行世矣近復以今文尚書攷證視余其條理今文詳密精審兼諸大儒之長而去其蔽後之治今文者得是編為前導可不迷於所往余讀君撰著每有鍼芥之合惟於論古文義說反求於心而未能釋然序君書因併出所見相質竊附於諍友之義云

漢書補注序

自顏監注行而班書義顯卓然號為功臣然未發明者固多而句讀譌誤解釋蹖駮之處亦迭見焉良由是書義藴宏深通貫匪易昔在東漢之世朝廷求為其學者以馬季長一代大儒尚命伏閣下從孟堅女弟曹大家受讀卽其難可知矣宋明以來校正板本之功為多　國朝右文興學精槧諸史海內耆古之士承流嚮風研窮班義考正注文著述美富曠隆往代但以散見諸書學者罕能通習先謙自通籍以來卽究心班書博求其義薈最編摩積有年歲都為一集命曰漢書補注臧之篋笥時有改訂忽忽六旬炳燭餘明恐不能更有精進忘其固陋舉付梓人自顧材識駑下無以踰越古賢區區寸心頗謂盡力疏譌之咎仍懼未免匡我不逮敬俟君子光緒二十六年歲次庚子春二月

約章分類輯要序

天下事有時有勢昔元祖全盛之世舉舟師十萬覆於五龍山之役勢不及也漢室初興以高皇之雄武文帝之英明圍平城偪甘泉而卒就和親之議時未至也勢絀於地時困於天惟有修人事以善持之然則詰戎練武之實講信修睦之文二者宜亟圖矣自泰西互市和約屢更傳教通商往來如織朝廷所以聯好平爭無微弗至章程修布書不一家而固國經遠之道弗精弗詳重關洞開卧榻延客靡靡乎實去文存君子病焉湖南之有洋務後於諸行省光緒戊戌山陰俞公來撫是邦始開農工商務局適奉　旨飭纂約章頒行遵守命蔡伯浩觀察董其事觀察博通今古周知外務輯為斯編鉤稽詳覈圖表尤精言交涉者莫先是書既成屬先謙序其首而其時值聯軍入都　六飛幸陝瞻望西北執筆泫然者久之昔韓宣子見易象與春秋曰周禮盡在魯矣春秋者公羊傳云不修書也由孔子筆削上推之想見當日史臣紀述之詳文章之美魯稱秉禮有以也邦交禮之大端也仰維　國家諭纂約章之意所以輯和遠裔戒約官民至周且厚今環球諸邦有由春秋入戰國之勢干戈滿目而煙墨弗

瘦吾其爲東禮之魯乎舊而爲元也地域之其終爲漢則有天焉因觀察以諗俞公所爲修人事以善持之者又當何如也光緒庚子冬十月

丹溪全書序

自黃岐論明而醫道立無方書也伊尹作湯液仲景發傷寒自時厥後醫方競鳴然自華陀肘後思邈千金外醇駁雜揉罕可推述金元之際河間潔古東垣戴人丹溪諸家出於是醫學美備而丹溪號爲集大成上承仲景出入諸家單思詣微務歸於中正平易其立方論證兼詳病脈所以津逮後人用心至厚而其時承宋大觀陳裴局方之餘醫者習用辛熱品劑亢陽竭陰殺人如草丹溪閔焉迺取内經陰常不足陽常有餘之義開示學者匡正其失李氏時珍因謂其偏於補陰非篤論也今天下醫學殆絕楚南尤甚無識之徒造作陽藥君子陰藥小人之說其偏用辛熱流毒不下於局方然則思捄其敝其無賴於丹溪之書邪余遭家艱屯親屬夭亡多爲藥誤痛醫術之不明於世同邑陳鑒舟孝廉夙精斯道尤服膺丹溪之書相與商榷亟用書局公錢栞行而孝廉力任讐校之事丹溪書在明世一刻於陝再刻於蜀中雜王楊附論坿方得失互見本

書轉為所隱讀者宜善擇之舊刻丹溪自著者心法五卷門人録存者脈訣指掌醫學發明活法機要各一卷金匱鉤元三卷又坿戴元禮證治要訣十二卷證治類方四卷而丹溪自著之格致餘論局方發揮各一卷及其門人王安道溯洄集三卷反坿刻東垣集中茲合刊為丹溪全書都三十二卷脈訣間亦姑仍舊說孝廉特取脈經校補牖世之勤殆與丹溪同揆矣光緒庚子秋九月

文昌功過格序

昔張皋聞氏為友人序功過格曰君子之學所以異於二氏者唯無求其報應福利而已非昧昧於善惡之輕重而曰吾明道不計功也余以謂無所利而為善是儒者所以立心也然倫常日用之事皆吾分所應為求寡過而已何功之可言既曰計功則是誘進中人之說仍不離乎報應福利之見者也聖賢教人為善課迹而不課心以為其迹如此其心且庶幾焉匪直也人雖鬼神許之矣光緒辛丑秋八月朔余夜夢吾母鮑太夫人召語之云吾兒宜虔速刊印文昌功過格三千卷為善本便讀將來必得佳兒永受多福寤以告余妻李夫人其夢亦同相與驚歎因徧覓坊肆得鄉人劉邦達袖珍本較諸刻為精依式板行

而去其案證諸事及所附先正格言以格言宜別行而案證陋猥俗去之者亦藉張氏無求報應福利之微意也功過格昉自明人　國朝學人奉行者衆而神佛警世舉以立言者亦往往見之輓近刊行善書中皆引人於善之苦心也文昌尊崇至　國朝而極功德巍威義浹劉氏刊為文帝全書如陰隲文諸篇世皆注釋而賦詠之茲編獎勸之義無異聖賢而羣奉為神言尤足生人肅敬之心堅其遷往之力故余常謂文章之道罔非推微以致顯而與善之理無閒於幽明故孔子謂能事人則能事鬼也余老且病豈復敢有它望惟服膺斯編且吾毋九原之靈所昭示也因敬序其緣起如此

重刊景教碑文紀事攷正序

景教碑文紀事攷正廣東番禺楊榮鋕襄甫撰自稱景門後學書凡三卷刊於光緒二十一年卷端列影照碑文一第一卷載翻譯景教流行中國碑文攷金石家攷論次大秦攷次景教及諸教攷原二三卷則取今之通行耶穌本經以證釋碑文者也碑稱貞觀中大秦阿羅本至長安詔造寺度僧高宗時諸州各置景寺元宗送五聖寫真寺內安置肅宗於靈武等郡重立景寺代宗誕降之

辰錫香頌餜建中二年僧景淨述頌建碑文中稱其道曰景門曰景風曰景力徒曰景衆曰景士且曰真常之道妙而難名功用昭章強稱景教其云三一妙身無元真主阿羅訶者用希伯來音譯阿羅訶乃猶太人稱造化主之名即天也三一分身景尊彌施訶者希利尼文稱彌施訶曰基督即耶穌也號耶穌曰景尊故其教曰景教或謂唐諱丙之字曰景丙於五行為火景教即祆教故以拜火為宗此不知火祆非景教而為此臆說也宋敏求長安志布政司西南隅胡祆祠武德四年立西域胡天神也祠有薩寶府官主祠祆神亦以胡祝稱其職今案舊唐書職官志有薩寶府祆正亦曰祆祝西溪叢話言武宗毀浮圖籍僧為民會昌五年敕大秦穆護大祆等六十餘人並放還俗所謂大祆即祆祝也祆字胡煙切從天不從夭唐會要云波斯國西與吐蕃康居接西北距佛菻即大秦其俗事天地日月水火諸神西域諸胡事火祆者皆詣波斯受法故曰波斯教即火祆也長安志又云義寧街東之北波斯胡寺貞觀十二年太宗為大秦國胡僧阿羅斯立又醴泉坊之東舊波斯寺儀鳳二年波斯三卑路斯請建波斯寺神龍中宗楚客占為宅移寺於布政坊西南隅祆祠之西冊府元龜

天寶中詔以波斯經教出自大秦改兩京波斯寺為大秦寺今攷武德所立胡祆祠與宗楚客所移波斯寺之東同地一祠又新唐書百官志兩京及磧西諸州火祆歲再祀而禁民祈祭皆波斯國事火祆之祠也義寧街東北波斯胡寺太宗為阿羅斯立阿羅斯即碑阿羅本義甯街即碑義甯坊此寺與移布政坊西南隅之舊波斯寺天寶中皆改大秦推其改名之由蓋以嫌與波斯祆祠相溷而碑云貞觀詔造大秦寺乃從其後名稱之錢大昕景教考以為夷僧之夸詞非也明崇禎間碑始出土今在陝西省城金勝寺內楊氏宣揚景教箋釋碑文第一卷於西國文字之遷貿輿圖之分合教宗之同異剖析詳明為言職方者不可少之書爰重刊以貽博覽君子二三卷則以專釋彼教今無取焉光緒二十七年歲次辛丑季秋月

重刊景教碑文紀事攷正後序

周地之民瞋瞋而行倨倨而卧無異牛馬也見夫蒼蒼者高無與並則神之明明者疾莫能追則神之烈烈者熱不可執則神之以至鬼怪之毒害物類之侵偪莫不相與神之術智者出焉因其人之敬畏導以崇奉之禮禱祀之辭而教

始萌牙思夫天地如此其遼遠也蓋有造分天地者人類如此其蕃滋也蓋有主持人類者於是為教者之論說紛邪正雜矣善夫楊氏之論婆羅門也曰歷夏商周三代異端之說曰出不窮則以好論鬼神之過夫教人而極思於空虛安在其不為異端所託也哉護罕默德摩尼之藉教以行其私也楊氏詳之矣余嘗旁攷中國傳記亦頗有與西書合者五運歷年記云元氣鴻濛萌立乾坤分布元氣乃孕中和是為人也首出盤古且言其垂死化身備諸神異述異記云盤古氏天地萬物之祖也然則生物始於盤古今案摩西紀阿羅訶創造天地萬物之次序祚阿樂士論歐拉密創造天地萬物之主宰是其例也風俗通云女媧摶黃土為人劇務力不暇供乃引繩絙泥中舉以為人故富貴賢知者黃土人貧賤凡庸者引絙人今案摩西紀創造世人之始祖韋陀言波締頭肩股腳生四等人是其例也淮南子云積陽之熱氣生火火氣之精者為日積陰之寒氣為水水氣之精者為月古聖王之祀神也大者秩望山川微者迎及貓虎秦有黃虵雄雉之祠漢有星辰風雨及天地日月兵陰陽四時八主之祭今案火祆教初以日為眾陽之宗而拜太陽後以火為發光之原而更拜火婆羅

門論神道有天日晝三位風火湖海及主宰禽獸昆蟲凶殺諸神且謂無物不可以為神無神不可以為物是其例也竊試論之敬天之理今古所同福善禍淫之訓上帝有赫之歌詩書略陳之以垂世戒雖以子貢之智不聞孔子言天道夫子言敬鬼神矣而荅季路云未能事人焉能事鬼易之為書廣大悉備夫子作贊惟返而求之於人事豈不以垂教之旨當如是邪舜典敬敷五教為中國言教之權輿子思子作中庸其言性推極於天命矣仍不外率性為道修道為教而申之曰可離非道凡所以約人身心而懼其馳情於幽渺之域也佛之為教清虛浩曠可為養性清心之助然印度戒殺蛇虎為殃則道固有時而窮矣求其行萬世而無弊者唯我孔子之教也夫光緒辛丑長至

日本源流考序

先謙錄日本開國以來迄於明治二十六年癸巳采歷代史傳暨雜家紀載參證日本羣籍稽合中東年表為源流考二十二卷裒輯既畢作而歎曰天下禪代獨日本世王非但其臣民有所鑒戒取舍而然也以島國子立無鄰故外侮亦弗及焉然自番輪飈至重關洞開情勢岌岌賴豪傑雲集謀議翕合上下之

情通從違之機決捐棄故技師法泰西曾不數年屹然為東方强國余嘗攷其變法之始倍難於它邦大將軍擅權國王守府君民睽隔一也封建日久諸國紛紜不相統壹二也游俠成風政令拂衆輒被狙刺三也迺自西國擾亂而將軍乞退議改郡縣而梗命即𢾭羣謗蠭起而執政不撓遂以經緯區寓煥然啟維新之局嗚呼豈偶然哉夫舉一國之政而惟外邦之從匪易事也而日本行之如轉圜流水此其故亦有二一則地懸海中事簡民樸其先規制取則李唐安德而後權移霸幕王朝無政焉德川氏偃武三百年人士涵濡宋學曉然於尊王之義日思踣幕府而定一尊乘德川積弱之勢藉口攘斥西人責以歸政聳動羣藩納上戶土億兆一心拱戴王室於是英傑在位審時制宜朝廷規模悉由刱立傾一國之人乘方新之氣日皇皇焉惟國制之圖其前無所因故後並不得謂之變非我中國每事拘牽舊章沮格羣議者比也一則初效西人不得要領衣服飲食器用宮室刻意規摹虛糜無算人民重困異議紛起或復舊制或倡民權官與官齟齬則退歸而謀亂民與官不協則刺殺以洩忿國是叢脞亦曰殆哉而我中國塞聰蔽明百務苟且臺灣生番之償金隱中其機權甲

午北洋之利益飽張其威力故彼國之士氣咸伸而更新之機勢大順矣效其內政所施惟力課農桑廣興工藝為得利之實而以官金資助商會知保商即以裕國從而維持附益之斯得西法之精者也中國之海軍不必論矣鐵路楮幣富强則相須貧弱秖自斃至於學校分門官僚分職非所以治數千年文教之邦也方今而言變法不必事事慕效惟務開廣地利毋俾他人我先兼審外商所以歆動吾民而攫取其財何者最甚亟勸導斯人率作興事行是二者必以放勛之勞來輔翼為心匪特不爭其利亦並不預其事鼓天下之智力以求保我　君民共有之元氣　國家靈長之祚或在茲乎日本得志之後所刊維新史法規大全諸書揚詡過情觀之徒亂人意不可概執為興邦之要道也是書成因紬述鄙見以質當世如此至日本史家文章之美覽者自得之故不復云光緒二十七年歲次辛丑秋九月

師範館講義序

在易之兌象曰君子以朋友講習而學之不講則尼父以為憂周以前講學之法無可考矣兩漢經師教授門下皆有都講史稱鄭康成事馬融三年不得見

融門徒四百餘升堂者五十餘使高業弟子傳受以此推知孔徒三千大聖不能人人親授亦必有高業者爲都講考論推演以廣其傳禮記載有子曾子子游論喪欲速貧死欲速朽二語即孔門講學之塙證是故誨屬之師而講屬之朋友易象之義斷可明矣自晉迄隋此風寖微唐書張士衡傳稱士衡講敎鄉里尹知章傳言諸生嘗講授者更北面受大義蓋其時學者已合講與敎授爲一事宋明之世大儒講學皆以師道行之顧以門户黨徒依附聲影害政傾國爲世詬病　國朝鑒其失禁斷社會士修業於家而合轍於塗　朝廷明試以庸未嘗乏才也然僻縣窮鄉或尠師承日就弇陋同爲　盛世之民獨不得與被敎澤詎非宰世者一大缺憾與　今天子鋭意興學　特詔大臣博采東西洋列邦制立大學堂京師諸行省徧設高等中小蒙養學堂以中學小學之人敎授別設師範學堂試士優等者充選限期年卒業嗣後以中學堂卒業生升入總限三年立課程分門講肄學成之後推行諸府州縣務使盡人知學以收一道同風之效湖南大吏遵　旨立學堂以先謙充師範館長其分門敎習者日升堂宣講彬彬盛美焉蓋聚徒既衆非講無以徧喻而去私門就公塾有講

習之益無社會之弊湖南自梁啟超主講時務學堂悖亂亡本學子大被毒害故學堂之立聞者滋疑先謙因取每日講義第其門類刊為學報以明準的靖浮議流傳廣遠於諸府州縣學務或有裨助爰弁言簡端取大易講友之義以曉諸生並舉　聖天子勸學盛心推明今昔異宜之故益願諸生鑒前毖後共維持於不敝云光緒二十九年癸卯歲春三月

輿誦錄存序

治民之道其用異宜其端仁義而已矣吾嘗見身居民上意主於仁而卒陷入於大不仁者彼徒以為寬大可以得眾煦嫗足以釣名循是為治其卒也風俗窳敗奸偽競作人懷輕上之心而肆亡等之欲雖謂之民賊誰曰不然韓非子言學者說世主不曰乘威嚴以困姦衺而皆曰仁義惠愛非混仁義而一之殆不悟困姦衺之即義也惟孟子之書析仁義至精然後儒者罕世知以義輔仁而使不為仁病顧明其道者亦鮮矣施君稚桐服官楚南亟與余善宰瀘溪安化江華道州所至有能聲既返長沙裒友朋贈遺士民歌頌之作為一集顏曰輿誦錄存以視余且曰吾治此數邑其俗皆獷悍民多玩法於是抑豪強緝盜

賊懲蠹役禁械鬬凡為地方害者除之惟懼弗力雖重得謗而不恤不虞譽者之至吾前也吾非以此為名顧其情誼有不能忘者乞先生為我序之君為人沈毅而俊爽其於治國張弛之宜亦既詳審而善用之矣從政數載嘉聲翕然如天馬之騁於壙原不知其所終極其又奚俟余之贊美猶憶君在道州余從弟先慎方為州訓導歸述君治績甚詳而其先宰安化時或短君於余余輒舉以告人嗣縣人至者白其不實余為之爽然以是歎誣善之人之可畏而聽言者尤不可輕余於君用是滋愧且以自儆焉光緒二十八年十月

三田李氏譜序

唐貞陵十王子其九昭王汭昭王子三僊佑佯佑刺饒州卒佯赴其喪遭黃巢之亂易名京避居浮梁京生袖江西帥府奏授承節郎辟為寨將寨將生贈銀青光祿大夫德鵬大夫生貴懋宋雍熙二年檢校國子監祭酒兼殿中侍御史初大夫之卜居也得乾九二以為見田則吉爰析二弟德鸞居婺源曰嚴田德鴻居浮梁曰界田自居祁門曰新田三田李氏之族始大宋嘉定間新田後裔希直始為譜真西山先生序其耑所稱以明經講道為心者也明萬歷間族姓

徧江皖閩新田人居婺源者曰春融倡修三田宗譜董文敏為序　國朝乾隆三十三年增修之沈文慤為序而族益散居人數少於萬歷遠甚京之二十二世孫定當元末明初自祁門遷黟為南屏支乾隆十五年其裔孫廷柳獨修十二支譜是為支譜之始廷柳元孫爰得名宗媚思承先志會病没今又十數年其孫子嘉名顯猷者裒集徽池二州甯國屬邑各支重修三田族譜最支廿餘丁三千新人為多嚴界次之蓋自明以來李氏族譜多支修故南屏一支不在乾隆三十三年宗譜之内而此次合修向十二支中祇有其三餘不能修輯百餘年來生人離合之故可感也局甯之太平其南鄉鄣黟新人居焉而貴池石埭黟祁諸族致槖於局彙訂而分筦之條理精密族人大和既成以屬余序余維子嘉之為斯譜也其用心之勤與立法之善無待余言獨念爰得翁與余初相識於江陰以道義許與因命其子英元請業於余不十年間父子相繼以逝余方以爰得積厚而流未光頗疑蒼蒼者報施或爽今子嘉能嗣其祖父之美推親親之心以上追一本因以普及其族之人且使後之人繼序不忘由此以擴充其仁孝之念其志行宏遠已非流俗所及子嘉方入貲得郡守行出所學

濟世樹立未可量而余以二十年間交李氏三世今齒髮摧頹意緒無俚見故人之後克肖輒欣喜不自已爰志其顛委預為子嘉券焉

宋梓儕詩集序

賦梅書屋詩六集吾友宋梓儕太守作也梓儕言曰今之學奚以詩為哉博之教科以覩其通求之實業以精其詣參考五洲之輿地輿歷史以周知天下之故學如是古今中外無乎不宜而奚以詩為雖然人亦各有好尚焉吾之於詩童而習之投老而不勸譬諸飲食吾臭味也以視達時之學疑若有適用與否之不同然吾以自娛而已吾見今之學人馳騖宙合之中而偭越規矩之外流蕩忘歸陷大僇而不悟用吾學較之以為尚得性情之正是以蒙譏而無所悔也余聞而深韙之猶憶梓儕見余都中即以其歲需次豫章今送人作郡者二十八年矣未嘗有幾微不平形於詞色可以明其瀞定之性久筦榷務積弊剖絕宅員收絀獨贏鉅萬可以知其廉正之操歲饑民亂待振而濟免稅通商糧貸大集紀事詩云委曲通民情艱難籌　國計求無愧我心豈忍為民厲可以想其通變之識慈良之心然則梓儕其不專為詩人乎夫學無中西不能外理

而言學政無新舊不能捨民而論政今之自命通人者吾無以進之然竊欲梓儕毋以昭昭而徼人昏昏也梓儕昔在都以詩相贈和既之官數寄余詩郵書索序且四五至余感其意不可以無言陸放翁詩云滿懷空貯活人書自今以後余願更讀梓儕之活人書梓儕亦幸無以詩人自域也光緒丁未夏五

西被攷略序

洪戒山人寄示所為西被攷略一二卷海西建國原始三卷敎門流別四卷歷代海西通使貢獻五六卷攷工製造先謙讀竟為之序曰山人之恉以謂西國自古交通中邦亦非無藝術欲以開俗儒之固蔽抑末學之浮夸意至善也夫外人之通阻於中國無所加損而必視吾德之能來遠與否以為衡自禹奠九州使大章步西極益作山海經同洲二倭天毒皆列海內經而海外白民之國說者以為歐人白種蓋唐虞之明德遠矣戰國逮秦率土紛爭罕復馳思域外故騶衍瀛海九州之論惠施燕南越北之談於五洲地球僅得其彷彿雖最近之日本三島亦以為海上神山漢世大秦通使來者遂多梁陳之閒繭絲被於西土元明之代西人多服華官至於　國朝極天所覆康熙中意大利建文華

書院俄羅斯遣子弟讀書我　聖祖皇帝無外之宏規實非唐虞所能及故中
西往來由明而晦卒乃大顯亦各其時也彼土宗教不足深論至其工業特盛
亦自有故殷商之末奇技淫巧風尚日新周公以制作之聖而居上位顧獨屏
斥奇衺觀於毀奇肱之飛車用意深遠使中國數千年保守純樸以迄於今公
之教也雖公輸王爾張衡諸葛亮之流不絕於世然有獨精之思無使巧之學
豈吾民果無能哉今工商競勝之秋吾惟取彼所長以鬭術智保邦本無事較
優絀於一時也抑匪特此也藝成而下西國有焉道成而上中國有焉大易言
制物利用皆謂聖人西之不如中者人倫耳書契耳　我朝統一胡漢開亘古
未有之局而俄人逞其兵力盡收諸國以界滿蒙非澳美三洲亦歐人先後移
民實土成之皆非中國所能自為而環球全闢聲教遂通孔孟之書譯行遐壤
匪聖教西漸之期運也中庸不云乎凡有血氣莫不尊親主持而綱維之者豈
天意邪然則中國之子民柔遠更不可無其道矣并書以質山人謂何如也

五洲地理志略序

五洲環列人蝨其中飲食衣服男女同也其異者亞洲喜土著而畏遠游惟無

俚者不然歐人則行商徙居莫不意輕數萬里是故世無歐人必無美非澳三洲無三洲則地球不通故歐人者今世界之樞紐也亞洲禮義之邦中華最古數千年來聖君賢佐汲汲孜孜惟以養民為務至於　本朝統一胡漢先衣裳而後兵革遏寇虐而亟安懷上下一體中外一視歐人則所趣在利所尚在氣見沃土篡取而殖吾民而彼民之生計有無弗問也明明滅人國美其名曰保護但蘄我武之揚雖窮兵如拿破侖伏尸百萬流血千里而民無怨毒其上之心其異趣也若此人之生也莫不顧似續我人笑語我室而去不返顧視死如歸者豈天之降才固殊哉蓋西人之學以祘數為本工商為體軍旅為輔其於文事厤史近之矣百家雜出各以術鳴而去合於大中則未也見有君上也俄焉非其君上也見有子孫也俄焉若無子孫也倫紀之愛薄故鄉土之念輕禮讓之意微故爭競之情熾非詩書不能和柔其血氣非道德無以澡雪其性天此蓋俟之千百年後者矣余生五洲大通之世年力衰謝不能周歷山川開拓胸臆滋用為媿汎覽諸志敘述岐分譯音互殊難可推究爰綜厥綱領彙為一編欲以祛紐弄之迷惑資方隅之考求於所不知義從蓋闕後之君子幸無執

其方聞笑余穴見也宣統元年六月

長沙　王先謙　益吾

送何鏡海之官廣東序

年過四十不為老官至道不為不達曷惜乎爾惜夫以鏡海用世之志而不得早自見也始余在江西鏡海方奉中丞劉公檄權贛南道余意其材識俊邁又見推重大僚當不日在高位別數年不復聞問頃來京師尚以前官改試用廣東其先以未保留省奏部駁劉公屢疏薦格不行權篆僅八十日語次歎詫久之蓋距相見時八年矣　國家之用人也欲其才能勝任而已事下部則必議例之合否然咸同閒軍事擾攘　天子不惜爵祿以待天下奇材異能山林遺佚布衣數年歷行陣至督撫者踵相接也奏案駁於下　特詔擢於上一時人士感激破格之　恩爭自奮厲以效干城腹心之任大難遂夷世運中興戎兵猶未盡弭而部中之科條指摘執文法隨之者又日以密矣部之有例循功令而慎名器也而以此使吾君晚收一人之用或竟不得用者有之鏡海得毋有感然於其中者耶吾聞粵中大吏多賢明識政體以人才為急不後於劉公必

且有合於彼也宦之途以脂韋便辟逢迎干謁相炷市者不自今始而鏡海以儒生入軍營上交無諂容雖未大伸識者以此多之直道果不可行耶其無遂以升沈遲速之感奪其氣也余與鏡海以文相得顧時人多稱美其才略鏡海亦重自負今 國家殷憂多伏而未發而粵地濱海習俗勁健奸民蘖牙其間與海上寇賊出沒相句結茍往而得行其志與大吏畫經久策防患未然為
朝廷紓南顧憂者措置當何如也於其行為之序以質之

送王夔石尚書序

光緒十四年夏仁和王公奉 命再巡撫湖南維時癘疫盛作人多死喪寇橫於鄉比戶夜驚譌言朋興衆志皇皇疆吏飭軍旅嚴守望謀所以安輯之殫力瘁心民用滋棼公至禱於神疫良已申警之令不下澹若無事察民所疾苦陰與推移平其政令而劑其牧宰民迺大和公政有成甫踰歲 上擢公總督雲貴方公之來吏慶於公士忭於庠商賈讙於市焚香道迎十里不絕咸謂惟公實活我及茲 命下則相與咨嗟太息怨公來遲而棄我疾也長沙王先謙告於衆曰吾楚人德公而願公且毋它往人情則然矣然吾以為公之治吾楚也

令行如春而化時若雨今夫天有四時無恒春之理也今夫雨雲興而合崇朝而止衆觀於野盈畦瀰瀰決渠汩汩耕夫饁婦相與慰勞以為吾筋力少蘇矣而或反致憾於造物之猶有吝毋乃不知者類乎今 天子眷念邊陲審顧擇帥不宅人屬而 特命公其域與湖南居腹裏易為理者輕重懸絕 上意確然至明也公德澤不可以一隅究吾楚安得而私之衆曰公昔之蒞楚而之朝也冀且復至繼自今其無望於公之惠我乎先謙曰吾觀公之為治卽之溫然視人皆可愛當之釐然而各得其理探之淵然不見涯際究乎邁世之才而不自以為才灼乎燭物之明而不過用其明其立心行事猶將胞民而與物以天下為量者也湖南適公恩誼聯屬之地雖去位公曷為忘之且公嘗入參樞密以親老乞退家居而拜 命朞月而還秩 帝眷之隆莫與倫比股肱喉舌緊惟公是寄數年後邊事大定南服無驚 天子將以鄂文端之位遇待公行一政於公咨詢命一吏於公可否吾楚人徼福於公方未有艾而豈繫一時之去留哉衆曰善遂記其語為序用韓退之送嶺南節度使鄭尚書所為詩來字韻者作詩二章八韻以贈旣慰公南行之思且祝公報政歸 朝之速猶唐世

士大夫之志云

贈楊性農先生重宴鹿鳴序

光緒十七年辛卯直省舉行鄉試武陵楊性農先生於其年九月望日循例重赴鹿鳴之宴鄉人以為榮於預宴次日會飲致賀薦紳先生咸集於庭酒酣余揚觶而語曰公等亦知先生之榮與衆異乎夫科名者自人榮之而非人之所以為榮也先生年二十六領鄉薦踰四十成進士入詞館顧不樂仕宦既改部曹假歸不出此非浮雲富貴者而能然乎先生之舉於鄉也房考擯不薦主司搜遺卷得先生及左文襄公吳南屏先生三人大喜過望其後左公用勛業顯先生與吳先生古文之學為海内宗而吳先生以一第終老視先生資望足以進取者固殊故世尤高先生志節以為不可及吾見世人之於科名其未得之也終日營營於帖括文字以求合有司程式既得之則摶心壹志於利達之場窮老而不知返揚揚然以為榮而從旁孰視者不啻鵷雛之於腐鼠其於得失之數視先生何如也先生於科名雖夷然不以介意而冥冥者引其年以彌長而俾之躬與盛典一似位置文人有獨優者蓋天榮之矣非夫人之自以為榮

者比也然則吾鄉人崇敬先生而歡然引為邦國之光不亦宜乎余自幼慕先生名以不獲見為恨歲乙酉先生因重游泮水至會城余適以艱歸修謁先生索余聯語為贈今復從鄉先生後銜杯志慶與有榮施更十七年先生且百餘齡恭逢重宴瓊林大典吾今日一堂之人凡健在者莫不鳩杖龐眉更當萃先舉觴為先生壽即以余文為左券可也

贈賴子佩大令之任邵陽序 賴名承裕福建侯官人

牧令久於其任然後可以誠民而興事古今論治者無異說也然而其勢不能則是古循吏之為終不可見於輓近邪吾以為其人精神意量果超出什伯庸衆之上其所表著必岸然有以自異況乎居得為之位操制馭之柄隨時與事而皆可與民以心相見其收效至順而立名至速彼齗齗較量於久任與否者殆猶未達為治之要與長沙為縣於楚南首劇歲入不足以自給期而代以為常官斯邑者唯單心奔走伺候之勞倖歲滿受代擇脂膏而處之究蓋未暇問也吾友賴侯莅任時維光緒二十三年性敏善斷訟無宿牘當官而行不撓疑難其勤於戢暴安人惠績尤彰灼耳目長橋柳祥麟者庇盜而居其貨家樓房

如質庫莫敢何問侯因事誘至杖斃獄中其親屬輿屍委朗棃黎姓家將索償焉惡黨大集聲言焚市侯聞立馳往衆不意官至之速負嵎而譟壯勇直前擒十三人餘駭竄由是長瀏之交盜蹤頓絶銅官靖港地瀕江游民往來焚劫侯緝其魁寘重典民以安枕踰年保衛局興保衛局者其議剏於鹽法道黃遵憲從臾巡撫聘梁啟超主講時務學堂開南學會大暢平等民權之說以為保甲徒虛語宜倣西國保衛局章衣冠坐作皆肖之然後有濟巡撫欣然從之民駭聞異說又見新政訛言大作城鄉流徙如避寇姦人乘機煽惑侯訪獲倡亂者誅之請巡撫寢前議巡撫不悅民有毀局者將重懲之侯調停息事巡撫怒會獲無賴七人侯虛衷研鞫請戮向不法者一人而免其餘巡撫欲駢誅示威侯曰吾不能殺人以媚上執不可巡撫愈怒檄府覆訊卒如侯議八月丁亥　皇太后垂簾訓政巡撫落職積憾於侯遂有邵陽之謂矣蓋侯任首邑二十月最久而換縣得中中衆咸為不平予謂如侯之識量非以歲穫多寡為欣戚者且侯徒欲得善地將惟巡撫命是從夫豈不知拂大吏意之難以善全或更有不測之怒而不以彼易此始所謂較然不欺其志者邪侯行矣邵陽雖僻壤然頃

其縣人樊雖與梁啟超相應和為眾驅擊潛遁斯忠義之鄉也以侯之正身勤政將與其人士有合焉而它日澤加於民一如吾邑之尸祝侯而惜其去又必然也侯笑曰子知我哉時同餞者各賦詩以贈而先謙為之序云

劉靖臣制軍五十雙壽序

皇上即位之五載回狎於亂荼毒滇之三迤苗民蘖牙黔上下游靡有安宇於是湘鄉劉公奉　命撫雲南領兵自黔轉戰入盡復上游苗所陷城逾歲擢雲貴總督公帥厲將士次第剗削全收轄境還之　朝廷士女奔走歸其室居而公年已五十矣　天子嘉其功褒勞有加　特命賜壽賜額曰懋勛錫羨餘賞賚皆異等　臣清二百五十年漢大臣所未有也先一歲合肥李相國年五十李公元輔重臣　恩寵優至因例弗得請未獲是賜而公以兩省救平深愜聖意適當而得之人於是知　天子仄望邊圉眷顧勞臣與公之宣能效勤保受　恩澤　君臣遇合之際非尋常所能窺測云公初入滇境無完土先公者懦不前落職去至而束手坐者相踵也公以殄寇自任挫而彌厲識今滇撫岑公僚屬中與之同力恩結義正提督馬君以回人故眾有猜心公終始護持而

安其身蓋公之在滇靖疆攘虜事業在人耳目獨其平居無事不動聲色而化干戈於袵席之上未有能道之者也堅忍卓絕以當萬難之會而人不覺其調劑之苦心沖夷恬淡以居不世之功而又習忘其退讓之德量詩曰之屏之翰萬邦為憲不戢不難受福不那我公謂哉公之言曰予年三十以布衣歷行陣走湘鄂閩粵川陝每戰蹀血不少避風霜瘴癘之區袒裼露卧聞警則介馬馳十數寒暑如一日居官署未辨色起秉燭閱案牘接屬吏後坐一室理公事夜三鼓乃息至今無少閒然筋骨日壯精氣亦益強歲庚午先謙至滇見公貌清癯近自南來者言公飲食倍顏面豐碩兩頰赬然有光夫天之於人也逸則促其生而勞則厚其福逸者有自滿之機天既無從而益之但聽其自為消長而又不能自植則萎落焉已矣勞者其氣不竭道日進而靡窮是天之所佑也凡士身席華膴服食美好妄意消災疹祈長年而烏識天下之彌性而康祿者皆自勤苦憂患中來邪先謙不敏幸得交公父子閒不敢以私祝願公自今以往殫竭公忠和輯吏民以永永對揚休命與德配夫人躋耄耋訓子孫緜茂世德為邦之光我鄉里其與有榮施

楊雲橋先生八十壽序

湘水自長沙縣北流又九十里過喬口水經注所謂高口戍也高口水逕其戍南上鼻水自鼻洲上口首受湘西入焉謂之上鼻浦其口謂之上鼻口湖浦十餘里今俗云水磯口蓋上鼻口音轉而譌也吾邑楊雲橋先生之居在焉其地背邱面谿具林泉之勝遠望湖光與天若一雲帆沙鳥鼂夕異態余與先生之子商農孝廉嘗自武陵同舟浮沅江入資水至其家流連憑眺信宿乃去蓋楊氏自先生之曾祖長湖公以上代有陰德以耕讀起家其祖湘川公父執夫公皆列膠庠重仁襲義鄉里稱善士族衆聚居二百餘年資饒而丁多邑稱水磯口楊家道光中稍衰落矣執夫公有子三人先生其長也刻厲於學顧累困場屋性豁達錢穀出入略不較量里中豪猾覬覦之務售其欺先生不為意久而家四壁立泰然無所尤怨布袍敝履吟諷不輟平生所朘削於某甲某乙未嘗道其姓名人翕然推為忠厚長者或更姍笑之及見先生教子以正與商農之所以娛親心承家學又咸言其後必大也商農既連試春官不第先生且老矣不欲商農遠離商農亦思得微祿養親光緒元年六月以大挑教職選授新化

教諭明年以前在甘肅幕府軍功保知縣在任候選援例加同知銜恭逢 覃
恩請於 朝 誥封先生奉政大夫迎養學署三年十二月先生壽辰同學諸
君子謀稱觴以祝而走書乞余言顧念兩家世好余與商農二十年氣誼許與
之深不敢以不文而遂默也夫平陂往復之理盡人知之乃至自處則有不能
平者先生以忠宅心以禮束己其泰也無隆隆之氣而其約也無戚戚之容獨
攜子潛心講論自悶於清遠閒淡之鄉誠不料其後之如何而蒼蒼者報以亢
宗之子又予大年以享其子之榮為問當日某甲某乙今尚有存焉者乎然後
知先生見明處當安時命而養天和高出尋常萬萬也余嘗見鄉邑之閒或其
家祖父田宅豐厚相襲累代不見科第及産之減則有子孫名業光顯者出焉
以為人事之變而不知天道之常也商農素行敦篤吾邑識與不識皆知其為
端人而惜其不早達然以先生家世積累與商農之年之學必不止是今之官
以來本先生所以為教者以教其學之人新化人士皆尊其名而服其德先生
見之其為榮慶何如豈有異於奉輿而前導者耶使商農遂已顯宦他方違定
省於其親壽辰弗能躬祝父嗟行役子歌陟岵又孰與衣綵捧觴拜跪膝前知

吾商農亦不以彼而易此也先生自少逮老無疾行年八十辨色即起躬親鉅細終日未嘗倦卧須髯甚美齒牙腰脚如後生古稱山澤之癯能外形骸怡養壽命者殆無以過余考通志長沙縣城北門外有雲母石服之長生嘗從而求之不可得先生儻得之與

潘繹岑之母梁氏七十壽序

今上御極之元年乙亥夏四月 御試翰詹諸臣於保和殿吾友潘君繹岑由編修 記名遇缺提奏有文綺之 賜旋奉 命典江西試其兄任卿編修即於是歲分校順天鄉闈越明年丙子而任卿典試湖南 大考之前二歲繹岑典試陜西皆衡校公允士論傾服一門之内四歲之間使節迭持榮遇無比君子知南海潘氏之興駸駸乎大矣任卿繹岑俱貫川公子其伯父芷房公蚤世無嗣貫川公曰余婦方有身男也當爲兄後既而繹岑生遂鞠於伯母今 誥封宜人梁太宜人也梁故順德名族太宜人年二十歸芷房公和敬弗替事姑孝處先後間雍雍然芷房公卒太宜人毁容盡禮水漿不入口十餘日策勉繹岑爲學不少姑息繹岑入詞曹歸覲太宜人誡之曰兒當求無負此科名區區

一官遂足為爾父母榮耶聞典試　命下勖繹孶矢公矢慎勉酬　國恩粵之人皆知繹孶學行無愧其先人而樂道太宜人之宏德遠識為能教子以有成也昔漢伏黯無子以兄子恭為後恭事所繼母甚謹少傳黯學致位司空晉皇甫謐出後叔父長不好學所後叔母任氏對之流涕謐感激就傳遂博綜典籍為世大儒今太宜人秉義發訓既有任氏之規繹孶敬恭瞻依亦無慚伏叔之匹誕受　恩榮固其宜矣自世祿廢而宗法不行世所稱立後者求之古義無合顧兄弟沒則必為置嗣自漢迄今相沿弗易蓋所以致同氣之愛而亦或慰節婦之心然毛裏之不屬恩義寖衰薄矣以余所聞見如太宜人與繹孶可稱述者又何少也繹孶舉辛酉鄉試與余為同年其典試江西又與余同拜　命為人溫文而正直余知之最深暇日過從述太宜人嘉言美行為多余又以知太宜人也太宜人以今歲七十壽辰繹孶乞余為文且言將跪誦於太宜人之前以為兕觥之侑即其所以娛太宜人者至矣余故樂推而序之

朱少虞之母七十壽序

光緒二年丙子夏朱君少虞踵門告余曰人生可樂之事莫甚於讀書成名而

親猶及見之然今之為官者率遠在數千百里外其親多年老苦跋涉不得偕或為時力閡阻有顧莫遂如是則親心雖慰而未盡慰也私計吾同年中宦達在諸行省者姑勿論其官於京而親存存而迎以來茲者指不十數屈而吾兩人有母在堂皆得侍養於都且先後數月內皆壽七十吾知子之所以為樂者與吾無以異今將稱觴為吾母祝乞子文章之子言之當親切而有味也其許我乎予辭不獲則問少虞所欲言者少虞曰吾母為同邑明經某先生女儒業蔚華誕毓淑質以道光己丑歸先贈公先大父以教諭初任武康再任景甯挈家之任母竭盡誠敬得堂上懽先大父卒先贈公橐筆遊浙東母侍先繼祖妣尤曲致怡柔門庭之閒和而不嘻節而不嗇暇則訓吾兄弟讀篝鐙講畫不倦戊午吾舉於鄉洎乙丑成進士分戶部學習假歸拜母述先贈公前語諭以服官宜勤持身宜慎吾長跪受教至今不忘蓋吾族出徽國文公元至元時遷浙者一杭州之三橋一海甯之小桃源一為吾族遷海鹽尚胥里我　朝嘉慶中徙邑城道光庚子先大父構宇城東北隅方是時海內承平邑居殷阜吾家規拓庭院雜蒔花竹後圃與百可園鄰百可園者明大司寇鄭端簡公以文章德

業有聲嘉靖間園其別墅也咸豐辛酉城陷賊吾家避西鄉同治壬戌僑寓江南奉賢金匯橋甲子城復崎嶇返里則室廬無存榛棘塞路求所謂百可園者亦杳不可得又數歲吾始奉母北來回念此十數年來陵谷變遷人事乖異吾與母奔走兵革間如萍如蓬如綫之不絕如操舟入海風狂浪高恐惴呼號求一息之安而不獲今蒙　國恩竊祿為養母年日高而神明不衰冢婦奉手童孫依膝予以從政之暇晨夕侍側伺意承顏此足快也余謂少虞如子之言由前以觀太恭人之教知子將大興其家由後以觀子所以娛親而太恭人含和受福雖期頤未艾也予母遭歷艱苦差不殊太恭人而薄植嗇遇求如子之奉親什不及一夫子言父母之年不可不知予與子知之矣願益鑒於前而勉其後可也少虞再拜受辭遂書為序

黃覲虞之母六十壽序

黃覲虞將南歸詣余拜而言曰吾不敏奉職無狀以有今日行且歸吾母明歲壽六十思所以為堂上歡者乞子言佐觴余請述太宜人平居言行可表章有合於古者覲虞曰吾母歸先大夫逮事先王母從操作烹飪紡織醯鹽衣履平

日所不親趣習之先王父愛母孝官於滇挈以從每思鄉味必令手烹進王父精醫術晚多疾以藥餌自扶母勤煎和敬養適十年余曰以若所稱内則之執儀而窈窕女師之成式也余聞太宜人幼誦毛詩通大義言動依古禮若斯其信覲虞曰世母張出寒素母與處勞逸必均愛惡必齊飲食服御豐約如一有作輒分其任早夜勤動初學膾誤斷左食指刀痕至今宛然余曰執務理事不辭劇易依義篤好崇恩嫂妹曹大家之所善也覲虞曰先大夫疾母左右調護睫不交百五十餘夜晝歡侍王母如平時先大夫卒母慟不欲生而對王母不敢過哀余曰無瘠色無招臂從禮而靜以明夫之令德公父文伯之母之所求也勤虞曰母自奉極約待賓客務豐腆先大夫喜施與親舊貧乏稱貸以濟母贊助無吝族人不能娶先大夫閔之難其資母出奩物為贈始得婚今抱孫矣命吾兄弟佽助宗鄰周恤孤嫠如先大夫時余曰昔魏南和縣君内足於財不以華飾為意存拯親類所在周洽隋鄭善果母命子以秩俸散贍六姻雖非婦人之大節顧求之今世蓋難若太宜人殆謂企之覲虞曰吾齠齔時母為日講帝鑑圖說先賢言行數則令覆講乃休垂教寬簡不苛或屢過弗悛亦痛笞不

姑息吾兄弟稍有知識稟母訓爲多宋氏之負書歐陽之畫地不母過也惟吾頑鈍不及逞修是愧余曰是數者古有一於此皆足光女重耀母儀太宜人兼之自幼逮老不以順逆異情豐嗇改性耳目聰明精神純固膺多福也宜哉覲虞又曰母嘗命弟作小園植蔬果自課吾竊取杜甫孟氏詩養親惟小圃名之曰儀孟愛慕流連欲遂弗出母敦促以行繼自今惟躬耕養母鍵戶讀書以補吾過矣余曰子毋然以母之賢卜子之昌而奚孟倉曹之云鄉先達胡文忠公林翼以翰林出守數年任封圻摧劇寇赫然中興名佐撫湖北時其母夫人猶及見之而其初亦以事解館職楚人相望三十年再主江南試出一轍天下稍甦息誠不顧見世有兵革事使子復如文忠之勛績然自奮而取三不朽及其成則一也文忠自馳驅王事無一日之奉其母今子出而官於外視行省之鄰且便者迎太宜人而孝養焉頤志而引年後之視前不尤勝耶而奚儀孟之足云覲虞唯唯再拜受辭而退遂爲之序

周慕陵七十雙壽序

曩余官祭酒時有蜀士周生嵩年者質行惇厚有聲太學中每試高等余叩其

所學得於趨庭之訓為多於是知有周君慕陵其人既君來遊京師時相過從貌端而懿氣和而靜心敬為有道君子時君年在耆艾閒以襄理營務保薦知府顧不為出仕計叩之徐曰吾頻歲以來曠覽天下名山川恨未一覩　帝京景物今之來非求進也其為學邃於易與人卜據理正事有奇驗吾鄉徐壽蘅侍郎亟稱之余督學江蘇後不復相聞今歲嵩年書來索余文為壽則君年七十矣昔班史著論言君子之道或出或處嚴君平卜筮成都市為人依著龜言利害各因執導以善得錢自養下簾著書年九十餘蜀人愛敬雖未嘗仕風聲足以激貪厲俗君不仕與嚴先生同其見稱於蜀人同所學未知於嚴先生何如其用卜筮以勸善惠衆用心又同漢世高士多操賤業而君未嘗居市肆得錢立身清絜殆甚於嚴先生真揚子雲所謂不治苟得久幽而不改其操者湛冥之徒類以仁靜致壽其得如嚴先生之享大年又必然也君舊籍臨桂避亂入蜀嵩年因寄籍為諸生顧君心未嘗忘故土歲壬辰率子自都返粵家室復完山川如舊而君與其德配李夫人適以次年仲秋同躋老壽顧兒孫之環侍接親戚之笑言回憶三十年前烽火驚心流離滿目情狀如隔世事穆然思

聖天子肅清天地之功德慶吾儕身世之遭逢雖則劬勞其究安宅可以歌鴻雁之詩而歡然命觴已至君後之克昌與嵩年之以篤學成名早於君父子間必之不籍是為頌美也光緒十九年歲次癸巳

叔母毛太宜人六十壽序

光緒辛巳春從弟子鈞自長沙寓書先謙曰吾母毛太宜人以孟夏壽六旬桐綬掬珊兩弟前得請於兄而許為之文矣吾昆季德薄能鮮不克自拔以光顯吾親而太宜人嘉言懿行足為子孫後代則效者亦既著稱里鄰而為伯母大人及兄所稔知弗章以言弟等慮無能為介壽之獻以怡吾母兄其可辭先謙肅諾則舉平日所聞者謹詢其詳於吾母太恭人吾母曰叔母之歸汝叔父也年十六事汝叔曾祖叔祖以孝稱佐叔曾祖母治家政條理精密惠譽洽臧獲吾家窶甚而叔曾祖家貲夙饒叔母相見未嘗有倨容予隨汝父食貧自勵迫飢寒不肯作低首語叔母來問無從得實惟覩衣物窘敝而已歸輒對汝叔祖母歎詫以謂賢孝堅苦如三伯夫婦而食報不豐是無天也時又舉以訓其家人予家當道光間科目特盛而汝叔以咸豐初舉於鄉用籌餉勞擢同知直隸

州叔母生男三端好岐嶷動循矩則將益大其門矣然家中落數年汝叔故叔祖繼逝叔祖母旋遘疾因牀簀更數年沒叔母求醫於晨禱於夜呑聲於坐隅而怡顏於堂下子道婦道以身兼之諸孫幼穉莫相提挈劬育淬勉忍楞忘疲蓋近所聞族黨中稱賢孝者莫汝叔母若而廿年堅苦匹予曠曩報之賢子而享以高年非倖也先謙敬聆吾母言而深有感於人事廢興之故蓋家之興國一矣國理亂視君其理也以得賢臣然臣可易位也家隆替在主其隆也以得賢婦婦則弗可易位也豈與之齊且終身焉故得賢婦視賢臣難國多難而臣節章家陵夷而婦德著在國家值此為不幸而冥冥者欲美臣若婦之績以宏大厥施必有待於是如吾母與叔母自吾父叔沒後任艱難於家運絕續之交徐以俟子之成立而無幾微怨懟憔悴見於詞色非信道確而志永貞其奚及此詩曰誰謂荼苦其甘如薺誠甘之也子鈞擲珊敦行不苟勤力於學可上繼叔父業桐綬積軍功敘通判需次粵東為大吏所器待諸孫羅立長者已能讀書蓋天所以厚吾叔母方自此始矣先謙材器薄劣忝竊祿位懼虧先人仍世之積勉圖溉其根而培其基念吾族丁口單弱高祖以降今兄弟存者先謙

及子鈞輩四人耳追原一本常以殷然於懷而十數年來諸弟與吾相依倚者無殊於同氣良可喜也諸弟勉之士未有不以忠信立身而能發名成業者自茲以往尚無忘叔母早歲之艱劬益思今日獲福於天之理庶幾循爾軌蓧爾璞以叨佑於無窮此又桐綬摛珊在都時吾母詔勉之恒言而書以進於叔母大人前必為歡然舉觴者已

長沙　王先謙　益吾

吏部左侍郎楊公傳

公姓楊氏諱永斌字壽廷雲南昆明縣人康熙三十八年舉人四十一年援例發廣西補臨桂縣知縣以廉能愛民稱遭喪去職百姓送者號泣塞路服闋補直隸阜平署平山改大城六十一年用捕內監陳進忠事落職民泣籲巡撫保留疏上雍正元年二月　詔復官先是一日　上顧內侍籍大城者問曰縣令楊某居官善否對曰不善其爲政嚴有犯必懲人皆自危　上於是知公果賢遂有是　命七月遷涿州知州居二年　上問公於總督李維鈞維鈞以迂執對　上問故對曰鹽典商規不受饑盜不以聞　上曰信如是良吏也數日擢貴州威甯府知府　召見　溫語嘉獎威甯介滇蜀與烏蒙鎮雄鄰二土府夷人不靖公至以奉檄分界單騎入烏蒙夷巢撫慰之而密遣人僞市賈分道圖其地形歸鄂爾泰公總督雲貴公進謁鄂公曰　上任君威甯責望重君知之乎公因言二土酋不懲終爲邊患出懷中圖進鄂公喜問計公曰烏蒙祿萬鍾

年幼諸土司未附圖之今其時矣請毋曠日勞師但發威甯畢節兵壓境馳書諭以川督劾萬鍾不職奉　命質審萬鍾出宅不問否則兵疾臨之烏蒙平鎮雄勢孤必乞降不一月二府定矣鄂公從之召萬鍾不至令游擊哈元生及公進討萬鍾遁烏蒙遂降鎮雄隴慶侯亦請納土凡三十三日而兵罷六年米貼土婦陸氏叛官軍四集公語總統哈元生曰賊以冕山巴補為後路事急則渡金沙江而逸當以重兵扼其前奇兵越江攻之迺可殲也元生從之克獲如其策鄂公疏薦公可大用遷貴東道改糧驛道署按察使朝臣有為畝税軍田議者部檄下公上書鄂公言議者以天下軍田皆官田給屯軍耕非民業比且畝税銀五錢不為苛不知軍田糧以屯租為準已數倍於民田民轉相授受與交易民田無異又畝税之是重科也民必不服且前代設軍田邊方尤多黔省軍田税以數十萬計有司征比踰正供當多事之秋更為民增剝膚之患驅之為亂耳鄂公即以其議聞而黔滇軍田竝得免七年擢湖南布政使始至湖南方以軍田計畝丈未定胥吏四出公援例請皆獲免焉九年改廣東十年署巡撫旋實授粵地多山雖瘠可耕濱海斥鹵可藝稻民俗逐末趨網罟利公檄州縣

叢曠土得六千八百餘頃因疏言瘠田雖產穀少若多墾數十萬畝即可獲數
十萬石歲歉獲薄亦資養人免飢驅為盜宜多方勸導以盡地利　上嘉納焉
於是墾田百十八萬餘畝以贍無業者方公陛辭時　上以粵中文武大吏抵
牾門戶黨援未絕　諄諭及之公坦懷接人虛己集事僚屬翕服宦習遂變獲
劇盜余猊陳美倫數十輩寘之法諭曲江乳源諸岡猺歸化而劫竊之患絕以
西洋天主堂習為奸驅之澳門令番船不得泊省城下煽愚民西人數十年不
近廣東省城自公始也乾隆元年兼署兩廣總督二年三月調湖北巡撫兼署
湖廣總督九月調江蘇三年五月　上以公自陳衰老召署禮部左侍郎十月
授吏部右侍郎四年三月因病乞休　命原品致仕五年卒年七十一公受
知兩朝平時　寵賚不可勝紀自粵入　覲　召對　賜坐及茶宴　御書
御馬鞍轡各一乘自　午門出時人榮之孫漌官浙江按察使後裔以文學科
第世其家勿絕其六世姪孫基善以祖徙湖南為黔陽拔貢篤行博學與余友
善乞為其家傳

前史官王先謙曰方公以鴻漸之翼沈抑下僚內侍不足道彼總督者適不知

潔身除暴為良吏非　天子聖明烏能伸其志乎公卒鄂公志墓推為滇黔第一人共事久知公深也烏蒙今為雲南昭通府鎮雄為州米貼今永善縣云

河南汝州知州楊公傳

公姓楊氏諱兆李字仲夔一字夢蓮先世有諱辛者明初從黔國公沐英征雲南授武略將軍自江西甯都從昆明為縣人世襲千戶十傳而至縣學生寓乾生子二長永斌歷任廣東湖北江蘇巡撫終吏部右侍郎為雍乾間名臣大學士伯文端鄂爾泰公銘其墓所稱陸山楊公者也次景斌廩膳生景斌生文賜湖南澧州嘉山鎮巡檢署澧州州判遷安徽安慶府照磨引疾乞休家黔陽為縣人是為公祖文賜生洪太學生以孝聞生子二長兆杏嘉慶戊午舉人湖北通山縣知縣次即公也出後從父潤乾隆甲寅　恩科舉人嘉慶六年　大挑知縣發河南誓於神而行歷署太康獲嘉臨漳考城滑濬有政聲大兵之剿教匪李文成於滑也鞫俘因多所全活襄滑衛軍局無苟得同僚誚讓不為動十九年補泌陽楊某者憎其女夫貧悔婚搆訟公廉得實而女母懼女死已竊遣歸其夫公備彩輿助奩具命其夫婦入署成禮揚旌鼓吹騎導而歸豫人為傳

奇演之調鹿邑值水災請粟廣賑道無流殍遷陝州知州道光六年因事落職
八年巡撫疏言楊兆李官豫有聲百姓愛戴請入貲復官報　可署光州信陽
補汝州歷署汝甯歸德府知府公所至城池壇廟書院義學名山勝蹟有廢必
舉嘗以為化民之道尤在轉移其心能知古人所以足重然後思自拔於今人
經籍所載非儒者未由考而知至於前徽遺烈表而章之歲時鄉里展慕流連
其入人心尤至故於往代賢哲節義里居祠墓務崇大甃顯赫赫照耳目又援
武進陽湖例請於大吏奏建節孝總坊期年得　旌者萬三千有奇十八年引
疾歸卒年七十九初公母雲氏嗜橘病亟醫請屏之母卒公終身不食橘子積
煦貢生分發河南通判歷署鄭州禹州知州有廉能名大學士王文恪公鼎奏
命治河聞其賢薦於　朝孫基善拔貢生候選教諭垣善同知職銜墉善國
子監典簿
前史官王先謙曰漵浦嚴公正基言公官河南名與栗恭勤公毓美埒而栗公
亦稱公擬於漢魯恭卓茂然仕竟不進人能宏道無如命何知道者豈以位高
下為顯晦哉

梁剛節公傳

公姓梁氏諱洪勝字華彬湖南長沙人也縣人丁銳義募勇勦賊武昌公隸麾下以斬級功由六品軍功敘把總從克武昌漢陽擢守備加都司銜賊踞蘄州黃泥畈官軍攻之賊不出公請於銳義約諸軍退單騎至賊營前肆詈以誘之僞丞相韋朝綱帥羣賊徑趨公公馳馬斬悍賊三擒朝綱羣賊趨救公亟斫朝綱朝綱回斫公負重創力持之不釋羣賊前公復殪其魁餘相顧莫敢近官軍自山嶺呼而下賊大潰平其七壘還師斬朝綱一軍稱神勇擢都司加遊擊銜充營官銳義殉難三河公突圍出以所部屬都統多隆阿公卻舒城援賊擢遊擊破援賊桐城功最擢參將加副將銜破安慶援賊擢副將　賞果勇巴圖魯號復桐城宿松黃梅加總兵銜隨多隆阿勦撚匪河南解陝西商南圍以總兵記名簡放湖北巡撫嚴樹森素聞其勇檄令統一軍駐漢口撚賊數躪湖北圍王桐柏成大吉於霸山公赴援一日夜馳二百里未至霸山賊解圍去公追擊樊城卻之又躡之光化賊走河南時賊鋒銳甚官軍屢敗襄樊獲安公之力也公自領軍聞警即赴未嘗待大府檄調檄至如其計滋重大府顧公既以勇

名益剽悍自喜無紀律賊既入河南而粵匪賴汶洸自漢中出與之合竄天門據皁市衆號數十萬公孤軍轉戰大敗於花台被圍七晝夜僅以三百人免諸軍無救者總督官文劾樹森落職欲殺公檄其軍駐蘄水賊大至公力戰卻之追至羅田解都統富森保之圍重賂官文左右官文更愛之奏公忠勇無兩益其軍專倚以辦賊賊踞黃陂之街埠公禦之輕騎摩賊壘賊夜伏隘攢刺之墜馬親兵二皆死其軍弗知也時同治五年正月四日年三十有二事　聞照提督例從優議卹　予諡剛節　賞騎都尉兼一雲騎尉世職

前史官王先謙曰余甲子從公天門花台之敗賊追官軍急公持矛立馬橋上以遏軍賊愕眙久之退得免者數百人及禦賊蘄水日與數十善騎者挑戰以勝反余謂公此非大將事也答曰命在天即大將不死耶余聞人言自公微時即輕財上義通任俠性儻蕩亡檢一日入酒肆擲巨金案上徧揖肆中客曰今日諸君盡醉酒直悉洪勝代償矣在軍日不殺賊不快及戰短衣橫矛馬上背刀手火彈火繩繆臂見賊輒大笑伺其至然繩擲彈遠矛近刀當者輒靡重自負卒以是蹶云詩曰赳赳武夫公侯干城其公之謂乎濟之以整暇古良將莫

過矣

黃忠壯公傳

公姓黃氏諱潤昌字劭坤湖南湘潭人也家貧甚從兄負薪讀書日數千字有文名為縣廩生粵寇踞江南公應曾貞幹聘為軍諮時官軍圍太湖潤昌建議太湖地險固與潛山賊犄角不易攻不如分兵小池驛擊援賊陳玉成玉成敗兩縣城賊必遁伏而邀之蔑不殲矣從之皆克獲如其策賊據安慶不下懷甯人程學啟久陷賊中尤驍桀公獲賊諜廉知學啟可用入其營說之三反學啟降衆議殺之公力救與同卧起飲食學啟感奮戰敗賊賊磔其妻子學啟戰逾力盡破城外石壘同復安慶走玉成著績江蘇以提督殉節湖州謚忠烈公成之也於是皖南三山賊熾甚曾公國藩欲招之降莫敢往以屬公公單騎至賊巢開示利害賊皆感動歸者數萬人公遂成一軍與諸軍復繁昌南陵太平蕪湖及魯港金柱關東梁山進攻金陵扼三汊河護官軍運道屢破賊克雨花臺九洑洲偽天堡地堡二城力戰復金陵歷保至　記名按察使　賞花翎勳勇巴圖魯號　賜獎武牌湖南巡撫劉公崑募勇守長沙緝會匪以公統之遣入

貴州與席寶田會剿苗賊公督兵入清溪設水師通糧運攻雞鳴關焦溪兩路口克之復鎮遠府衛焚數十苗砦議攻施秉黃平通黔滇驛路會四川援兵寶田遣提督榮維善帥十三營與道員鄧子垣赴之公遂進復施秉破白洗大甕谷隴降苗賊數千至小甕谷隴地險狹有黃飄白堡諸隘苗設三卡以待縱榮軍過公繼至木石槍礮雨集公血戰不得出中礮死榮鄧二軍皆覆同治八年三月二十二日也事 聞奉 旨照巡撫例賜卹 予謚忠壯本籍及死事地方建專祠事蹟宣付史館世襲騎都尉兼一雲騎尉公治軍嚴而有恩將弁陣沒哭奠而歸骨其家軍行無擾黔楚間民皆德之年三十有九

史臣曰方楚軍既復施秉公頗持重欲稍休息觀敵釁而榮鄧二軍促之維善尤猛鷙主客相持莫能統壹用是喪師或以輕進為公罪非其實也公以二千人入黔三月之內復城三毀苗砦數十前此援黔諸軍未嘗有也功雖不成然已勤矣自軍興以來士徒步起軍伍取富貴不可勝計公獨雍然有古君子風議論時事多可採不竟其用悲夫

蔣果敏公家傳

公姓蔣氏諱益澧字薌泉湖南湘鄉人也幼孤貧長負奇氣不偶流俗咸豐三年曾文正公國藩治鄉兵湖南公甫冠從馬破粵寇岳州敘從九品羅忠節公澤南偉公能四年增募湘勇以公將左營從復湖北黃梅晉縣丞進規九江破賊白水港小池口五年賊竄江西公從羅公赴援復弋陽縣廣信府義甯州城晉知縣胡文忠公林翼疏請羅公回援湖北公從克崇陽蒲圻晉同知直隸州賞花翎從圍攻武昌省城迭破賊洪山漢陽門沙湖紫金山小龜山麥門橋分軍自將馳擊敗葛店援賊克武昌縣省圍堅完公功為多晉知府母憂歸七年廣西賊熾乞援於湖南巡撫駱文忠公秉章檄公統軍赴之破賊全州復興安靈川晉道員　賞巴圖魯號艇賊李文茂踞柳州分黨陷平樂公逆擊走之八年公自蘇橋進師別由雒容陸路舁船入洛垢江徑襲柳州賊以為下游悉破大驚出拒斬馘數千文茂宵遁遂復府城　賞布政使銜署廣西按察使復慶遠　記名按察使赴湖南募勇潯州賊乘虛上犯聞公歸即遁九年授按察使旋晉布政使公在軍分甘共苦得士死力蘊志含剛衆莫能測潮州勇目謝楊主昌十數輩屯省城驕恣不法賊屢犯省會楊等暗通賊莫肯效用公請於

巡撫治具宴集酒半悉禽斬之駢誅其黨與賊酋石達開自湖南竄廣西公慮
平樂空虛統軍往賊已攻城奮擊敗之賊走灌陽徑犯桂林公疾馳還省遣水
軍奪賊木筏絕其東竄與道員蕭啟江等更番勦擊賊竄江西桂林以安公壯
年盛氣抗論兵事於同僚多陵忽學政李載熙嫉之以賊犯省城摭事疏劾降
道員十年賀縣賊酋陳金缸分擾昭平平樂公連破之畫眉嶺公會墟大灣嶺
復賀縣 賞還布政使銜進克下郢堅巢賊走潯州以按察使 記名十一年
復授按察使會廣東水軍克潯州賊黨悉平復布政使原官 賞三代一品封
典時浙江淪陷巡撫左文襄公宗棠疏請公統部兵援浙當一路 詔授浙江
布政使同治元年閏八月抵衢州遣將高連陞克壽昌拔蘭谿西裘家壇七大
壘羅埠賊內應夾擊破之進攻湯溪大小數十戰殺賊數萬二年復湯溪龍游
金華府城別將克紹興蘭谿浙東平 賞珍物交部優敘公渡江而西圍富陽
屢破賊援剗堅壘數十克其城偪杭州十五里而營三年盡破城外卡壘降海
甯桐鄉拔嘉興城外賊壘杭賊勢孤三月克杭州 賞黃馬褂雲騎尉世職公
分軍克德清石門會蘇軍克湖州賊首洪福瑱就禽 上以公平浙功最晉騎

都尉世職左公督師入閩　詔公護理巡撫公與左公相得甚每復城得便宜置長吏節軍食羨餘活窮黎既莅杭省益請於大府撫傷振乏首建府縣學復書院豐給優禮以徠生徒免釐稅減田賦吏兵占民舍者還之市肆訢訢巷陌充溢溫台諸部盜出没誅其魁傑禽湖州槍船首惡餘編籍互保港汊晏然行旅無警數十年未有也既攝撫篆剏貢院開科舉隍淤湖葑咸就疏豁造舟運濟百貨流衍海塘葺致斥鹵可蓺杭人德之於其去多泣送者五年　詔赴廣東辦理軍務二月授巡撫疏言太平關稅康熙中巡撫監收乾隆時改隸南韶連道近歲收不如額半耗於苞苴臣與各官署得銀四萬餘兩請裁禁復舊制肇慶五坑客民與土人械鬬累年踞寨戕官公討平之投誠者處之高廉諸府賀貴諸縣別為客籍二十人赴試入學一名亂遂已與總督瑞麟不協以病乞休　優詔不許尋為瑞麟所劾事下閩浙總督吳棠劾公任事徑情未能推求例案鐫三級飭赴左公軍營七年授山西按察使病免十三年　召入覲公力疾入都十二月卒於蕭寺年四十二　詔復原官照巡撫例賜䘏政績付史館尋　賜祭葬　予謚果敏浙江建祠子德椿　賞刑部主事

前史官王先謙曰公以孤寒拔起閭里與其鄉先達意氣許與如雲龍之相從剗亂扶傾無往不利遂以廓清區宇名光竹帛何其盛也然公才氣蓋世不能僶俛徇時遭同列齮齕再擯而隊之功名之際危機隱伏同人則亨詎不信哉其聰明仁愛出於天性隨宜措正動合大體勞來安輯之功浙人到今稱之世徒美其武略測之淺矣

贈知府銜署惠州海防通判高明縣知縣許公家傳

公姓許氏諱鎛身字彥直鵬山其自號浙江仁和人本富春沈姓其祖於明嘉靖時有育於中表戚家者感其德受氏焉曾祖鉞乾隆戊午舉人任甘肅廣東州縣終理猺同知祖學韓本生祖學范乾隆壬辰進士任雲南貴州州縣終刑部員外郎父乃穀道光辛巳　恩科舉人甘肅敦煌縣知縣三世　贈光祿大夫兵部尚書乃穀子五公其長也道光二十四年由監生入貲為知縣選廣東高明權高要躬行廉勤不為身章法成令舉兩竟交頌用緝盜功擢知州咸豐三年權惠州海防通判通判故駐碣石衛攝惠潮二郡閒瀕海控險與總兵同城而理時巨盜穴金陵東南摧陷粵中姦猖蠭屯遙相應和蕘火之警徧於全

省會垣戒嚴朝夕不弛大府鄙怯詭名鎮靜擁兵周衛宅不一問屬城驚憂倚濟令長人自為衛土自為守或瀕危而幸全已陷而旋復事定一關白大府而已公慷慨蘊智略既生長世家練精時務又久任典城習吏事益踔厲鋒發務以　國為憂民生苛痛軍政堅窳諄諄勤勤靡不究圖推迹亂原感詫時事瞋目拊膺以夜繼日甫到官土寇陷惠來密邇於衛總兵帥衆出公申警備禦督察比閭奸究遁逃甿伍大驩三點會土寇起海豐殘官窟城民請濟師總兵難之公曰海豐與衛脣齒脱賊久據城為根本鈔掠旁近禍立及我今乘彼未定用攻代防捄豈在人實惟自全總兵以為然部署偕進戰連捷賊棄城奔躡迹急擊剗太平圍賊巢初公幼觀劇見明總兵周忠武遇吉甯武關殉難事義形於色母徐太夫人問曰兒豈欲效周將軍乎應聲曰此兒志也母其許我矣及擊賊海豐登縣城南五里山山有方飯亭者宋丞相文天祥駐軍於此方飯為元兵追襲後人閔忠建此亭也公繫馬入亭賦詩言志未帀月而有煙墩墟之變海豐餘寇既遁又合歸善土寇擾歸善三多祝墟百姓遮公乞援公率練勇民團疾馳與賊遻破之九州鄉進駐煙墩墟日暮矣賊出不意乘夜薄營官軍

未及成列公督衆搏戰賊益大集公力竭遂遇害咸豐四年十一月四日也幕賓張受經僕人劉彩書吏黃恩從死事　聞　賜卹如例同治元年　允署兩廣總督晏端書請　贈知府銜原籍殉難地方建祠從死諸人附祀光緒十四年公子之彰宰江陰與余數過從具悉公遺事乞為其家傳自公曾祖逮之彰真為牧令凡五世

前史官王先謙曰許氏以科名仕宦雄於浙最著者吏部尚書文恪公乃普江蘇巡撫乃釗公弟今兵部尚書軍機大臣庚身然浙人尤豔稱公與公族叔祖南河候補州同學陸以為許氏榮莫先焉學陸咸豐十年粵寇陷杭時罵賊死難者也

皮先生家傳

先生諱炳字文舫湖南善化人其先宋資政殿大學士龍榮居醴陵為望族裔孫文通遷攸之水頭十二世孫東山明中葉官某邑知縣以名宦祀鄉賢遷長沙占籍善化五世孫昶　國朝康熙初遷縣東鄉子孫世居之四傳至先生高祖殿選以進士出知山西滿城縣曾祖志遠縣學生祖學海副貢生保靖訓導

父繩直　贈中憲大夫子三先生其仲幼慧十一歲通諸經受知祁文端公寯藻補弟子員食廩餼咸豐辛亥歲始舉於鄉年垂五十矣不復以進取為意一赴會試歸不出軍興後鹽釐局開當事重其名招之再三辭家無宿儲充然自得授徒會城著錄多才俊晚主講平江醴陵兩書院士爭趨赴齋舍至不能容六十後恒鄉居問字求詩文者踵接於門先生暇則芒鞵竹杖與田夫野老酬接述古近事為勸戒解釋爭忿十餘年里無質公庭者平生不加人詞色然遇有過則直折之令改迺已故人樂與之親而莫不肅然以敬皮氏遷長沙後族衆散處先生建祠修譜嚴立教約罔敢越犯鄉有善舉必贊成之蓋先生自少逮老不為夸毗之言茍合之行自其施於身與教其子孫若族姓及其門人一以敦厚樸實為宗生平無顯顯可見事迹其德量淵渟宏深常若不可測先謙幼得見先生稍長從遊且久辭而遠出歸而又數修謁也於先生作止語默數十年歷歷懸心目初若無甚異徐而求之當世賢豪所為亦未有能及者初先生以妻孫淑人卒意甚傷悼年未四十不更娶曰吾有子矣其子宗瀚跪請置侍婢終不許卒年七十五

贊曰古之所謂鄉先生没而可祭於社者豈必以其位哉若吾皮先生庶當之無愧色乎　朝廷興行教化豈惟公卿大夫是賴鄉人士絃歌太平蒙被　聖澤宜有助焉得文行兼美如先生數千百輩落落布天下陶成俊良而矜式里黨治平之效可立見矣宗瀚以名進士官戶部主事先生孫曾皆能繼家學其長孫積軍伐官江蘇知縣孰謂興起不由積累耶宗瀚抵書先謙銘幽有文子其為傳先謙謂先生之德宜有述謹論次之不惟皮氏之傳亦使後之人聞而勸也

龍孝子傳

龍孝子江西永新人名光閣字紫台先世在明有顯者孝子幼喪母盡禮如成人家貧服賈養父父晚病痿痺孝子夜必數起負以溲祁寒不懈父没言未嘗不泣鄉里宴集有述其父事者孝子輒嗚咽流涕咸豐二年年七十五矣遘疾親友來問偶語及父大哭家人奔集疑有變已乃知之親友莫不歎息卒年八十一前數日猶感念先人號泣數四云初孝子父寢疾命孝子曰吾數十年溺苦於學終以困躓命也我死汝當勖諸子繼志事李某者吾所敬宜往師之及

諸李已館他所孝子大慟李驚問故孝子曰念先人遺命是以慟耳李為憮然孝子卒教諸子起江起瀾籍府縣學起濤成進士以知縣即用官湖南有政聲同治乙亥孝子得旌於　朝

前史官王先謙曰起濤會試出余門為余述孝子事甚具夫人心不誠壹則不能有功於人事況欲以全其天性難矣如孝子之為可謂誠壹者也今人論孝恒侈奇節略庸行孝子之於親生則竭力沒則泣思迫耄老垂屬纊而不渝其初其庸也其不謂之奇與

張節母李孺人家傳

孺人李氏鄞縣張編修嘉祿母也年十七歸愚菴贈君生嘉祿及二女贈君疾革指嘉祿謂孺人曰三世單丁賴茲一綫汝勉撫之言訖而瞑時嘉祿十一歲二女數歲耳家貧甚孺人命嘉祿從師讀一日嘉祿廢學孺人挈之跪贈君畫像前曰兒向頗嗜書今父柩在堂迺如此他日何所望且撻且泣嘉祿亦泣白哀悔自是教課愈嚴晨興入塾師則督之逮夕歸室已則續之祖先享祀姻族餽問米鹽衣履修脯之資仰孺人十指辨色而作內夜而不休如是有年嘉祿

學成為閭里名師孺人疾戒毋令嘉祿聞嘉祿知而求醫立方孺人輒卻之曰死生有命藥能為功邪同治五年五月卒年三十九後二年以節孝　旌嘉祿貴　贈孺人孺人在時為嘉祿聘婦未娶望嘉祿為諸生亦不及見也

前史官王先謙曰編修語余少時讀姚氏鼐記蕭山汪進士輝祖兩節母事當時進士求文至數百篇微姚氏文至今天下誰知蕭山汪氏兩節母者因泣述其節母事而求余文自　聖皇宰世禮教旁洽天下孝子貞婦衆矣苟不遇善為文如姚氏輩則姓氏不能播於人人之口者何可勝道然綱常之理自有其不敝者存不恃文字之末也矧余文不足為節母重邪編修文粹而行敦篤將導揚前美而章節母之德於無窮余姑為之傳以俟焉

周宜人傳

宜人余氏名肅娟湖南長沙人曾祖正煥嘉慶辛酉進士翰林院編修江西鹽法道祖崇本雲南澂江府知府父思訓道光癸卯科本省解元今湖北咸豐縣知縣宜人其長女也生而婉惠暨長清靜自守居室中若無人焉者余氏既三世顯宦大治第郡城東深堂曲室重門洞開笙歌酒讌申旦不絕婦女衣裙帶

爲密組重繡都麗迷目每出僕婦十數輩衣綺縠從觀者辟易歎唶戚里轉相慕效而宜人屢視之妝飾樸素有儒家風自其祖母張太恭人工詩諸姑姊姪輩並有才秀嫻詠事丹青羣從聚處誇競藝能以為笑樂宜人獨懍若霜雪見者謂其丰骨特異云年二十有一歸周自菴先生之次子瀹蕃房室和樂尤得姑歡姑卒從先生入都綜家事整肅有法家人敬憚之然得大體不為苛刻值翁小極躬進藥餌定視不闕先生歎曰賢孝哉他日願女得婦亦如女矣同治五年十一月九日没於京師年二十五先生痛思至切命予傳焉

贊曰予以戚鄙得亟見宜人其屏當內外有勝男子絕不自表暴及居帷闥治女紅不聞刀尺聲何靚慎若此耶今婦人匿房中之好隳內則之義乃其没也所親為求達官貴人之文以諛飾其名字匪惟失實益之媿焉予之作傳乃出翁命曷以然哉范蔚宗云端操有蹤幽閒有容宜人之謂與

章貞女傳

貞女桐城章氏父啟縈候補同知貞女生而婉靜幼讀列女傳慕申女宋共姬之為人字布政司理問張秀子宗翰光緒十四年二月宗翰卒時女年二十一

閨欲殉父母敎諭則請赴夫家以守不許長跪哭泣願終死截髮自明父母知未可奪送女張氏抱木主成禮撫嗣子慈愛篤至宗翰有母在女事之至孝侍疾刲腕肉和藥進迫疾篤夜焚香告天祈身代及姑沒匍匐哀號幾無生人理見者莫不哀憐也年二十六旌於　朝

前史官王先謙曰余昔過大通荷葉洲客李爰得家啟榮方佐爰得經紀家事啟榮質直好義喜古書遺事相與論上下荷葉間為大通河合江處江自李陽河中分為南江禹貢三江之一即漢書分江水也又言咸同間皖中寇亂官民忠殉婦女義烈輒感激憤發若身其事今其女迺如是其純懿殆賦自天性者邪

故明督師太傅武英殿大學士兵部尚書史忠正公傳

公諱可法字憲之道鄰其自號河南祥符史氏籍直隸大興世錦衣百戶祖應元舉於鄉官黃平知縣有惠政父從直母氏尹公少以孝聞性孤耿有志略左公光斗視學畿輔一日微行入古寺見一生伏案卧文甫成草閱畢取貂覆之詢寺僧知公名及試呈卷注視久之面署第一召入使拜夫人曰吾諸兒碌碌

他日繼吾志事者生也留館署中每公餘銜論時事相與感憤皆裂眦崇禎元年戊辰進士授西安推官遷戶部主事歷員外郎郎中八年遷右參議分守池州太平其秋總理侍郎盧象昇大舉討賊改公副使分巡安慶池州監江北軍屢破賊初當事以皖為南都上游議設兵備遏寇南下衆莫肯往公奮然請行至皖築城練兵畫戰守策皖以無警象昇改督宣大代以王家禎未幾復代以熊文燦專撫賊賊益逞朝議增設撫臣為豫楚聲援開府於六廷推公十年擢右僉都御史巡撫安慶廬州等處公至六建六安營捐奉修城興學校懲姦宄改點差賑饑民奏免被灾田租州有蝗公夜禱焚香盡三炷達曙如是彌月其掾曰勞乎公曰余為秀才時月僅七夜眠服官後惰矣何言勞恐罔濟負吾民耳麾下劉小全馬如龍作亂帥百人譟於軍夜三鼓城中火起亂者入署窺公朱衣坐堂上秉燭仗劍神光照人咸驚竄去明日討平之公短小面黑目有光性精敏事鉅細親裁視聽批答同時雜進靡有遺失士不飽不先食未授衣不先御以故得人死力臨敵先進所向無堅桐黃舒六間袤延幾千里賊屢入屢創降其酋順天王十二年以父憂去官朝廷遣中涓伺於涿州啟其篋銀杯二

莫章三十二軸而已報聞帝為動容有奪情議公固辭十四年服闋起戶部右侍郎兼右僉都御史總督漕運巡撫鳳陽淮安揚州風紀清肅濬南河漕政大釐拜南京兵部尚書參贊機務因武備久弛奏行更新八事十七年三月李自成犯燕京公誓師勤王渡江抵浦口聞京城陷烈皇帝殉社稷大慟頭觸柱流血縞衣發喪會南都議立君尚書張慎言等移牒公曰福王由崧神宗孫倫序當立而有不可七貪淫酗酒不孝虐下不讀書干預有司也潞王常淓神宗姪賢明可立公然之鳳陽總督馬士英潛與阮大鋮計議立福王公告以七不可而士英已與黃得功劉良佐劉澤清高傑發兵送福王至儀真於是公等迎王監國五月拜公禮部尚書兼東閣大學士與士英高宏圖並命士英仍督師鳳陽公仍掌兵部事乃定京營如北都故事侍衛錦衣衛諸軍入伍操練錦衣東西兩司房及南北兩鎮撫司不備設以杜告密安人心時士英冀入相命下大怒以公書奏而擁兵入覲拜表即行公遂自請督師出鎮淮陽十五日王即位公陞辭加太子太保改兵部尚書武英殿大學士而士英以是日入直於是江南士民伏闕上書曰伏見陛下初臨監國擢史可法東閣大學士仍管部務萬

姓歡呼頌陛下知人善任先帝用可法南樞實天牖聖心留佐陛下中興之業南都積弛未易蒙安樞臣以無欲知人以不倦舉政經營一載漸可驅策今陛下奠安南服鼓銳北征諸將所服逆賊所畏無逾可法聞出代督師衆心皇惑淮陽雖急果別遣督臣使可法居中調度則兵糧無憂可法自行雖身任督師而中樞必更成局則戰守紛擾機會一失局勢盡移此江南士民所以奔走號呼伏闕哀籲者也書上王不省公奉命祭泗鳳二陵畢上疏曰陛下踐阼初祗謁孝陵哭泣盡哀道路感動若躬謁二陵見泗鳳蒿萊滿目雞犬無聲當益悲憤願慎終如始惕厲無怠二祖列宗將默佑之若晏處東南不思遠略賢奸無辨威斷不靈老成投簪豪傑裹足祖宗怨恫天命潛移東南一隅未可保也王嘉答之時分江北為四鎮以澤清傑良佐得功轄之澤清等縱兵大掠轉相攻公往解悉聽命傑攻揚州聞公至懼旦日朝帳中汗浹背公接以温語奏屯其衆瓜州乃開府揚州闢館招士屢奏請餉士英靳不與公疏趣之因言邇者人才消耗仕途日淆由名心勝而實意荒議論多而成功少今事勢更非昔比必專主討賊復仇舍籌兵籌餉無議論舍治兵治餉無人才並言東南閫員不少

擇吏為先銓選法窮不能不改為徵辟請倣保舉法通行撫按司道九卿科道等有才膽過人者不拘資格各舉一人送京赴軍前效用酌補守令二年考滿平升善地三年考選優擢京曹有靖亂恢疆功能殊異者立以節鉞京堂用又言北都諸臣南還從逆者宜重處僞命未污身被刑拷者置勿問隱避北方徘徊後至者許戴罪赴軍前酌用毋絶其南歸心廷議從之時　大清已定燕京攝政王遺書招公公復書數千言不少屈會和議不成十月公令傑師師北出遣人屯田開封為經略中原計諸鎮分汛地自王家營而北至宿遷最險要公自守之築壘緣河南岸時李自成走陝西公奏言自三月以來大仇在目一矢未加昔晉之東也君臣日圖中原僅保江左宋之南也君臣盡力楚蜀僅保臨安蓋偏安者恢復之退步未有志在偏安而能自立者大變之初黎庶灑泣薦紳悲哀痛憤相乘猶有朝氣今則兵驕餉絀文恬武嬉暮氣至矣河上之防百未經理復仇之師不及關陜討賊之詔不達燕齊君父之仇似置度外夫將能克敵者氣也君能御將者志也君志不奮則士氣不作夏少康不忘出竇之辱漢光武不忘蕪薪之時臣願陛下為少康光武不願左右在位以晉元宋高之

說進也請速發討賊詔責臣與諸鎮悉簡精鋭直指秦關懸上爵以待有功假便宜而責成效絲綸之布痛切淋漓庶海内忠義聞而感憤國家慘遘大變陛下嗣位不同先朝諸臣但有罪當誅無功足録請慎重爵禄專待功臣庶猛將武夫有所激厲兵苦無糧搜括不可行勸輸復難繼請不急之工程可已之繁費朝夕之燕衎左右之進獻一切報罷即事關典禮亦宜節省蓋賊一日未滅雖有深宮曲房錦衣玉食豈能安享必念念在復仇雪恥振舉朝之精神萃萬方之物力併於選將練兵一事庶人心可鼓天意可回公每繕疏循環諷誦聲與淚俱聞者感泣比　大清兵下邳宿公飛章報士英曰彼欲敘防河將士功耳置之而諸鎮逡巡無進師意數相侵奪明年是為　大清順治之二年河上告警公請以良佐得功率師扼潁壽傑進兵歸徐傑至睢州為許定國所殺部兵大亂屠州旁近二百里殆盡變聞公歎曰中原不可為矣遂如徐州定其軍傑軍還大梁以南皆不守而士英方忌公威名加故中允衛允文兵部右侍郎總督興平軍以奪其權二月公還揚州未至得功襲興平軍城中大懼　公遣官講解引去時大兵已取山東河南北偪淮南四月公移軍泗州護祖陵將行

左良玉稱兵犯闕王手書詔公入援渡江抵燕子磯得功已敗良玉軍公乃趨
天長檄諸將救盱眙而盱眙降　大清泗州援將侯方巖全軍沒公一日夜奔
還揚州城中訛傳許定國兵將至殲高氏部曲悉斬關出舟楫一空公檄各鎮
兵無至者二十日　大清兵大至屯班竹園明日總兵李棲鳳監軍副使高岐
鳳以其軍降城中勢益孤公作書寄母妻且曰死葬　我高皇帝陵側　大清
兵薄城下豫親王前後七致書說降公不復啟視投之水二十五日　大兵攻
城急多死者王親督攻城陷公自刎不殊一參將擁出小東門公大呼曰我史
督師也遂被執至城樓上王雅重公引坐勸降以洪承疇為比公曰我此時止
辦一死頭可斷身不可屈但揚城百萬生靈幸勿殺戮王百方勸諭不從毅然
就死時乙酉四月二十五日也僚屬從死者甚衆揚城屠公為督師行不張蓋
食不重味夏不箑冬不裘寢不解衣年四十餘無子其妻請置妾太息曰王事
方殷敢為似續計乎素善飲數斗不亂在軍絕飲歲除遣文牒至夜半倦索酒
庖人報殽肉分給將士無可佐者乃取鹽豉下之膏子處或言宜警備公曰命
在天遇敵數月不寢使將士番休而自坐幄幕外擇健卒十令二人蹲踞背倚

之漏鼓移則更代每寒夜起立振衣裳冰霜迸落有聲或勸少休泣曰吾上恐負朝廷下恐愧吾師也公死覓遺骸不得踰年家人以袍笏招魂葬揚州郭外梅花嶺後四方弄兵者多假名號以行故時謂不死公無子遺言以副將史德威後弟可程可模可程崇禎十六年進士改庶吉士京師陷降賊賊敗南歸公請寘之理王特宥之可模早世公死後可模妻李氏奉公母妻居金陵浙人厲韶伯軀貌類公冒其名集亡命數百破巢縣入無為州提督某擒之衆莫辨召母妻及李氏出始吐實而李氏有色為衆所窺會金聲桓反豫章禁旅往討駐金陵有聶三者媚少宰某豔李氏强委禽焉遣婢拒之不聽詈之又不聽須臾婢奉盤進聶曰奉夫人命恣若所為視之髮髻耳鼻各一血淋漓滿盤中聶倉皇馳去乾隆四十一年乙未　上特恩賜公謚忠正　御製題像詩并公復攝政王書摹於梅花嶺祠壁

前史官王先謙曰余誦公文章慨然想見其識略悲其志之窮而言不見用也天眷　興朝公即專明柄不必有濟況束縛使不得騁耶曩讀　欽定明史不詳公仕明事蹟由易代之後採訪難周雖有遺徽莫為收恤逮　天語親褒然

後勝國孤臣炳於雲漢公之不朽固自有在而 昭代教忠之典邁千古矣因覽公遺集援據諸書補為之傳俾後有考焉

劉觀察傳

觀察江西人其先有隱德仍世孝友郭侍郎嵩燾為之記所稱武甯劉氏者也篤行弗耀逮觀察始大其門以進士官戶部主事改湖南道員歷任大府皆推敬之嘗備兵衡永再權鹽法糧儲婷婷益謹為時所稱武員某被劾察辦觀察奉檄點驗營額某以萬金為託峻拒之莞保甲事冬夜出巡往來風雪中天明歸寢以為常盜賊屏息民安其居皆言劉公不解於位人所難能其出自至誠尤不可及世俗好長短人語及觀察必曰潔清自守恭儉慈惠人也相顧無異詞年將八十有幼子女四人腰腳輕健其長子熙臺以知府官於皖迎養欲往為余言黃山灊霍之勝將以暇日往遊焉

贊曰余與觀察交久固要余為作傳余曰凡生而為傳者類多抑塞轗軻志概不見於時君名位德業足自表襮何用汲汲觀察笑曰欲得君文為重耳噫余文何足重觀察然竊幸余文之託觀察以傳也觀察字定夫鎮其名

歐陽磵東先生傳 集句體

歐陽輅原名紹洛字念祖一字磵東湖南新化人父基文字同周乾隆乙酉拔貢銓就州判以親老乞歸授徒自給性方潔天才挺拔詩文操筆立就為時所重寶慶府志文學傳早逝鄧顯鶴南村詩話輅九歲補縣學生即好吟詠所遇窮惡蹤迹落莫無常師於詩若有天授家貧甚資傭力以養沅湘耆舊集小序博學多通書過目終身不忘陶文毅磵東詩鈔序乾隆甲寅舉於鄉耆舊集序頻上春官不得意南走粵北為薊代山海關之遊陶序性野逸不修威儀衣履敝垢岸然公卿大人中劇談豪飲旁若無人人亦無與忤者後閉門不復出躬耕奉母非力不食於人世升沈寵辱泊如也耆舊集序一時名公雅重之或不遠數千里殷勤致禮不至襆冠草履吟嘯清泉白石間陶序牆宇自峻與人少可曾文正鄧湘皋墓表南豐譚光祜守寶慶學使歙程恩澤按試至郡二人皆名宿始一出與雙清亭之會好事者至繪為圖府志文學傳垂老卜築邑城東遁迹沈冥兀兀無共語者李洽夜談追錄自序其詩灝氣流轉含章內映精思壯采摶結無迹沈道寬磵東集跋語然持律矜嚴鄧墓表嘗言作詩務苦吟戒自恕或屢改而不安則竟削之又云作詩當自寫其胸中之天不期而與古合所謂非有

受於人忽自得之今人過一地遇一人必作一詩豈吾胸中之詩哉既挾所業出與天下士大夫接所至析服名流少能頡頏（耆舊集序）與寶山毛嶽生東鄉吳嵩梁相知善嵩梁詩才罕匹嘗謂人曰僕畏磵東不敢與敵也臨川樂鈞未識軺寄贈以詩錢塘吳清鵬以詩求論定稱軺為韓蘇而後一人服膺如此（夜談追錄）同邑訓導鄧顯鶴少軺十歲兄事之（耆舊集序）每有篇什輒就軺與相違覆（鄧墓表）軺鉤覈瑕疵不少寬假顯鶴卒無以易其言也（耆舊集序）道光二十一年卒（據夜談追錄李序）年七十五（府志）著有磵東詩鈔十卷安化陶澍栞行之（陶序）又手定詩三卷畀顯鶴顯鶴為刻之沅湘耆舊集（耆舊集序）軺於詩窮極幽微偶有論斷必求通古人之詞較其得失析其毫釐多人所未發同邑舉人李洽筆存之為夜談追錄二卷（郭嵩燾夜談追錄序）子棨字迪來邑廩生（耆舊集序）亦能詩（府志文學傳）奇情幽思不愧名父之子（耆舊集序）又有歐子三卷恢奇俶詭無一常語（府志）早卒顯鶴刻其詩入資江沅湘兩耆舊集中（耆舊集序）

毛青垣先生傳 集句體

毛國翰字大宗號青垣湖南長沙人性純孝幼讀書穎悟強記能闇誦佩文韻

府不遺一字尤工詩赴縣試見知於縣令陳光照其子沅奇國翰文願内交招之不往親至其家結歡而去補縣學生鄉試屢黜（毛氏家傳）長沙城北有黑麋峯水西南流入於湘其水會謂之麋湖口國翰卜宅當山水間因名曰麋園屏居其中益肆力於詩以抒其侘傺無聊往往多幽憂之思悽苦之響云（長白裕莊毅公麋園詩鈔序）與鄭沈道寬為文字交道寬宰鄠縣聘國翰教其子十餘年道寬權知茶陵州虧帑數千金被劾勒追國翰赴鄠稱貸人以道寬廉惠又見國翰勇於為義咸感奮競運致錢穀不一月而集事道寬得復官走謝國翰國翰曰公澤在鄠其邑人急父母之難吾何力之有（家傳）湖廣總督裕泰招致莫府數年道光二十六年丙午以微疾没於署年七十五（參裕序及家傳）著有麋園詩鈔八卷天顯紀事三十二卷青湘樓傳奇若干卷（家傳）其詩五古清越醇雅出入陶謝江鮑間七古雄盪有奇氣約束矜貴不涉奔放近體步唐賢無沾濡之音佻縟之氣（新建夏廷楨麋園詩序）裕泰既經紀其喪歸葬長沙復編梓其詩序之曰國翰為詩鑱心研神朝吟而夕琢月成而歲易人知好與否舉弗顧可謂勤篤者也集中如松徑含風雨秋山見性情巖花留雨色風絮落春陰獨往吟詩對修竹同來入坐惟秋岑楚

蜀地形江口斷乾坤秋色雨邊來諸聯最為傑出它類此者尚多夫觀詩如遊山澤即以楚論衡山洞庭之高深人不待遊而知之而麋峯麋湖介在其間有偘偘自異者又非善遊者不知也余故用李中碧雲集序例摘佳句著之簡端為讀麋園詩者導先路云裕序

始祖子泉公傳

王氏世居江東遷楚者始子泉公其先自東晉以功名顯代為名族而譜帙闕略不言其世系支派不敢據以為信謹述自遷祖始公諱霑子泉其字江甯府上元縣朱家巷人也明正德間進士官國子監出判湖南岳州府明敏仁恕決獄多平反吏民頌之任滿將遷乞休遊湖湘間公既澹榮利又嫉江南習尚豪侈占數長沙居城北福善坊側時倭寇擾浙趙文華以工部尚書視師江淮搜括財物東南民重困公聞之歎曰天下事可知矣吾幸避湘上得安廬舍長子孫為樂故鄉當奈何家居為善盡力曰士苟存心濟物何分出處耶將卒遺命子舉曰自嚴氏父子專政楊沈輩以身殉去歲又杖戍吳時來等祖宗培植善類一敗於靖難再壞於議禮今滋甚矣未有士氣不振而國脈永久者人之云

亡邦國殄瘁斯郭林宗痛哭之秋也汝慎毋為官舉涕泣受教年六十妣吳氏

五世祖若水公傳

公諱慎修字若水行之公五子也少穎悟好學補縣學生家饒貲而無嗣諸兄欲為置妾固卻之樂善好施然不飯僧修佛事晚益強健悉與產兄子餘田若干畝納長沙縣學為族人入學補廩出貢費而謝諸勸立後者曰子於吾者未必不失業基弗棄有後矣年六十五無疾卒妣鄧氏後公十日合葬焉今族人補弟子員登科第者必以祀祖日拜公墓

贊曰公四兄子孫皆蕃衍然不盡有名稱公無子而吾邑庠序中之稱頌公者至今弗衰也田納於學為官乾沒更索費嘉慶丁卯族爭而復之道光庚戌碑於學田始定嗟乎田雖學入迺吾王氏子孫所宜世守者官於學者二三年輒代而利此而爭者踵相接也此又世道之衰而公所不及料者矣

先伯兄會廷府君行狀

吾家世居省城祖墓多在城東南數里所獨高祖龍溪府君遠葬澇塘河桃花港阿公嶺下歲癸丑避寇亂澇塘河而先伯兄卒葬於其鄉去高祖墓不一里

自移家至卒甫月餘若為侍高祖來者倘亦有數存耶嗚呼悲已先大夫生兄七年大伯父沒遺命後兄方四五歲時吾母授字盈數就外傅舍業嬉者數年先大夫課之已都荒其學乃鍵戶日夜督責背書偶誤以紙斜籤其字至再計點畫倍笞之血痕常滿袴吾母為緩頰先大夫怒曰吾以貧甚廢學兒學更不成何以對先人兒弟又長無師誰教者王氏之澤將自此斬耶乃持兒顧吾母相嚮哭兄伏母懷亦哭各失聲兄性頗鈍由此研精覃思學日進八年而大成先大夫覽其文喜曰吾他日可以見祖宗地下也乃命赴縣試得前列丁祖母憂服甫除賊犯長沙圍解後學政案臨觀風上取末院試避於鄉而死矣嗚呼傷哉兄長身玉立頭角嶄然見者皆許為遠大器性淡於榮利然以先大夫教誨之切期望之奢常懼不一博科名為堂上慼課試不得高等夜臥以足擊榻上震震作響囈語歎詫聲徹四壁讀益勤苦遂得便血疾迄不愈教仲兄先謙誘掖奬勸無不至每日温經書令復解明日又取解者隨所指辨詰之反復通貫無遺義乃已間則令默記故事日必足十叱夜前仲兄侍坐講通鑑立先謙於側歲為常故先謙未學為文而習史事已頗多值家計日蹙鄉居饔飧每不

給先大夫憂形於色一日兄長跪曰大人何憂兒兄弟且四人以次成長設皆不遇而為童子師猶能歲獲束修養二老矧吾家祖澤厚庭訓嚴豈無一亢宗者何憂為先大夫為囅然命酒極歡當崎嶇奔竄時未嘗令仲兄先謙一日廢學卒之前夜猶招至牀前以舜何人也予何人也題命為文傷哉兄自為大伯母後曲意承順雖遇萬難無纖毫怨抑色秉先大夫訓持家不惡而嚴平生以忠信待人伉直無所依違尤不喜浮蕩子有友人食洋菸戒之至垂涕卒後平素相往來者時偶語歎惜曰今安再得如王會廷者而友之嗚呼兄之立身本末亦可概見矣先謙當兄沒時甫十二齡言貌性情至今歷歷若繪顧墓碑闕如自以譾陋不足表彰先兄潛德又懼事久而易墜也爰狀其實以待當世能文者而求之兄諱先和字會廷道光九年己丑五月二日生卒以咸豐三年六月二十九日年二十五妻吳氏女佩祖吾姊女也嫂撫如其女遂女焉卒後以先謙官　貤贈奉直大夫翰林院編修加四級同懷弟先謙謹狀

先仲兄敬吾府君行狀

嗚呼吾伯兄卒之四年而仲兄相繼逝家難之劇未有若此者也念兄生平之

志行不可湮而弗彰則亟思為狀以求當世賢人之文章埀諸不朽屢執筆泫然復輟歲辛未先謙將奉太夫人北上擇吉徧謁辭祖先之墓最後至仲兄墓門自卒後墓再修至是而華表石闌已為牛礪其角而奔壞斷折矣欷歔泣下久之歸以告從弟先運曰是宜培願以煩弟且予欲表兄墓久矣京師文章藪求而歸將幷屬弟樹之及來京人事間阻復不果為狀而先運累以書來促乃卒成之兄諱先惠字敬吾先贈君次子也方吾母娠兄家貧甚冬月常著夏布中衣故兄生而荏弱四齡不能步稍長口吃性内慧覯書若不求甚解而默識功最多贈君命從先伯兄讀一日讀不即熟贈君亂撻之伯兄跪抱之泣贈君怒並撻伯兄噎曰護而弟撻他日當奈何伯兄曰限兒五年授弟讀不以成立者請受撻如今日既乃試為論事之文古近體試律詩各成章以呈贈君贈君撫其頂喜極淚墮曰幾失吾子自贈君督諸兒急不聽出遊妄交雖伯兄往來者必從里鄰密詢其文行不可則伺其來自出謝之曰毋溷我兒以故先謙等年十四五不識街巷東西非年節不得過親戚家至是始命兄從伯兄間出遊息曰兩兒謹愿吾無慮也伯兄卒之明年兄以府試冠首補縣學生又明年廪

於庠每試前列名譟甚又二年先謙補縣學生稍得從兄後出謁親戚長老者皆歎曰此兩兒王氏積累報也不知費載之幾斗心血矣載之贈君字也自粵匪蹦東南楚南當賊衝屢警辛亥後再停鄉試丁巳補行時與吾家往還者皆以得解賀兄自學政張海門知長沙府倉劭坪兩先生至學師以次厚相期許敦勉兄亦重自負將入闈疾作奮衣行畢三試出不十日卒矣榜放薦未售房考官彭公極意惋惜伻來召願得一見師友戚里多慟哭城中人聞者識不識皆謂長沙失一好秀才矣悲乎傷哉兄生而敦厚不妄言笑對人若處子事父母曲盡怡柔伯兄卒哀不自已而問視必強歡笑課兩弟竭盡心力及先謙入學兄喜甚攜季弟禮吾手告先謙曰吾兩人幸稍自立弟又英敏他日必有成吾見近世偷薄子兄若弟有數百貫錢輒生睚眦議分析是誠何心願與兩弟約得白頭共大被不恨矣痛伯兄早即世耳因相對嗚咽時先恭尚幼及長以兄言告禮吾聞之未嘗不仰而慕俛而泣也試之四日再入闈疾漸亟先謙力阻之泣曰吾豈以一第為重輕哉顧天下大亂今歲鄉試幾不行更三年知復何似吾輩有老親勢不能投筆取功名家門已不振親意責望厚不從此中乞

生活行且窮餓死瘳而獲雋矣也不幸而身殉文亦天也天其佑我遂入回憶先謙至試院兄坐明遠樓下相待先謙負囊襆被送兄歸號舍臥守其傍煎藥熟呼兄起面慘淡無人色張目視先謙淚涔涔墮藥盌中已復臥再煎再起飲闈扃門先謙乃悽然歸己舍門啟趨兄所扶以出情事歷歷在目前而十六年矣能不悲哉能不悲哉兄生以道光十七年丁酉十二月二十七日卒以咸豐七年八月二十四日年二十一葬長沙南門外師古坡以弟先謙官　貤贈奉直大夫翰林院編修加四級妻楊氏同治十一年壬申十月初十日同懷弟先謙謹狀

季弟禮吾行狀

自余喪季弟而余母年六十有四矣又憂傷多疾不得已迎養以北浮長江泝運河自濟甯登陸至德州舟達通州而入都余家老者幼者疾者親戚貧者皆率以行歷程五千為日二百四十寒暑異時水土異宜風濤盜賊車馬況瘁飲食衣服不時不適余母幾病而後安者數焉至都米鹽瑣屑之務平日未嘗過問者舉集於余無一人助境日窮身日困而余自是不可一息離母他適凡以

余弟之喪之故弟所繫於吾家道者重矣哉弟功名既未有顯於時性行學術人罕知余故不自已於悲而狀其實焉弟諱先恭字禮吾生數齡伯仲兄相繼卒贈君於是心意灰絶命先謙教弟而愛憐特甚有不稱意撫之而悲謂先謙曰第婉導之是佳兒當率教不見汝兩兄學成死耶成祖宗澤也不成天也我腸寸斷矣又數年贈君卒易簀時詔先謙曰好撫弟毋辱先人已而家益貧余投筆走江湖弟就外傅嗣是數歸數出遊而弟之學業僅歸時一課之已日月異未嘗待余督責也又久之歸見所學為論事之文皆有章法古近體詩差不俗問之悉無師承余間摘其疵辭不待畢而已達也丙寅歲余假歸則弟已縣府試前列補縣學生其師友皆稱為好學及余己巳歸弟詩文日益進間為小詞輒工讀書批卻導窾領悟殊捷箸述積盈尺矣以余初度日釃酒烹豬羊聚家人飲極歡弟起奉觴為母壽而顧余曰昔司馬子長歷覽名山大川為文卓犖有奇氣蘇潁濱患其文不昌見泰岱黃河歐陽公以自壯弟生二十一年矣生平豪宕自喜跼蹐鄉曲間環視罕當意者懼吾自此志趣卑陋而文益窮也將從兄泝瀟湘登衡岳南踰五嶺浮海而北遊京師文章之林周覽天下形勢

阨塞泛乎洞庭而歸吾廬既以請於吾母兄其許我乎余笑曰諾遂偕至郴入樂昌界將下瀧夜翦燭讀昌黎瀧吏詩家人以吾母憂思故走書命歸余遂送弟返而獨行迨還自雲南弟已嬰疾數月百藥而竟不愈矣弟性剛氣盛好面折人見作偽者疾若仇持家整肅閨僕婢聚語嬉笑必痛斥盛怒不可解時母至則垂手侍片言即釋見人急難赴之如己事施濟無慳適年立功過格行之不倦既不求合於俗亦不為俗所與余每歸形影相逐愛聞説山水奇險可喜愕處以為快既出門為詩益多好句歸自樂昌送余行哭失聲病革出殘稿付余曰吾家自六世祖以下六代九人所著述積一匱弟懼殘佚手鈔且半今併弟十矣悉以累兄幸為弟條理足成之死不朽嗚呼慟哉以弟之剛直不回穎悟好學所至胡可量余歸三閱月弟始病甚以死初歸時弟病猶未必不可為而坐視其展轉顛倒於庸醫之手而莫知所捄是余所重負罪於先贈君而流慟而自檛者也弟殁逾一歲而余困窮孤陋已如是則異日哭弟以自哭者終古未有窮期也弟卒於同治十年三月二十九日年二十三祔葬瀏陽門外趙家山由附貢生以貲入為同知候選改分發補用知府生三歲為二伯父直清

公後名後父母皆前卒妻張氏淑人後弟沒五十餘日以身殉女一肇祖同治
十一年壬申十月同懷兄先謙謹狀

長沙　王先謙　益吾

誥封榮祿大夫三品頂戴四品京堂郭公神道碑

公諱崑燾元名先梓字仲毅意城其自號也晚更號樗叟湘陰郭氏曾祖熊貢生祖世遵廩膳生本生祖詮世優增生考家彪議敘八品三世皆贈光祿大夫妣皆一品太夫人公兄弟三人長前兵部左侍郎嵩燾次公次貴州候補道崙燾皆負時名公及侍郎尤早達以文章器識並重海內侍郎以名進士入翰林供奉　內廷而公方盛年會試再黜輒絕意科舉侍郎游歷封疆為　天子大臣持節數萬里外而公優游莫府畢辭薦剡足不出里門心一不以顯仕為樂侍郎慷慨喜論事剖析當否必窮物情而公終日恂恂不見涯際至於天性篤厚接人以誠操筆落紙累數千言弗窮肆應推揚賢善如不及規畫當世之務發微洞遠若蓍蔡之於卜筮罔不同也公年十二有神童之目與侍郎同補弟子員覆試投卷學使見公幼謂曰得非汝兄所為邪公請試他題就案起草立成學使歎奇之年二十以優增生中式道光甲辰　恩科舉人入都與侍郎同主

曾文正公國藩學益進咸豐二年壬子粵寇圍長沙巡撫張公亮基梯城入守延今大學士恪靖侯左公宗棠暨公入莫府逮總督湖廣復延公及左公往張公左遷則皆辭歸又皆為巡撫駱文忠公秉章禮聘贊戎政榷商稅兵食大充左公奉　命督師公實始終總理駱公入川毛公鴻賓惲公世臨繼之倚公以辦是時湖南兵出四援南兩粵西蜀滇黔東豫章浙閩而曾公東征召募飛輓無虛日一根本湖南時其緩急應機立濟輯和將率屏扞疆圉沛然蓬然退若無事雖大吏婁易任專於公數千里外血脈貫輸事會靡滯故公晏處閭里其勛澤常在天下粵寇平公辭莫府劉公崐撫湖南以援黔勦苗復延公贊畫黔苗平遂辭不出維　聖清用法制齊壹宇內鄉里搢紳以安靜守己自繩無敢與公事取謗戾及東南大亂湖湘豪俊挺奮忠義節鉞背望矛戟芻粟於是焉取資非邪之大賢不足信疆吏莞事樞聯洽衆志故公與左公乘時戡亂樹聲桑梓闢二百年未有之局亦遭其勢而然也然當時左公中飛語為總督齮齕幾蹈不測禍而公和平遜順不有成勞雍容進退以義自飭故當其任無危機竟其事無遺議可謂善自處矣光緒元年乙亥公子慶蕃官浙江迎公就養大

江南北暨浙東西名山勝蹟遊覽都徧益雄於詩踰數年歸以光緒八年壬午十月二十九日卒享年六十始公迭卻大吏奏薦強而後受由國子監助教晉內閣中書四品京堂加三品頂戴　特旨賞花翎著有雲卧山莊詩集二十卷文集二卷尺牘八卷夫人同邑盛氏子三慶藩優廩貢生二品頂戴浙江補用道慶蓉候選同知出後從父慶護縣學生五品頂戴兩淮候補鹽經歷女六三適士族其二殤一待字孫男七孫女四某年月日葬某原慶藩泣請文其墓道之碑迺為銘曰

皇宇熾豐巨奸煽粵孰扼其吭以翦狂孼地靈孕鍾騰衡踔湘衆力合治遂銷寇鋒崴崴羣帥奮張威略居中權衡時維左郭二妙入幕如壎叶篪左總師干繫公獨治千里赴機一以坐照軍書紛拏大府吟嘯區寓再奠澹遺世榮衆取不取高名無名羣賢交推　九重襃美不朽有三何必貴仕孰固吾圉歷久或忘我銘公勳以詔吾鄉

提督銜陝西延綏鎮總兵官楊剛介公神道碑

公姓楊氏諱昌泗字廉泉湖南乾州廳人曾祖正舉祖通能父光重皆不仕以

公贈如其官光重讀書有至性鄉里稱善人乾隆五十九年大學士福康安奏
命督辦苗疆軍務光重在幕中時獲苗人數十將戮之大學士問光重識否
光重不忍對曰皆識之苗得不死夫人姚氏有子二人長昌凱甘肅貴德營遊
擊署碾伯營副將從征廣東有功　賞花翎次即公也年十三苗賊劫公里公
祖母黃太夫人挈公走遇賊賊戕太夫人公悲憤躍起奪賊刀追刃之長老驚
為神勇以武學生入乾州協右營游補千總道光十二年永州猺叛奉檄往捕
毀洋泉賊巢擒趙金隴弟滿子擢鎮筸鎮標前營守備平廣東連州入排猺
賞花翎　賜驍勇巴圖魯號擢沅州都司調寶慶協中軍都司十六年擒武岡
州賊羅在清等擢永州鎮中營遊擊二十年擢貴州朗洞營參將雲貴總督用
廉明公正足膺重寄奏薦遷直隸大沽協副將甘肅西甯鎮廣東高州鎮總兵
官咸豐元年平欽州土賊下部優敘以營勇滋事失察奪職三年粵寇大煽
特詔赴山東辦理防勦至湖北總督等奏留領兵平黃州游匪破田家鎮賊四
年以違總督節制復被劾發軍臺公辟武昌連擊走漢鎮賊船毀礮窩壘免發
遣武昌陷公從巡撫青麐入湖南荊州將軍官文奏率所部擊賊監利螺山大

破之火漢陽賊船剗蝦蟆磯鸚鵡洲壘毀大別山下木柵數十生擒偽將總制等薄漢陽城先登克之明日克漢鎮復原官駐蘄州疏防竄賊摘頂戴復廣濟黃梅　賞還授陝西延西鎮總兵官五年武漢復陷公扼賊沔陽破之淅河仙桃鎮從官文再復漢陽功最加提督銜七年之任河南撫賊熾八年　詔公督軍馳勦公聞　命即行抵開封疾亟十一月二十四日卒於軍年七十有六遺疏　聞照提督例　賜卹　賞銀二百兩治喪廕一子六品頂戴送部引　見錄用　予謚剛介公自少迄老積勞兵間將無懦卒當靡强寇應機立辦退若無事所至有聲績尤久於湖北同時領將多拔自義勇由驟升公以行伍老成頡頏其間臨事不後論功不先議論局量越儕輩咸斂手傾服無忌嫉者意氣奮發忘其老至不以榮辱易心夷險異節故雖累獲嚴譴而　眷倚不衰咸豐九年三月葬廳城南獅子山妻田氏夫人廳學生宏受女後公卒於同治六年六月初十日年八十有五别葬城南某山子男三人勝棠武學生衡州協把總勝業乾州協把總並從征廣東　賞藍翎勝棠從公戰湖北沒於軍勝業戰廣西以傷没勝傑五品軍功把總女三人適某某某孫男二人秀巘二品廕生運

同銜湖北候補同知秀實以蔭　賞主事官工部營繕司來以銘請銘曰武水環帶天門隆崇地氣鬱雄生我楊公楊公峩峩家服健勁關機銜刀以磔梟獍忠義激發鬚髯奮張孰謂公老萬夫失強屹矣鄂疆喋血周歷滔滔江漢詠公之績致身成志瘁於道馳　帝獎賢勞三軍泣思池蓬之岩毘羅之阪我銘公幽維以示遠

惠州范公祠碑

光緒十一年番禺梁君鼎芬以言事謫歸惠人延長其郡書院君至惠即修蘇公軾祠復將為祠祀汝南范公孟博惠人既尊信君而服其教謀議大和歡躍趨赴維月若日工用咸訖以告先謙紀其事方漢之末造羣小當路亂階已成公起自薦辟事不越三府獨立廉尚以正薄俗阨於時艱海内寃痛其沒而為明神歆享祀宜也梁君以為蘇公幼讀公傳以他日許為公與否請於其母由是奮厲有當世志蘇公忠節出性成而遷染之塗惟公相啟迪推原本始奉祠於公俾惠人登二公之堂瞻拜流連考鏡前美慨然動其誦讀尚友之心可謂以教也已黄山谷之謫宜州也有求書者默寫公傳與之或驚其彊記山谷曰

如此傳豈可不熟讀蓋公之志行能使後世學者羣奉為師彌久如一日而人臣砥厲名節不得於時者亦或託公以見志推梁君為祠之意豈與山谷異邪或曰公未至惠何祠之為先謙曰古之為神者靈昭一方有功德於民則祀之非鬼而祭斯謂之諂德義者天下之公器也不以域限不以迹拘其於人心無時無地而不在也賢聖之徒躬踐至道不隨死而亡故天下後世相與敬慕勿替惠人之思公也至則其神於是焉享矣蘇公為潮州韓文公廟碑言公神在天下如水在地中無往不有辟鑿井得泉水不專在是也夫以韓公至潮而神不專在潮知公不在惠而神未嘗不至惠也歐陽文忠未至杭州僧惠勤思之所居有甘泉涌出遂名曰六一泉六一居士者文忠自號也惠勤以謂居士精神無所不至故雖不至杭而可以其號名泉其說與鑿井得泉之喻相發而於惠人祠公之義有懸合者然則謂公之神為天下甘泉可也鑿而名之自梁君始矣迺為詩曰

挺挺義人遘時泯棼勤職樹績自墦以芬弗枉我道弗汙我潔弗有我躬用壯臣節奮乎百世聞風競興不愧首陽公言有徵惟我惠人高山斯仰惟此廟貌

祠自院長院長之教勇以成仁惠人之率承楷於神是瞻是則出處勿忘育為名材以贊　廟堂神其有愉毋怠報祀聲詩於石下詔無止

太子太保陝甘總督世襲一等輕車都尉楊勇慤公神道碑

公諱岳斌元名載福字厚菴善化楊氏元籍乾州曾祖昌文祖勝儒乾隆末以團練從剿苗賊有功殉難永綏王瓜寨長子秀恩從死祀乾州昭忠祠次子秀貴用蔭補官仕至直隸獨石口副將公之父也三世皆以公貴贈光祿大夫曾祖母龍祖母向母向皆一品太夫人公少習弓馬精技擊由行伍於道光二十六年補湘陰外委從平新甯亂民李沅發敘藍翎咸豐二年粵寇犯湖南趨湘陰長官以出防為名先期避宄所公率營兵登陴捍禦城賴以完曾文正公國藩治水軍衡州聞公能檄至營令與彭剛直公玉麟佐其弟貞幹軍事時公權宜章千總彭諸生也貞幹請於曾公曰是二君者吾觀其部分諸事皆大將才非從人俛仰者也於是曾公益知公果賢令將水軍右營而彭公將左營金陵踞賊上犯陷湘潭公與彭公以水軍八百人會陸軍進攻被數傷戰益奮連勝復湘潭曾公帥水軍會陸軍東下公為前鋒敗賊雷公湖復岳州賊至再破之

手刺殺僞丞相汪得勝追至道林磯又大敗之賊聯艅上犯水軍統將戰没
特命公管帶各船自城陵磯擊賊抵陸磯口盡平賊壘窮搜港汊至黃蓋湖受
傷墜水躍入它舟太呼突陸賊盡披靡肅清内湖以達金口遂克武昌漢陽乘
勝復沿江郡縣賊踞田家鎮半壁山橫鐵鎖江中護以舟筏曾公定策毀鎖公
令曰吾焚其在前之船則後者遠竄若窮追數十里自下游延燒而上賊可殲
也及鎖斷賊舟四散公率所部疾駛三十里至武穴東南風大作公回棹縱火
四千餘舟一時俱燼陸軍亦盡破岸賊捷 聞 上以公勤勩最著 温旨嘉
獎公積勞嘔血請假回籍而曾公水軍挫於九江其半陷入湖口曾公赴江西
整理彭公等留將江上於是水軍有外江内湖之分五年武昌漢陽再失彭公
等回援 上詔公速赴湖北曾公檄彭公赴江西巡撫胡文忠公林翼奏以水
軍付公選汰稱公忠勇廉明志識尤高時公已官至鄱陽鎮總兵換花翎 賞
彪勇巴圖魯名號 上遂命兼署湖北提督公迭破賊金口沌口南岸觜鮎魚
套鸚鵡洲六年燔漢陽賊舟淨盡逆擊黃舟來犯之賊直至九江還破安慶濟
糧援賊再克武昌漢陽會陸軍復武昌黃州獨以水軍復蘄州悉奪九江以上

賊舟七年曾公丁憂　上命公總統水軍而彭公協同調度公與彭公密期同舉克湖口及梅家洲偽城於是江湖水軍復合為一公留軍復彭澤小孤山自率所部疾趨下撕馬當埽華陽鎮剗望江拔東流掠安慶撥銅陵耀兵舊縣之夾口以鹵獲盡犒江南紅單船水軍捷　聞　諭獎其謀略過人授福建陸路提督　命專摺奏事九江平　賞黃馬褂交部優敘調福建水師提督公再克東流進偪安慶公分兵復建德降池州賊渠韋志俊陸軍挫於三河賊勢大張公扼防江介近守遠攻霆擊電駭賊無敢逞設資遣局於東流收撫降賊難民十三萬餘人十年解南陵圍拔出軍民十餘萬人會曾公克安慶　賞雲騎尉世職遣將連復池州銅陵無為諸州縣乞假省親　特詔慰問親病　命速赴營賊渠石達開犯乾州公捐貲練團大修礮械率以城守賊聞風遁同治元年回營　上以大軍進圍金陵　詔赴沿江下游妥籌布置大破蕪湖金柱關援賊盡燬東壩賊舟會陸師復二浦克九洑洲長江肅清與彭公會克金陵附近城隘長圍合兵以親病乞養不允賊渠黃文金等犯江西皖南　命督辦江西皖南軍務授陝甘總督金陵平　賞太子少保銜一等輕車都尉世職時陝甘回

氛熾甚境無完土咸知非大舉不為功而粵撚交訌中原鼎沸調兵請餉迄不能應公肅清江西後提卒五千以行甫抵陝　朝旨敦迫赴蘭州諸軍在甘者相率譁潰省城標兵繼變公往來填撫艱苦萬狀麥石直銀百七十兩諸軍饋餫不至以麩水充飢激厲拊循指揮四出破賊漳縣通渭皋蘭諸屬境復洮州陝回犯秦州赴南路督兵擊敗之運道以通解涼州圍肅清慶陽河狄賊回襲翠昌迎擊破之走古浪平番之賊疏通西路糧道而嘔血日劇瀝情乞休　上鑒其誠　特允解任　累詔詢病狀十三年　命來京光緒元年入都叩謁梓宮請回籍侍養時設長江水師專轄江防提鎮以下皆公舊部　上命公巡閱長江與彭公往來督察尋請開差使留籍終養迭次　賞假五年復請　允之七年丁父憂法越肇釁海防戒嚴　命赴福建辭不許　詔幫辦江南軍務法兵踞臺灣基隆改幫辦福建軍務先是公在軍　特賜珍物者一先後　賜福字佩件食物者十　賜其父母人蓡　御書扁額各一是歲　皇太后萬壽以公奉　詔治軍不遑將母太夫人復拜　御書扁額大段如意袍褂料之賜公衆閭渡臺周歷海口士民歡躍助餉百萬十一年和議成回籍侍養十二

年繪像　紫光閣十三年丁丑憂十六年六月二十七日卒於乾州距其生道光二年十一月初九日春秋六十有九妻乾州羅氏　誥封夫人子三正儀花翎二品頂帶署福建督糧道懋儀江蘇候補道潛儀縣學生花翎道銜候選郎中女一適長沙易宗銘孫男七鎮榮縣丞道瀼道滏道潛員外郎銜道洪道濂道源孫女五曾孫女一公與人恂恂一接以和敬終身不見武怒之色在軍論功退若無與雖病劇未嘗自言勞及臨戰陣踔厲飈發不測若鬼神水軍初興以牛皮魚網縕絮之屬自扞蔽公一掃去之曰賊亦人耳吾奉　天子威靈以忠義為甲櫓理無不勝咸豐五年城陵磯之役以三日平賊巢二百餘里六年九江之役十日之內往返千里七年舊縣之役月餘轉戰亦千餘里論者謂赴機之捷古名將未有也奉　命渡臺法人以巨艦阻海時用西法電報奏事取迅達紓　朝廷憂然動靜輒為敵詗知公密備輪船於泉州海口以請緩師期電奏即於其夜乘民船趣海口徑渡逮奉　旨督責則渡臺已久公嘗言兵機萬變妙用恃一心時會所迫但令於事有濟不必遠求諒　君父其智勇深沈皆此類也遺疏　聞　上軫悼　贈太子太保照總督例　賜卹　予謚勇慤

立功省分建祠事蹟宣付史館立傳　賞滔儀舉人鎮榮知縣道濮及歲引見公自少即能詩軍務旁午不廢翰墨感時撫事輒流篇什有集若干卷尤善書臨摹閣帖書譜皆極神似得者寶之然未嘗以文章自憙其意度宏遠矣十七年三月葬善化河西鄉白箬鋪西五里墩蓮花塘之月形山正儀等涕泣請銘其墓道之碑迺為銘曰

大亂之生以顯奇傑金田蘗牙楚材所鍥舟師剏建拓規曾公銜刀浮江水中兩龍彭竇桓桓公尤嶽嶽卷浪排山如風掃籜鯨鯢就翦江波鏡清挐三千里還之　帝廷度隴越關我勞敢告精誠格天卒完忠孝出摠師旅萬夫之雄歸視羞膳孺慕融融勛亦云崇福亦云備榮養克終大星繼墜子臣冠冕河嶽英靈我最其迹用詔千齡

兵部左侍郎郭公神道碑

公諱嵩燾字伯琛筠仙其自號晚更號玉池老人築室曰養知書屋學者又稱養知先生湘陰郭氏余昔為公弟意誠先生碑銘既詳其世系矣公自幼端慤有成人之度稍長游學嶽麓書院與湘鄉曾文正公國藩劉公蓉相友善切劘

以道義於書靡不通究雖蓬戶獨處其意淵然以天下爲量尤自厲勤苦質直好義必忠必信矢之終身蓋其得於天性與自力於學者如此由縣學生中式道光丁酉舉人丁未成進士改翰林院庶吉士回籍丁父母憂粵寇起犯湖南曾公以侍郎居憂奉　詔辦理團練未出公至其家陳說大義曾公感動起視師時苦費絀公爲親歷郡邑勸捐濟餉並請於巡撫開鹽釐捐局商定章程大局遂振賊圍江西省城公率勇馳援言於江忠烈公忠源賊踞江路勢盛官兵無船宜製戰船備攻勦江公韙之公爲草奏奏　旨允行後曾公用舟師蹈賊金陵由公發其端也江西圍解論功授編修回京供職入直　南書房咸豐九年隨科爾沁親王僧格林沁辦理天津海防　賞花翎　命赴山東海口察辦稅務引疾歸同治元年　特授蘇松糧儲道　擢兩淮鹽運使　賞三品頂戴署廣東巡撫嘉應州賊平晉二品頂戴五年解任十三年　特召赴京光緒元年授福建按察使尋　命以侍郎候補在總理各國事務衙門行走充出使英法大臣補兵部左侍郎差旋抵滬以病免公之官運使也時庫儲垂罄兵餉積懸公具詳總督請各營配鹽由運司掣驗提督李世忠擁重兵行私鹽莫敢何

問公遣人緝獲入官運政大暢饟給庫充粤盜艇多師船與盜比爲商旅害公別造戰艦領以能將破東江石龍盜村遂收汰師船次及西北省河悉斂歸官歲省饟十餘萬裁釐卡以杜中飽增入數十萬別庫儲捐罰款不領於經費者糧道司之兩歲亦積二百餘萬其綜理精密多此類嘗以 國朝二百年來休養生息民物熾豐聲教訖海外環地球諸國羣集戶庭非撻伐所及旣以違言積釁隱忍曲全臣子與 國爲體當深思因應之宜力戒宋明紛呶積習以弭近憂而宏遠謨故其與外人交一持公誠屏氣矜罔不歸於和劑於必應辦難者仍據理直爭無假借西人咸敬服焉自海外歸十三年以光緒十七年辛卯六月十三日卒於家距其生嘉慶二十三年戊寅三月七日年七十四夫人同邑陳氏繼室太倉錢氏妾周氏鳳氏梁氏李氏子三剛基陳出能文早卒焯瑩鳳出縣學生立瑛梁出女五適左周李其二殤孫本含本謀縣學生曾孫道傳道伊公廉介不苟得任運使時書吏白收數倍前相什例可支匣費萬餘金公曰此偶然耳即久任未必能如是行事當令後人循守今多取後援爲例適階之厲也不許出使三年取諸公者唯薪水屋租二事律己厚而待人寬嘗言廉

者君子以自責不宜以責人惠者君子以自盡不宜以望於人時以為名言歸後主講城南書院兼闢思賢講舍曾公祠東祀船山王子與學者肄習其中啟迪後進如不及尤以扶植善類獎拔孤寒為己任歿後多流涕者生平撰箸大半散佚存者禮記質疑四十九卷大學質疑一卷中庸質疑二卷訂正朱子家禮六卷養知書屋文集二十八卷詩集十五卷奏疏十二卷讀書記若干卷湘陰縣圖志三十四卷會合聯吟集一卷家譜六卷已刻行其未刊者周易釋例四卷毛詩餘義二卷綏邊徵實二十四卷官書若干卷尺牘若干卷公自卜兆縣東七十里飄峯山首巳趾亥葬以歿年九月九日焯瑩等涕泣請銘其墓道之碑迺為銘曰

謂公弗顯聯翩節麾志業宏多欲如未施衆榮我蔑趣與世睽思以先覺覺彼後知利在 國家豈圖其私蠻貊可行州里或疑匪誠未至人心積巇 召歸輟駕遘疾江湄 天日掩照時命孔哀心不負 君魂清魄夷孰闡天馬徒戀歔帷幰爾風節百世之師文章滿家鸞鳳其儀謗與身滅積久彌輝玫三不朽視此穹碑

江蘇巡撫黎文肅公神道碑

公諱培敬字開周簡堂其自號晚更號竹閒道人湘潭黎氏曾祖祚廣祖大純縣學生父光濤以公貴三世皆贈榮祿大夫妣皆一品夫人公生七月而孤太夫人以純孝苦節鞠育成立由縣學生中式道光乙酉舉人充覺羅官學教習咸豐庚申　恩科成進士改翰林院庶吉士散館授編修同治三年甲子視學貴州時黔亂十餘年郡邑糜爛前視學者居省會希出按試候三年得代去為幸　命下人皆弔公慷慨就道閒行抵省適勞文毅公崇光以雲貴總督駐黔與巡撫張公亮基議論不相下公以疆吏不和貽誤大局吏治廢弛軍政積窳密疏馳聞當是時言黔事者多依違不敢盡奏入　朝廷始悉邊陲情實以忠直多公公初至貴陽時疫道殣賊距省近官吏語及試事變色莫應公以為人心不靖繇士氣不伸考試必毋緩卒舉行之一切捐備畢試衆心帖然自是按行諸府州出入賊氛中道閉則緣粵楚蜀邊以達人多自賊中髫髮出就試公策騎從吏僕數人與士子開說忠義宣　朝廷威德風亂黨捐奉助饟倡修獨山銅仁城而黎平永從漢苗民不和守令請毋冒險重生事公弗聽嚴諭漢人

毋涸苗籍入灑洞大酋梁維幹子武學生古州楊嘉相者軍帥招以二品職銜不應至是入學充拔貢生苗人大驩六洞之亂遂定於是人慓然知 國家德化入人深學校繫治理甚鉅然非公忠勇奮發明識内斷孰肯犯危難以赴衆論之所不急益相與頌美公或封章上 聞而公之大用自此始矣任滿奉旨毋庸更換會同巡撫辦理勦撫屯田事宜六年十月 賞四品頂戴署布政使而曾文誠公璧光以清德雅望權任巡撫兵饟事一委公公建議龍里貴定為賊窟偪省城宜急勦時經費無出遣人開諭青巖民集捐米二千石籌貸獲數千金募勇督攻遂克兩城殲賊渠省城解嚴繇是覈軍需汰浮冗裁營兵虚糧清荒屯墾奏免積逋嚴吏役橫征之罰民困以甦丁糧漸集又葺諸書院復膏火舊章請補鄉試興文廟樂舞以邊隅貧僻為廣購經籍逮牧令律例醫藥之書罔不畢備各城門為粥振饑每晨必周歷而嘗焉蓋公仁厚出於天性而精彊足以濟之其於財用綜察不遺至當理者未嘗吝出始受事庫存八十金及交代儲十萬有奇雖上下游賊平倚濟鄰省而挈提綱維聯絡將率鉏奸固圉僉曰惟公之功以龍貴之捷 命實授誅不法武員林自清 賞花翎十一

年全省肅清加頭品頂戴光緒元年擢巡撫疏言下游形勢苗南漢北驛道由西而東為大界苗亂先梗驛路旁擾橫決遂為巨害宜建碉屯兵衛通衢盡地利又言黔省兵米採買輓運法久弊生私折虛收冒領運費或蝕價肥己責苗交納寖成亂階宜折銀發營兵自購食其輓運一律折徵解庫轉發又請設平民待質所官給口糧並得 旨允行為地方久遠利四年以臚陳故總督賀長齡政績乞 恩降調授四川按察使旋擢漕運總督調江蘇巡撫未行以疾乞休八年七月五日卒於長沙距其生道光六年七月十日年五十七遺疏入賜卹如例事蹟付史館尋 予諡文肅公之在官蜀中也人妄意或有觖望精勤且少遜而公於驛傳保甲事為之制恤刑清訟惟日不足及督漕河益感激自厲至則堵禮壩以固河隄運官煤以平華價建堡駐兵以衛行旅設洪湖水陸保甲造東海鹽城領江八團戰船捕誅徐海巨盜充積穀興蠶桑恤貧振災增課惠士不有其財以溉轄境甫八閱月百廢聿興雖任事不如黔久然兩地士民謳思感泣並請建祠以祀元配楚夫人繼室王夫人子六錦纓廕生光祿寺署正楚出錦彝縣學生承禮舉人錦績早卒錦綺錦徽俱王出女七適齋適

何字魏字譚餘殤孫男四澤潤縣學生澤澍澤源澤淮俱殤公任黔藩時屏絕苞苴每曰亂之生由廉恥先喪也有饋筍者怒責之舉以誡屬吏由是人莫干以私嘗遣僕歸葺舊居諭毋更制暨歸見門閭高大立命徹毀如故其操履清嚴如此卒後錦彝等裒其遺書為年譜一卷奏議十六卷公牘十卷書札三十卷黔輶紀程一卷求補拙齋詩文略各二卷外集四卷以光緒某年月日葬湘潭某原錦彝等來乞余文迺最其落落大者俾樹石墓道昭示無極銘曰

大亂之肇繇吏怯貪懿矣貞臣視荼若甘公之初出軺車指南萬衆疑沮鎮以笑談敷文自昔格苗匪今青青衿佩我往嗣音聲教遐暢羣頑革心遂宏大化以靖全黔辱亦不驚仕固無喜于川于淮比潤千里浩然剛大隨處必伸世所榮利不加其身名蹟孔多馨香靡極有揭于原百僚之式

陝西忠義墓碑代

劇寇煽粵踰領突湘浮江而南流毒徧海寓獨湖南以中權屹立既完既固俾賊首尾衡決不得返顧窟穴卒用一隅全力厲兵集賦扼亢而踣之論者歸美中興材桀之盛及當日城守捍衛之堅至於率先犯難駢首蹈刃擲千百性

命於須臾之間而關繫天下安危全局之大者世或未之知也方賊由醴陵犯長沙剽銳甚陝安鎮總兵福誠公潼關副將尹公培立奉大府檄各帥陝兵千屯距南門外十里之石馬鋪會城晏然諜者馳報陝兵與賊鬬始急火城外廬舍塞闉發陴日夕賊至迺得福公等全軍戰没狀賊之至石馬鋪也官軍壘未就倉卒出擊賊少退俄列隊十餘來攻福公尹公分軍禦之戰三時許死傷枕藉無卻者賊黨自後鈔擊軍遂潰福公尹公馳殺數十賊死之從者甯陝營參將薩保以次將弁四十五人兵七百一人咸豐二年七月二十七日也當是時微陝軍力戰扞賊長沙幾殆長沙不保賊由粵直下數千里道無梗者勢愈不可制而兵餉之源潰散決裂雖有石畫之臣廉恥之將其焉所取資故陝軍死事之績歷久彌章其事感動人心尤至云余服官湘中憑弔戰所見忠骨叢葬崇封巋然而碑記闕如懼遂泯沒爰最舉顛委敘而論之以揚義烈諗來者迺為銘曰

小戎舊俗慷慨猶存勇氣自古　皇風載振巨奸漏罔烏集於楚桓桓虎臣爰帥我旅執殳前驅壓軍遠陳千夫一心有死無避天未弭亂士元以喪風悲同

澤騷泣國殤戍人之哭邑人之祀峩峩斯邱見者欽風表以貞石萬禩不磨雄魂毅魄永奠山河

河南忠義墓碑代

咸豐二年七月粵寇犯長沙分黨取湘西禾屯援賊牛頭洲上河北鎮總兵王代琳與都司姬聖脈帥河南營兵從提督向榮擊之中賊伏潰聖脈死焉榮代琳跳而免先是河北鎮總兵董光甲以河南兵勦賊粵西之大峝光甲戰歿部曲多喪軍士慟憤故是役爭先致命將弁死者三十一人兵四百五十餘人時九月十九日也越四十二年余陳臬是邦憑弔鄉人死事之所見荒冢纍纍慮就湮滅重加修護為文以章之牛頭洲古稱橘洲者也銘曰

咨爾汴人我邦禁從征于南氣勇決奮揚 皇靈掃逋孽于粵于楚鋒再折湘洲叢叢慘同穴精魂激盪水鳴咽父悲母咷兒叫絕靡家靡室甘伏節壯我鄉國士有竭孔哀且嘉表茲碣更千億齡江不涸

誥授光祿大夫經筵講官工部尚書兼管順天府府尹事務祁文恪公神道碑

公姓祁氏諱世長字子禾敏齋其自號先世系出春秋祁大夫之裔元季自山西洪洞徙壽陽壽陽古馬首祁氏七邑之一也曾祖文汪優貢生長治教諭祖韻士乾隆戊戌進士翰林院編修歷右中允改戶部郎中父寯藻嘉慶甲戌進士官大學士道光咸豐朝軍機大臣同治初授　穆宗讀卒　贈太保謚文端入祀賢良祠三世皆光祿大夫妣皆一品夫人文端公督學湖南而公母陳太夫人誕公長沙官舍幼耆深湛之思每講解古訓大義豁然立悟年十三隨侍江蘇學署文端公用樸學倡導後進一時幕府若俞理初苗先路張石州胡光伯諸先生訓詁攷據輿圖之學競號專家公一見能領其要闇然內修不以通敏先人被服儒素造次必於繩墨冥心孤詣所得於宋儒性理獨多石州贈詩云垂老媿黄童蓋其為耆碩推重已如此咸豐辛亥由廕生授戶部員外郎特旨召見垂詢家世迴避改工部旋中式舉人庚申成進士改庶吉士授編修丁文端公憂　特旨以侍讀候補服闋補翰林院侍讀四遷至禮部侍郎先後署兵刑部調吏部筦戶部三庫事擢左都御史工部尚書兼順天府尹公之為曹郎也文端公方直樞密公涖事維謹處同列無倨色無墮言文端公以疾乞

休不關家事值寇亂久計捐奉入助軍饟公力贊成之然家實無餘怡顏戶庭
處困彌歡文端被　詔再起授書　殿廷公供職詞垣出則左右趨承入則隅
侍論學清風滿室充然各有自得之容人以為東漢桓氏父子醞藉敦厚之美
莫能尚也既以清望躋顯秩見時事孔棘感激益奮光緒初　簾聽孜孜使臣
肇釁俄恣要挾公則有守經行權或合於權宜離經行權必畀於權詐之疏諒
山罷戰與法連和公則有急攬人才維繫民心以禦外侮靖内訌之疏籌饟之
弊莫甚於借洋款有展轉剝削恐傷元氣之疏富强之計不在專習夷務有請
停開鐵路之疏礦廠寖多流弊滋甚有養地利清弊原之疏往往朝入造膝夕
歸削牘根本獨見務達其誠不肯逞詭激以沽名騖新奇以諧衆凡所開陳多
見　采納充　經筵講官　賜紫禁城騎馬先後　命會辦山西團練察辦山
東事件凡督學安徽順天浙江主湖南鄉試一會試二武會試鄉試各一　殿
廷試輒與閱卷蓋　上信公忠正廉慎倚任日隆公亦行無越思職靡曠事尤
工文章精衡鑑崇雅黜浮杜絕私謁凡所識拔多名於時以光緒十八年壬辰
八月六日卒距其生道光五年乙酉六月二十九日年六十八遺疏　聞　上

軫悼 賞經被侍衛奠醊 賜卹如例 賞銀五百兩治喪長孫師曾即補員外郎子友蒙及歲 引見壽 賜祭葬謚文恪配同邑李氏封一品夫人先卒側室張氏宜人子三友慎李出二品廕生 欽賜舉人內閣中書先卒友蒙友鼎張出二女皆先卒孫二師曾一品廕生師儉曾孫一某遺集凡奏疏若干卷文若干卷詩若干卷公天性純篤先人忌日祭祀豐潔致敬盡哀有終身之慕而自奉不四簋一裘十餘年當官絕苞苴有餽必拒親族故舊恩誼周浹對家人若賓客詞氣無遽疾暑不袒坐不敧門生屬吏虛懷傾接務盡其懽雖竟日端凝而即之藹如可謂卓然有道君子矣先謙蒙被公知以道義文章重相期勉歲乙酉奉視學江蘇之 命公出家藏文端公寄園消夏圖指示幼時隨侍及諸老談讌之所且曰園今燬矣圖中事依依垂五十年顧念前徽猶潸然欲泣也先謙到官捐奉葺園為文寄公迨任滿假歸而公遂不可再見悲夫師曾等郵書走狀屬文其墓道之碑先謙曷敢辭迺為銘曰

道本一原歧分漢宋理責躬行文資貫綜咀華落實同體互用仇嫉憤攻俗儒一閧繄公家學鄭伯朱仲純厚稟天夙成驚衆平持衡石一掃雰雺蔚起詞林

挺為 國棟秋軺四駕春士再貢虛公厥心學子流頌公之進思從容議諷籌
策時乇息長哭慟公之退食規矩曲中道味在躬水止山重表裏融明質文斲
聾如何一老遽踐夜夢懷有遺章室無留俸 深宮嗟惜萬口悼痛小子承顏
如烏慕鳳步趨在目琴瑟罷弄仰歎周朒俯慚衛贛鐫詞章德百代欽誦

誥授光祿大夫貴州布政使李公神道碑

公姓李氏諱元度字次青一字笏庭自號天岳山樵晚更號超園老人其先出
唐太宗三子吳王恪後遷江西建昌石晉天福中再遷湖南平江為縣人曾祖
自芳縣學生祖家庚從九品父傳祁府學生母喻氏 旌表節孝以公貴三世
皆 贈光祿大夫妣皆一品太夫人公生有異稟四歲而父歿稍長讀書過目
成誦年十八為諸生食廩餼中式道光癸卯舉人會試報罷遊奉天學政幕
陪都尊藏 列朝實錄公得以仰闚美富通知一代政事本末又隨使車徧覽
關東形勢浩然有得益肆力掌故地理之書旁稽百家載籍才識宏裕 大挑
選授黔陽教諭咸豐二年粵寇破武昌而東曾文正公國藩奉 詔在籍團練
公上書數千言隱其名曾公蹝之既相見詢知公所為大驩曰吾固知非子莫

辦引與規畫軍事岳州師潰曾公敗於靖港部軍捷於湘潭賊返竄　詔落曾公職戴罪督剿故事革員例不專奏公代草疏請出湖南境後仍專奏以速戎機曾公疑焉公力持之得　俞旨奏保知縣加內閣中書銜復武昌克田家鎮加同知銜　賞花翎水師敗於九江曾公入南昌公相從艱危中多所裨助曾公自出師迫不利輒奮即死皆以公防捄免五年公自請於曾公募平江勇為一軍破賊蘇官渡會水師克湖口賊酋石達開據撫州瑞臨袁吉諸郡皆為賊有六年公克東鄉攻撫州累戰皆捷分軍西循復宜黃崇仁值皖賊來援戰不利退保崇仁七年曾公檄公守貴溪兼控閩浙要隘大捷於鷹潭加知府銜敗石達開衆鉅萬擢知府以道員　記名八年石達開竄衢州道出貴溪擊走之分兵解衢圍移防玉山及廣豐常山閩賊犯廣豐襲玉山公廣設方略賊窮竄伏兵邀之大獲江西巡撫疏稱以三千饑疲之卒當悍賊數萬自有戰事未之前聞為時推重如此先是曾公憂歸為書勞公曰君當靖港敗後宛轉護持入則懽愉相對出則雪涕嗚憤一不忘也九江敗後特立一軍志在護衛水師保全根本二不忘也樟鎮敗後我部別無陸軍賴君支持東路隱然巨鎮力拄絕

續之交以待楚援三不忘也至是再起視師遂上公功加按察使銜 賞巴圖
固樗巴圖魯號胡文忠公林翼疏舉賢才公與沈文肅公葆楨左文襄公宗棠
首列焉十年金陵師潰曾公為欽差大臣總督兩江檄公守廣信衢州援浙江
溫處道曾公奏調皖南道改防徽州公率新卒三千以行八月抵徽先數日甯
國陷賊酋李侍賢衆十數萬來犯舊防兵潰環索餉甯防兵踵至大掠公善遣
之賊犯績溪叢山關部將童梅華等往禦賊入關梅華擊走之遇伏歿關遂失
賊薄徽城周十八里傾圮甚公督修三晝夜完三之二而賊至曾公所遣援兵
潰公收兵登陴賊環攻五日北門不守公馳往督戰墮馬暈絕為親卒負出城
遂陷事聞 上意雖欲罪之然有李元度謀勇兼優人才難得之旨 命曾公
察奏曾公疏請褫職逮治而浙撫王壯愍公有齡請公募勇赴援十一年 命
曾公飭赴浙應得罪名仍察辦公歸里募八千人為安越軍會賊酋李秀成連
陷湖北江南郡縣湖南大震潰官民固請留守平江六月公自湖北轉戰而前
賊望風遁連復通城崇陽蒲圻義甯新昌奉新瑞昌諸城 詔賞還按察使銜
再 賞布政使銜前罪應否寬宥 命曾公覈奏九月次衢州浙餉不至稱貸

以行敗賊雲溪峽口葉村等處道梗迄不得前十一月杭州陷同治元年李侍
賢犯江山公力戰挫其鋒復分軍與左公會擊大破之授浙江鹽運使晉按察
使署布政使而曾公以公罪未定遽回籍疏劾褫職留營　命交左公差遣公
遂歸壽言官論劾復　命曾公左公察實具奏時金陵已克曾公奏公守徽之
役到不十日巨賊猝至兵力未厚前奏逮問本從嚴今大功垂成請量錄用左
公奏杭州失陷非公逗留所致惟落職後求去索餉不顧大局　詔遣戍仍留
養母貴州教匪嘯聚思南石阡與苗賊應和蔓延楚蜀五年巡撫張公亮基奏
起公專辦教匪公募平勇二千督各軍由銅仁進攻克大小埡八寶關大園子
馬鞍營席家山諸堅巢大捷於孟溪解銅仁圍教匪居河西者曰城頭界曰老
團曰環凸曰秦家寨曰大堡曰景陽洞曰牛渡灘曰凸科居河東者曰荊竹園
在安化縣北其酋朱明月踞湄川縣之偏刀水公剏設水師斷東西互援進規
河西六年克城頭界老團環凸諸巢東會席公寶田軍攻荊竹園三道水七年
正月克之分兵克秦家寨走教首劉儀順擒朱明月於覺林寺五月拔偏刀水
擒僞王何繼述田應武老教主王科等以降人內應克大堡景陽洞而牛渡灘

蚩科乞降兩年之間劉撫九百餘寨廓清五六百里設屯田局招丁三千授田二萬餘畝教匪平屯政亦竣　詔復原官授雲南按察使陳情乞養　允之光緒八年母卒服除十一年入都補貴州按察使十三年遷布政使在黔翦巨惡劾墨吏興蠶桑設礦局前殉賊難者自貴州提督孝順公以次為請建十忠祠而恤其後裔它善政多可紀以九月二十七日卒於官距其生道光元年八月二十五日年六十七湖南巡撫奏附祀曾公祠事蹟宣付國史　詔如所請妻同邑喻氏　封一品夫人妾徐氏吳氏宜人子五積琳花翎三品銜江西候補道積璠同治癸酉拔貢花翎四品銜兵部員外郎先卒積璿縣學生積瓚積瑄女七適黃錫綬彭樹森沈瑩慶曾廣銓郭焯瑩歐陽鈞張壽威孫八厚荃府學生厚蓀候選道厚英厚葵縣學生厚芬厚苹厚江厚藩孫女八曾孫一曾孫女二公性純篤事母逮老如孺子厚於親族塾有課嫠有資姻故鄉鄰多待以舉火平江地界三省設局縣城集械編丁以時訓練寇警迭乘恃以完固立諸善堂及廣仁倉貸不取息剏建平江忠義祠及葺新諸祠祀必親必慎倡捐江西欠餉二十餘萬請增府學生額它軍效之省帑千萬自少以文鳴既老於兵間

聞見聞廣益雄於詞所著有　國朝先正事略六十卷平江縣志五十六卷平江十三君子事略二卷十忠祠紀略二卷南岳志二十六卷天岳山館文鈔六十卷未刊者四書廣義六十四卷　國朝彤史略十卷名賢遺事錄二卷　國朝先正文略二百卷求實用齋叢書若干卷安貧錄四卷古文話六十四卷天岳山館詩集十二卷文續集若干卷四六文二卷以光緒十九年四月葬縣南水南里丑首未趾積琳等泣請文其墓道之碑先謙少公二十年自公貴州軍營歸里始相識一日過先謙書齋見所為明大學士史可法補傳誦之再曰君有班范才幸努力由是以文字相知好意氣許與至今不忘銘曰

公之文章足以潤色廟堂而不操史筆才猷足以參贊密勿而滯於外官武略足以取侯封而蹶於任事之勇忠誠足以信朋友而不免同心之責言固瑕釁之有開亦時命之適然彼古人致歎數奇兮如公者猶可自慰於九原

雲貴總督贈太子太傅岑襄勤公神道碑

公諱毓英字彥卿匡國其自號西林岑氏十八世祖子成明永樂中為分管上林峒長官司居縣之那勞寨曾祖正美祖秀岐父蒼松縣學生以公貴三世皆

贈光祿大夫妣皆一品夫人公幼穎異體貌瑰偉誦讀之暇兼習弧矢劍槊年十七補縣學生值洪楊倡亂土賊擾縣境公集鄉團擊走之雲南回患熾鄰邑狎警公率所部於咸豐六年入滇請大府殺賊自效助克趙州紅巖賊巢自將克宜良之湯池復縣城殲其酋敘知縣權知宜良縣事會克路南州兼權州事破澂江及昆陽海口賊擢同知直隸州權知澂江府事時回酋杜汶秀據迤西其黨連陷楚雄等郡縣偪省城馬如龍者據新興等八城自陳迫仇殺無反意願就撫會總督引疾去巡撫徐之銘遣公諭降之獻所據地賊遁走省城以安同治元年也巡撫奏公代理雲南布政使 賞按察使銜花翎時省會回人雖就撫與漢民猜忌積深居外郡者叛服靡常勢鼎沸中原苦粵寇饟不時至公以忠義激厲其下人自為戰虛己禮士拔尤器使假以便宜俾盡所長咸樂效死所嚮有功省中倚公進止為固如龍既降巡撫疏授總兵官然驕很不用命仇臨安參將梁士美用私憤治兵相攻二年正月回弁馬榮李俊索饟聚譁總督潘忠毅公鐸往諭被害賊據省城奉掌教伯克馬德新為主謀僭號巡撫走匿公率所部千保藩署及城東南隅瀝血誓衆與城存亡獨親至昭靈觀與賊

渠約和請勿擾民馳書如龍責以大義如龍悔釋臨安回援以二月朔夜夾擊賊大破之斬李俊馬德新走新興馬榮走南甯合馬聯陞據曲靖省城復安擢道員巡撫留如龍省城檄公帥所部西迭復富民安甯羅次嵩明祿豐武定祿勸廣通陸涼南安諸城黒元永三鹽井進攻楚雄分軍赴東路之警克霑益平彝十月克楚雄大姚十二月克雲南縣趙州賓川鄧川浪穹鶴慶進規大理三年正月克定遠圍鎮南大破援賊普淜而馬聯陞再陷霑益犯馬龍急公留軍守楚雄自將東七月大破馬聯陞於天生關進攻曲靖八月復馬龍霑益九月克尋甸擒馬榮十月克曲靖擒馬聯陞迤東平　賞布政使銜巴圖魯號目公之東師西路各城復陷賊公計先於東南立不拔之基以曲靖迤東大郡筦會城糧運督軍駐之興學勸農簡練軍伍獨行己意威棱屹然羣回慮為己害要如龍促公還省公謝言毋弟故在藩署吾何容有異心願無信讒言和衷報
國如龍意感解五年正月　詔仍署布政使總督勞文毅公崇光入滇公迎謁平彝詳陳前事之失請入省坐鎮收旁落之權以固根本用兵先東後西免牽制文毅深然之疏請以如龍專辦迤西公督勦豬拱箐海馬姑賊報可豬拱箐者

隸貴州威甯州與海馬姑犄角距滇鎮雄州百里苗賊陶新春陶三春分據之衆十餘萬擾蜀滇黔無甯日三省會勦不克公條上機宜謂事權分則人不用命請率滇軍獨任其役限百二十日蕆事文毅與四川總督駱文忠公秉章皆壯之會鎮雄降賊李開甲柒維新復叛據州城犯彝良公率五千人轉戰而前克鎮雄斬開甲維新六年二月次豬拱箐築壘休士諜知海馬姑紅巖尖山前環大河烏道壁立豬拱箐八山環合三面斬絕惟青松梁一徑通往來三泉下匯山麓為河山下吳家屯廣七十里壤沃糧足內閒道達海馬姑外設二龍關大了口小了口三隘守之惟大溜口徑險僻備少弛公下令分軍夜趨大溜口出二龍關後襲吳家屯自將攻關戰方合官軍自關後出夾擊賊大亂連破三隘吳家屯海馬姑賊來援殪其魁分軍克紅巖尖山進營豬拱箐山半賊斷千斤巨石圜外而穴其中實藥引繩夜然繩自山巔推墮火發賊大呼從之燬二十餘營將士多死公督軍迎擊手刃悍酋賊卻公營故地塹其前石再發墜塹中公偵賊黨多猓人猓俗連袂踏歌相倡和達情意令軍中猓人環山歌風以解散逸者萬餘猓目王大紅袍降公溫語接之因獻策曰賊人守地一弓家東

南守西北冢西北守東南日惟卯酉聲礮傳餐留一人守十弓地時擊之可破
公用其謀親率卒二千昧爽伏賊營外至卯填濠進破木城二重賊殊死鬬縱
火乘之斬首二萬擒陶新春散脅從四萬餘合勝兵劉海馬姑力戰克其巢擒
陶三春等逾限匱四日滇距京師遠巡撫故昏縱回事棘所爲愈悖亂公與軍
特起獨以材見倚然其時政令歧出疑謗紛然　朝廷方亟腹心未遑邊務巡
撫所疏進故弗深信羈縻而已公百戰艱難無繇自達文毅奏入授迤南道克
鎮雄擢布政使豬拱箐平三省大吏入告　賞頭品頂戴於是公之忠誠勇略
天下咸知　上意滋欲大用矣先是馬如龍西師婁失利文毅病卒杜汶秀乘
隙出犯衆號三十萬連陷二十城省城戒嚴七年二月公兼程回援陽言師出
陸涼而取道宜良七甸毀大小石壩小板橋古庭菴金馬寺數十堅壘進駐大
樹營通省城運道解楊林驛圍鼻受槍傷破石虎關賊壘分軍復呈貢武定元
謀祿勸羅次晉甯澂江諸城三月授巡撫時近省賊壘密布堅不能拔援賊饋
運不絕官軍相持久互有利鈍總督劉嶽昭之師敗於尋甸退保曲靖公疏陳
軍事因言杜逆據地縱橫數千里進攻宜分三路一由迤南進犇制威始雲蒙

賊援一由三姚永北斷其鶴麗鄧浪之救一由楚雄鎮雄搗中堅精兵六萬分番戰守免停兵老師之患省圍解後即以鄉勇補營兵額三萬七千餘知兵將領署置鎮協十二員各為一路更番迭進餘勇編四十營隨征取之土着事定歸農免滋流弊並籌備軍實晝定餉需 詔如所請八年賊增黨數萬復陷楊林分踞小偏橋等處省城大震公督軍奮擊盡破城東百餘壘分軍克團山楊林城西北壘賊猶死守公遣部將楊玉科李維述分出賊後疾搗迤西馳書獎厲騰越永昌麗江諸團練抗賊者使聯聲勢翦其羽翼賊兼顧不遑次第奔潰至八月省圍解西軍亦克富民昆陽呈貢晉甯易門祿豐安甯武定祿勸元謀羅次定遠大姚楚雄南安廣通諸城白黑琅元永諸鹽井澂江回復叛襲據府城九年公督師圍澂江因奏舉鄉試自乙卯停科至是十九年士民訢訢嚮學樂生焉十年春復澂江親擊東南兩迤負固之賊克竹園江那賊巢劉館驛婆兮用心曰者鄉踞賊皆殄滅之西軍亦克麗江劍川永北鶴慶賓州姚州鎮南諸城十一年克永昌鄧川浪穹趙州雲南永平蒙化乘勝復大理上下關十一月公馳往督剿穴地燬城奪東南兩門杜汶秀守西北門及內城相抗自率死

黨萬出壘戰大敗走內城飲藥未死賊黨昇之詐降梟以徇限餘黨三日繳軍械徙出城賊期以半年公陽諾遣楊玉科率二百人入城收軍械布兵城外夾擊擒斬偽大司衡楊榮偽大經略蔡廷棟偽大冢宰馬仲山賊數萬盡殲汶秀據大理十八載陷五十餘城蓄髮設官僭擬王制至是平捷 聞 賞黄馬褂騎都尉世職梁士美倔強臨安縱反間於其黨沈朝輔朝輔殺士美官軍誅之臨安遂定十二年克順甯雲州騰越全省肅清 賞太子少保改世職一等輕車都尉公自任兵事甘苦燥溼與士卒同戰則短衣帕首以身先至為大帥不改其故滇地瘠苦餉奇絀民感公誠爭輸錢粟每克下城邑資械給軍散財犒士已無所私撙節持理卒用集事唯是尤難亂定疏罷捐輸清田畝緩徵收增書院膏火以惠寒畯滇民所捐千餘萬金廣文武鄉試永遠中額各府縣學額分永加暫加以培學校又請報捐所部粵勇未領餉百二十餘萬廣本籍中學額皆 允行十三年兼署總督誅馬德新於新興令回人毋許挾軍械提督馬如龍家所藏亦盡出之如龍驚懼適調任湖南免官後終身不敢入滇於是舉劾官吏訓練營兵興辦銅廠清釐鹽務庶政一新民氣甦復光緒二年四月騰

越營弁蘇開先據城叛公討平之丁繼祖母憂歸服闋五年授貴州巡撫七年
調福建督辦臺灣海防八年署雲貴總督修舉廢墜尤殫盡心力焉九年實授
法國謀併越南越人告急公自請出關進駐興化十年正月　命節制關外粵
楚諸軍公懇辭適廣西巡撫徐延旭北甯太原之軍相繼潰散公退營保勝七
月奉　明諭與法決戰公連克越南館司鎮安清波夏和諸縣圍宣光省十一
年分軍克緬旺復清水清山二縣粵軍失利諒山不守法酋勃里也援宣光輪
舟溯紅水江上公斂軍令道山內行鈔出其後法酋不敢深入公前鋒至臨洮
府境阻險爲地營掘土道高下環曲十餘里前隱埤開槍孔上覆以木人守一
穴後通往來敵槍礮雨下墜木上不能入閒有洞裂穿一穴斃一人而已我軍
槍中其酋遂大敗之乘勝破梅枝關克不拔縣廣威永祥二府進規山西河内
省粵軍亦克諒山越南義民響應法人懼介使請和　朝命限日撤兵公以五
月入邊粵軍亦歸而越南遂爲法有奉　旨加一雲騎尉交部優敘十二年出
關勘界兼署巡撫平東川土匪盎達蠻匪十三年五月平廣南土富州賊十一
月平順甯屬猓黑夷酋張登發登發三世怙亂據地千里至是戡定改流官爲

鎮邊廳劉武定屬古黑夷賊魯占高他郎廳木夏寨土賊陳定邦皆平之十四年生辰 賜 御書額及珍物十五年用歸政 恩加太子太保五月八日卒於官距其生道光九年巳丑五月二十五日年六十一遺疏 聞 上軫悼晉太子大傅祀賢良祠事蹟付史館 賜千金治喪過所官吏護喪歸葬子孫加恩有差壽 予祭葬謚襄勤雲南貴州建祠公弟毓祥毓寶毓琦皆以勞績歷保至道員毓寶功尤多公卒 上擢毓寶雲南按察使統其舊部公生平篤於師友景慕鄉先達陳文恭公宏謀展敬祠堂損資置產奉祀事遣弁至長沙祭勞文毅墓貽其子二千金為祭田費人稱其風義居官無聲色飲博之好日治公牘暇則觀書逮老如一日所至旁求民隱農夫牧豎儂猓苗夷皆與接見訓以孝弟問其疾苦分賚酒食歡喜羅拜去或競獻蔬果麂雉滇人雖婦孺無不知岑公者其忠勤仁智天性夙成可謂偉人也已妻江氏賴氏一品夫人妾周氏唐氏子男七春榮河南彰懷衛道春煦河南懷慶府知府春華春熙殤江出春煊舉人太僕寺少卿春蓂湖北糧儲道賴出春蔭周出女六適唐周劉二待字一殤孫男八德純德復德溥德崇德新德俊德固德安孫女六以某年月日

葬臨桂縣城東堯山高高嶺江夫人祔春榮等泣請文其墓道之碑乃為銘曰

聖清徧德敷天效靈端峰之神感而降精上帝求莫良此窮邊孰澹其灾寄命大賢鄉兵踔起空所倚仰白羽蒼頭獨來獨往不敢告勞不悔莫知羣邪晦晦十載奔馳結契宗臣發皇　天聽遂總師千以宏威令滇池不沸蒼洱載清手挈南服貢於　帝京中土崩離介晝幾斷我民匪公淪為蒙囊兩移旌節仍復舊圻耆稚歡迎視公如歸推鋒交州強敵鳥竄朝議許成志士增歎傷我元老霧蒸毒淫如何不弔頹齡遽侵兵戈是非筆舌譽毁紀實惟詳用補惇史

頭品頂戴陝西布政使　贈內閣學士蔣公神道碑

公諱凝學字先民之純其自號姓蔣氏自蜀漢大司馬安陽亭侯琬發迹湘鄉為世著族後裔屢徙至明季有文轅者自江西泰和還為縣人公曾祖元咸祖安理父湘淵本生父湘連以公貴皆　贈光祿大夫妣皆一品太夫人公幼孤貧積學不遇授徒自給道光末見亂機已萌慨然有志經世之務時奸民結會數千人橫行縣中有司莫敢攖張諭格殺勿論公申嚴族規逮從亂者至祠數其罪沈之河惡黨誣控於官公詣省求理數年不歸咸豐初粵寇起大府廉得

湘鄉亂狀檄吏嚴捕抵誣告者罪事乃定二年粵寇犯長沙公與羅忠節公澤南等奉檄練團五年入羅公軍從克崇陽通城蒲圻叙從九品　賞藍翎復咸甯進攻武昌省城敘國子監典籍六年羅公沒李忠武公續賓接統其軍公將湘左營而公子澤澐將相中營每戰父子先登忠勇稱最軍中以為榮復武昌擢知縣加同知銜從克黃州大冶興國等城圍九江七年分統三營駐北岸陸家嘴會將軍都興阿等攻小池口賊城屢捷破援賊童司牌克小池口晉同知加知府銜八年復九江　擢知府換花翎復麻城黃安　命以道員用李公督師入皖公以四營壁蘄水固楚疆李公戰沒三河舒桐師潰賊踞太湖潛山諸城公營太湖之荆橋遏賊上犯九年與忠毅公多隆阿等進圍太湖賊酋陳玉成來援大破之克其城十年復潛山　賞鹽運使銜會李公之弟勇毅公續宜巡撫安徽公請於楚北大吏解統領以湘左營從李公於青草塥十一年賊復陷湖北郡縣公從李公回援破賊武昌縣復之會諸軍復興國大冶諭降蘄州守賊劉維楨令誘黃州賊出伏起殲之遂復黃州　命以道員記名加布政使銜十月苗沛霖叛據壽州霍邱懷遠正陽關三河尖諸城隘淮南北賊圩附之

勢張甚李公奏以公駐霍山六安公懸軍深入破張駿張大佩諸圩進屯六安克霍邱增募陸軍剏立淮河水師淮南畏威反正者二百餘圩十二月授甘肅安肅道仍留營同治元年李公奏以公督辦潁州防剿至則淮北諸圩相繼歸命沛霖請納欵公責令退還城隘獻壽州正陽關公受其降分兵駐守　詔嘉獎未幾李公艱歸忠親王僧格林沁令沛霖助剿亳州撚賊沛霖因搆於王請徹退楚師適粵寇北竄舒桐告警兩江總督曾文正公國藩遂撤壽正之防移剿粵寇二年正月公迎擊粵寇於舒城殲其酋又破走之六安三月沛霖復叛圍壽州曾公檄公回援而部曲分防潁六水軍赴臨淮公以千餘人偕道員毛有銘軍赴援破牛尾岡東皋峯諸賊壘馘斬盈千卒為水阻圍不解六月壽州陷鐫布政使銜公進營潁西要隘破黃渠集劉家台近仙店陳家集諸圩扼溜子口河道進克潁上縣斬劇賊苗憬和苗憬花復正陽關而沛霖為僧王所誅三年曾公奏以公督辦皖北平圩繳械事宜公稔知霍邱趙春魁六安文占魁三河尖潘塏父子轄圩地廣匿亡命殘害良善部分捕誅之於是潁霍六壽及河南光固諸屬賊圩負嵎者皆望風乞命公指索其魁數十人寘諸法餘悉貸

死旬日間撫定數百圩繳械山積長淮底定公實終始其事時大軍圍金陵偽王陳得才糾悍寇三十萬衆自陝回竄圖救金陵狂奔入安徽境公逆擊於英山克其城賊來攻屢破之俄糾黨大至公誓死守圍七十餘日軍中資糧垂罄土人懷公德道山僻送米鐵絡繹至士氣益奮復大戰破之賊竄湖北陷羅田蘄水麻城公追擊於羅田解提督成大吉之圍不戰而復三縣賊復走安徽公間道追襲斬馘數千解散倍蓰時僧王諸軍大集公慮賊至六安地平衍難控制疾趨出其前十月處之霍山之長嶺菴徑險仄賊多墜崖死公遣劉維楨開說賊將吳青沐范立川倪滏淮各以衆降公督令倒戈攻賊陳得才飲藥自殺餘衆分詣諸軍投誠公擇編營伍外遣散者二十餘萬人初金陵既克　朝廷以陳得才勢猖獗定皖楚豫三省合剿議　命曾公視師皖鄂之交至是公以三千人扼之英霍每戰身先遂殄巨寇咸推公功居首僧王檄詢軍狀公解得才屍軍前言賊懾王聲威藉藏事不敢邀賞王手書獎勞捷奏以獲賊酋功屬其部將總兵郭寶昌而公僅還布政使銜其謙退善全如此是冬陝甘總督楊勇愨公岳斌奏調公所部援甘次樊城軍士不願遠征公攜歸原籍餉不給拮

私財散之引疾乞退　賞假兩月　朝旨敦迫五年別募安字營師以入甘失
利於華亭大捷於平涼東道糧驛遂通九月入省署蘭州道總城防軍需六年
八月西甯河州回賊大舉犯省城衆號三十萬公以所部千五百人守禦屢出
奇兵破之賊駭遁危城以全　命以按察使記名公分兵守阿干鎮諸隘屏蔽
省垣迭卻劇寇既總統諸軍籌運糧精招商榷稅錢粟皆自持理軍民感悅七
年克狄道　賞軍功隨帶三級八年二月署按察使十月卸任九年復署蘭州
道十年四月兼署按察使十二月授山西按察使十一年十月蒞任以關內軍
務未蕆赴防河津十二年五月入　覲還署布政使十三年四月回按察使任
光緒元年二月授陝西布政使兼理西征糧臺三年九月　上以新疆軍務大
順獎轉餉功　賞公頭品頂帶烏魯木齊諸城復　命優敘四年乞休七月得
俞旨初八日卒距其生嘉慶十五年正月二十三日年六十九　命照軍營
立功後病故例賜卹　贈內閣學士廕一子入監讀書期滿以知縣用公貌清
癯自童時畏寒盛暑著棉終身不易然精神完強劇勞不倦性樸直不喜隨世
俗輭媚絕饋遺拒請託以是重為人齮齕軍次正陽關部卒見關堡張茵幰槍

擊之有為公裁抑之總兵某以殺傷官兵誣訐僧王王飛章劾公　諭旨公察
覆誅趙春和戍劾公擅殺三品武員曾公覆陳皆奉　旨昭雪將入甘湖北缺
餉五十萬糈臺靳不予至樊城營勇索餉公誅倡首者自請嚴議總督以聞
恩免處分光緒三年陝省旱災與山西埒公與巡撫譚公鍾麟派員密勘荒政
具舉故晉饑道殣秦地晏如而御史先劾公陝紳復以厭聞災歉呈訴都察院
及巡撫上陳　詔勿論於此見中立不倚之難而非公忠勛烏能獲　上若此
哉子男三澤澐縣學生鹽運使銜江西補用道澤澍舉人鹽運使銜道員用分
省補用知府澤晟殤女一殤孫男七德鈞三品頂帶四川龍安府知府德璜鹽
運使銜浙江補用道德蕃候選鹽大使德佐以劬學病瘵聞公沒哀號三日死
德宣翰林院待詔德鍷德鑫孫女四曾孫一隆昭三品廕生曾孫女五某年月
日葬某原德鈞泣以銘請銘曰
元公華裔國於期思降而為庶支條葳蕤温温恭侯炎靈以濟公暨果敏輝映
曠世秉持正學匡飭頹風赤手孤心障瀾使東出而謀軍不改素履其安如山
其靜如水神智内蓄鷙伏虎變義勇外發霆擊電飛江淮之間盪決千里患不

遺人功不私已孤軍度隴爰奠危疆於晉於秦厥績孔彰青蠅羣飛日伺左側
雖有積矢曷汙我璧功豐於身報貽子孫樹碑刻券昭視無垠

誥授光祿大夫兵部左侍郎楊公神道碑

公諱頤字子異蓉浦其自號晚更號蔗農茂名楊氏系出宋龍圖閣直學士文靖公時明正統間有諱蘭者官廣東瓊州府教授遭亂流寓縣之白村遂為其縣人曾祖盛秀□□□□事迹具府縣志傳祖斂修父儒望俱縣學生三世以公貴　贈光祿大夫妣皆夫人公九歲通五經十歲能屬文十六為諸生學使李文清公棠階才公之文以優行貢成均招致署中飲食教誨期勉款至咸豐壬子中式順天鄉試舉人同治乙丑成進士改庶吉士散館授編修兩為會試同考官一為甘肅正考官以纂修　穆宗實錄敘勞遷侍講轉侍讀充　日講起居注官擢順天府丞調奉天府丞兼學政以大理寺少卿督學江蘇遷左副都御史為會試總裁官順天鄉試副考官知會試貢舉晉兵部右侍郎轉左兩署工部請假修墓光緒二十五年二月二十九日卒於家距其生道光四年十月二十五日年七十有六某年月日葬某鄉某原妻某氏妾某氏子彥深舉

人某官彥澂彥涵彥濟某某出女幾人適某某孫男幾人某某孫女幾人曾孫幾人初公舉於京兆而歸值諸寇亂東南兩粵無完土高州毘連梧鬱土寇蘖牙其間乘隙竊發公與郡人舉鄉團清內奸劇盜陳金釭為粵西官軍所創竄岑溪歲辛酉某月一日夜馳三百里陷信宜踞之圖犯府城勢張甚民競逃徙城中羸卒百械餉不給官吏束手公倡言曰城守須兵兵非難籌餉難無餉是無城也盍速圖之毋以家委賊衆嘩然曰諾括質庫得萬緡立集團練數百募兵千繕庸浚隍籌禦完密信宜距郡八十里賊聞備不敢犯人心大安輸貲十餘萬金益增營扼隘賊間道襲城夜蟻附登陴斃數賊廼驚遁屢攻皆卻之由是城守益固鄉民挈家來者數萬人迨官兵大集陳金釭伏誅始末三年公日在行間治軍書籌饋運值餉絀慮衆譁潰質家產三千金濟軍口絕不言事定後郡中羣不逞以勒捐濫費控在事諸紳耆公置不與辨久而公論始明方倉卒召集時公志保固鄉里而已不暇計它利害及疑謗大興非公處事當持己廉幾不免齮齕然後歎無權位而與公事者之難也同治間李文清公入直樞密以正學倡導後進公受知最深恪守師資尤嚴操履嫉貪墨高州屬化州稅

厥蠹吏籍軍需名誅索無厭公條列其弊請榜稅則曉衆　詔從之商旅稱便光緒間中外多故公屢陳事宜甲午日本之役請懲失律以肅軍令雖未施行時論韙之然公性固和易不立崖岸在都與濟甯孫文恪公毓汶吳縣洪侍郎鈞太谷溫學士紹棠天門胡中丞聘之太和張布政端卿及余為文酒會酣嬉淋漓極一時友朋之樂不二十年相繼以逝存者惟中丞及余而公督學江蘇與余先後任知余將病免貽書勸沮彥深等請文其墓道之碑追維疇昔許與氣誼泫然不敢辭乃為銘曰

伯僑之裔厥惟楊侯失官從蜀别派分流成都之雄鬱為漢鼇中立燿宋實居南劍將樂有後釐宅於高積慶於公英聲遠邵初舉孝廉不慕榮仕狂寇宵驚將踰我里袒臂四呼衆懾且應不有其資指揮立定蠡訌蛾伺有備卒完我尸其勞貽衆以安翩然賓王鳳翔文苑炳譽詞華飭躬道本出馳輶傳豐　國羽儀入貳卿寮補袞有思遡矣倭人越水逴海孰總師干任其咎悔公時抗疏王誅必加　廟謨深遠時議驚嗟　國威不揚再致蹇難公已九原靈其憤歎武略定亂文明進賢有攷公迹揭此高阡

署　欽差大臣辦理南洋通商事務兩江總督兼兩淮鹽政江西巡撫兼

提督銜李勤恪公神道碑

公諱興銳字勉林瀏陽李氏曾祖兆明　贈通奉大夫祖宗任父錫祺皆榮祿大夫曾祖母劉　贈太夫人祖母羅母周皆一品太夫人先世隱於農公昆弟四父歿躬耕奉母晝秉鉏耒夜課弟讀雖處窮困不以自餒既補諸生授徒邑里奉錢數千意豁如也咸豐壬子邑莠民周國虞等倡亂號徵義堂勢張甚公集邑人舉團練清內奸羣情大定江忠烈公忠源率師平瀏亂公有助焉時粵寇陷江西撫州道萬載窺瀏公與守備周虎臣趣防虎坳賊不得逞邑教諭龍山李如崑夙奇公帥文毅公遠燀邂逅公教諭所談竟夕歎曰如子肝膽可共患難逾年文毅殉難東鄉公收其遺骸卒撫孤以成立曾文正公國藩習聞文毅稱公賢又以教諭薦貽書相招公謁文正於湖口軍中遂預謀議李公鴻章郭公嵩燾李公元度交推重之奉檄總山內糧臺駐祁門皖南郡縣迭陷祁門為賊必爭地一夕數驚公擘畫周至饋軍疾給偽王古隆賢嘗以雪夜襲祁門公偵知預匿輜重它所賊至無所得江南難民萬餘仰食於臺先一日結筏渡

之咸得免有隊長刦民十金逃追獲立斬之故流離之際墟市案堵同治乙丑總鎮唐義訓等軍索餉譁勢岌岌公單騎馳入營諭衆曰諸君數千里從軍為富貴計奈何自戕使賊知而躡吾後我無噍類矣餉缺咎在臺約三日取給不足請殺我衆羅拜曰唯命公復密訪首謀三人白文正戮之事遂定金陵既克綜覈報銷積存平餘銀四十萬兩或勸自私公曰爾謂是我當得邪盜賊所為吾不屑也悉以歸官至荷葉洲用楫局節嗇所入捐贖義山聚暴骨二萬具瘞之文正移督直隸奏公與偕使察災振畿南冒風雪入窮簷稽合所得錢米數飯疏甘藿巡歷殆徧揚舉仁清覈斥貪冒四月而畢畿民感頌補大名府知府 特用道員以終養解職文正再督兩江公總營務與彭剛直公玉麟規畫長江水師營制文正卒李公經羲繼之值日本犯雞籠江海戒嚴機要諮公而行公親歷江陰狼山吳淞崇明履擇險隘倡設海防總上海機器局訪察西國新式增建鐵船礮廠考工選材躬親十稔規模漸備遭母喪服未闋 特召入都隨勘法越界務往來瘴區積患偏痺 命使日本至滬就醫藥餌不繼假滿開缺有資助者固卻之曰貧吾素也老而病廢敢累人哉居數年愈署直隸津海

關道補天津道調山東東萊青道時威海衛沒於日本屯兵待償公與定議丈
地圍界使主客自為守閭閻以安莅任八月額征有加贏餘四萬悉入之公擢
長蘆鹽運使權直隸按察使擢福建按察使再權布政使旋實授入　覲調廣
西光緒庚子　命巡撫江西拳亂方棘　兩宮西狩江西頑民燬教堂數十積
案二千餘外人要挾艱於因應公奏劾疏防官十餘限三月讞定償卹之費八
十萬金不責之民間懼累良善也償款定議分仍累百萬惟撙節營鏹以彌其
闕未嘗苛捐擾下壬寅調廣東時奏辦隨糧捐按徵加三州縣丁米折價不一
胥吏上下其手民以重困公疏請但科正額不及耗餘豁免諸瘠區及瓊州一
府癸卯權閩浙總督廷議亟新政營伍保甲更易規制次第設施而於裁併局
所經營商務尤勤勤注意甲辰颶災親省農田中寒病甚乞假未幾奉調署兩
江之　命公力疾赴任江督繁劇為行省冠百端待理不皇假息列邦迫索補
償金價公以中國財殫民困商諸疆吏請外部代奏力爭焦思至竟夜不寐疾
益篤以光緒三十年甲辰八月二十二日卒於官距其生道光七年丁亥九月
二十二日年七十八妻氏蕭氏馬皆同邑氏姚籍桐城並　誥封夫人先公即

世子熙元早卒蕭出孫鴻杲卒鴻幹出後公弟子鴻枎曾孫謨光公好讀書然不以學自名性澹榮利文正保薦輒力辭同事多躐高位獨公晚歲以　特眷授節鉞於權要一無援繫侍忠誠結　主知每言官彈事下公察治人莫敢以私干惡仕路奔競請託者置不省振拔幽滯唯恐弗及所至積習一變愛惜物力被服儒素僕從二三人屬僚供張過盛輒怒却之過事矜慎若無異能而行己御物罔不矩矱先民務揆於道夕就寢默誦大學中庸一過數十年如一日其勤密多類是在金陵日治事集幕僚胥吏於內堂自當戶坐議定立辦人莫能闚訛言不興驚相告語以為刱見不知公行其素也自粵寇之亂湖湘才桀翊贊中興由諸生起家至大官者唯公與彭剛直劉忠誠公坤一尤著公廉正如忠誠而不為物累峻厲如剛直而不務名高可謂剛健篤實之君子已病方亟侍郎鐵良公奉　命涖江南終朝三見商略要政鐵公初不識公及卒語及必歎惜蓋至誠能動人云遺疏　聞　上軫悼照總督例　賜䘏　賞銀千兩治喪政蹟宣付史館立傳　賞鴻枎道員謨光及歲引見壽　賜祭葬　予謚勤恪明年六月葬縣東桐坑木魚山首壬趾丙公弟皆早世撫教諸姪不異所

生宦橐薄餘遺令均析在它人為難能於公特其末節侄昌洵從余學述公軼事特詳泣以銘請銘曰

維古英儒以學理性其用貞亨其體淡定公耕且讀身膺道腴逃名名歸終騁皇衢出參軍事惟謀克勇輦金如山義不為動辭榮居晦辭助居窮晚躋達僚靡土不頌開府粵閩咸有嘉績大江左右亦流其澤世柔如韋我直如弦獨秉忠信以涉大川羣公羣士僉謀變夏家有千金走求諸野公不違時猶存古風體天覆物以仁達忠是謂法臣是謂正學遺此一老鎮浮激濁俯歎世局仰唏哲人聲之銘詩詔示無垠

長沙　王先謙　益吾

誥授資政大夫浙江嘉興府知府許公墓誌銘

公諱瑤光字雪門晚自號復叟善化許氏廩膳生道光己酉科拔貢　朝考二等以知縣用分發浙江歷署桐廬諸暨淳安常山仁和補甯海擢同知知府再署諸暨咸豐十一年城陷賊同治元年坐失城落職尋復原官以道員升用三年署嘉興府知府越二年實授光緒六年以委察荒田忤巡撫意解任八年七月復任十一月初七日卒於嘉興官廨先後知嘉興府十七年年六十六著有詩集十六卷談浙紀略四卷曾祖諱大沅祖諱宏安考諱永璜三世贈如公官夫人再娶皆長沙朱氏先卒妾陸氏子四長方鈺殤次方義次綬若湖北候補同知並先公卒次方藻女四長適武昌縣學生劉蔭棨次適道州增生何慶銈三四未字孫男五鍾嶽殤鍾翰鍾藩鍾琇鍾錡孫女十曾孫女一光緒九年十一月十四日歸葬縣東官衝大山坡鍾翰來請銘始公在諸暨賊至公率鄉兵嬰城守數十日婁破賊城陷公與賊搏賊刃之顛餘賊環刃其頷頰委之去諸

暨民貧而藏之他所越日乃蘇巡撫左公驗知其傷諗其賢能得民心奏保留營公名用是大顯然仕卒不進銘曰

太嶽之裔始遷容城子孫分徙代有公卿唐睢陽守大勲峻節巍嘉興公曠世繼烈少通經術匪祿之干選貢太學俾為宰官五權劇縣民驩吏伏豈無奸頑不勞鞭扑粤寇狂煽蹂浙西東公所治邑屹當厥衝公曰我民天子恩爾疇無忠義不奮以起民曰我公民毋而恃活公我活願為公使朝完樓堞夜斫賊營卒困不支地坼天傾交刃垂絶或舁以行公甘其死民祝其生疆吏議功　璽書報允賢聲上達公道弗泯奉檄籌糧大濟軍資　命復舊秩用蘇子遺公居大郡海涵春育橫目顒顒一以兒畜匪曰水懦教成於肅鴻雁飛鳴復其邦族越十七年有階不遷人或中熱公心怡然民不吾捨吾不民捐此土此官永與周旋昔公秩滿入　覲而歸民亭鴛湖來許以題壬午之秋公復其位民喜公還亭曰三至公去民送傾郭塞路歸公之喪號泣孺慕匪民獨良公政有成豈伊異術能通民情慈惠之師榮哀之式伐石刻文敬告典職

知府銜特用同知直隸州彭君墓誌銘

君姓彭氏諱啟昆字元甫自號雨棠江西分宜人也曾祖文紳縣學生祖汝琢父廷輝自曾祖以下以君貴　贈朝議大夫援例加封中議大夫廷煇子四君其長也弱冠補縣學生中道光壬午本省舉人甲辰大挑以知縣用分發山東歷署博興海陽定陶鉅野單縣事君初任吏事精意洞矚自治官書不一假手丁胥已翕翕有能譽滋單逾月以械鬬仇殺報者六十而贏輕騎往驗當幾立剖衆志大和補平陰縣知縣粵寇穴金陵寖北犯君密戒備得羣不逞肆掠者盡寘諸法後充東曹濟閒焚劫無完土境內晏然咸豐乙卯黃流貫大清河入海縣被災重君請帑以賑捐俸千緡繼之丙辰大旱蝗周行烈日中集村氓焚瘞延接父老拊循周浹用賑事見知布政使吴公廷棟檄署館陶縣鄰直隸大順廣三府姦徒攘敓往來境上千百為羣莫敢詰禁君受事五日擒其渠十皆廣平戕官者也遭大祲白大府錮其賦至飯脫粟度歲調署壽光修堞浚隍訓治團練下堅壁清野法於鄉為堡三百有奇撚賊屢犯不得入民用感悅遺賊一清巡撫閻公敬銘甚重之疏薦賢吏九君與焉　詔以同知直隸州用加知府銜君每遇大獄朝鞫夕勘屏絕供張守壽光時鄉團俘賊中被脅者數百人

君察其枉將盡釋之衆露刃大譁或言幸少徇衆意君笑曰吾豈枉殺媚人者耶脱有變自當之數百人竟得不死其堅定卓絶皆此類也以老謝歸卒於同治十一年正月二十一日年七十五其年三月十六日葬縣南長隴祖阡娶劉氏先君二歲卒累封淑人妾張氏　誥封恭人子男子四毓代早没毓海光緒乙亥舉人户部郎中毓陶殤毓丹太學生子女子三適某某某孫男二君服官二十餘年惠孚於民聲聞於　朝宜致高位以樹偉業顧其閒屢被齮齕摧抑弗竟厥施平陰之災君以緩征減賦請於大吏事未上　聞坐催科不力挂議鐫秩賴有申雪之者得復官館陶擒盜當以功被薦矣又失上官意寢不奏吳公知之而無用君之權閣公知且用之而君又以老歸時命之戹豈信然耶或咎君不少自貶抑以諧俗過矣　朝廷將求循良與共治天下若君固今世之所需而難其得者而止於是宜知君者之不獨為君惜也毓海束身朂古善承家學余典試所得士泣以銘請銘曰

吏不惟廉之貴惟其材足以濟也兼之者君乎胡又圜鑿而方枘也畜大而不光令子之繼也我銘公幽以詔後世也

贈道銜候選同知直隸州知州湖北鄖陽府通判周君墓誌銘

君諱汝驤字俊才故江甯人遠祖諱昇明初從黔甯王沐英入雲南以功授楚廣兩衛指揮世職占籍楚雄為縣人曾祖諱官麟縣學生祖諱庶沅府學生父諱錫章嘉慶己未進士翰林院庶吉士累官至湖北布政使本生父諱錫純廩貢生大理府學訓導升福建鳳山縣縣丞署知縣事君其次子也以貲入為湖北鄖陽府通判歷署宜昌府通判歸州知州武昌黃梅南漳縣知縣襄陽府知府用治行卓異薦復奏保以同知直隸州知州選用君服官十八年雖見推重大府然以性不苟合不得驟遷所至罕久任皆有實惠南漳居山僻閒俗健訟案牘塵積君視事市月囹圄空虛椎埋遁臧及去任民戶語曰周使君來吾輩始有生人樂今去矣集數百人遮官舍不聽行開譬再三始羅拜泣散去後以憂居鄖南漳民相率走數百里致賻君慰遣之一無所受其至襄陽適武昌再陷粵寇土賊四應外防內捕比閭安枕數月而代遭母喪歸回亂大熾全滇繹騷楚雄與賊鄰君葬母畢即出家財倡辦團練糧械甫集賊圍城以備獲全於是楚雄鄉兵號能戰賊數年不敢犯會大吏檄鄉兵攻姚州館驛賊數萬疾趨

陷旁近諸縣薄府城君與官民固守六十日賊穴地積火藥城下火發城頹十
餘丈賊推鹵楯並入君督衆直城摧處搏戰殺傷相當賊益衆至君死之城遂
陷君庶母嫂弟姪族人僕從死者四十二人咸豐十年四月二十二日也年五
十四同治中君死事狀　聞　贈道銜蔭一子入監讀書期滿以知縣用　允
其家建祠以祀君一介不妄取濟人鋭急輒散千金人目為半體伊尹尤習兵
事在南漳襄陽訓練團勇坐作進退皆親教之居楚雄圍城中方嚴冬君衣棉
巡城左右以裘進君曰彼單襦荷戈者皆吾鄰里鄉黨也吾忍獨煖耶士卒聞
者咸感奮其明恕得人心多此類也妻謝氏同邑舉人遇女相夫以禮從官二
十年歸無華美之飾懿稱明德傳於戚鄙先君殂葬城東某原子男二人材芳
光緒丙子　恩科進士翰林院庶吉士改選廣西思恩縣知縣材芬廩貢生候
選訓導出為兄後女四人第三女適直隸慶雲縣知縣丁崇雅其卒日當楚雄
陷餘皆早卒材芳兄弟就傅君教以讀書當學聖賢故材芳稟家訓恂謹自守
志趣拔流俗可貴重初城垂破君以材芳兄弟幼弱遣家人護出得不死賊既
定求君屍不獲以衣冠招魂合葬謝宜人墓材芳泣請銘銘曰

學成胡以科目為位不必大惟其施魂氣長在節弗虧形骸散落奚足悲生為名宦死國殤星日之精虹霓光活民種德福永世報君今子作循吏

江西候補知府李君墓誌銘

君諱光瑩，字白初，姓李氏。其上世為江西人，明洪武中徙湖南湘潭二都，遂為縣人。某世祖禮部尚書太子太保諱騰芳，以鴻儒碩望有聲天崇間。曾祖某，祖某，父某，世有令聞，不墜其緒。君資性通敏，幼嗜博覽，長益刻厲。咸豐初，粵寇犯楚，君率團練衛鄉里。曾靖毅公貞幹器其能，延入幕，從征皖南，復潛山、太湖、英山、霍山諸縣，敘功歷保候選府經歷、縣丞。浙江巡撫今大學士左公調赴浙江辦理營務，從拔龍游、湯溪諸縣十餘城，肅清浙東，歷升同知，加知府銜，賞四品封典。浙江按察使今候補三品卿劉君典奏命幫辦江皖軍務，君總營務，攻復崇仁、宜黃，從入閩，破賊袁家山、新泉，戰楊家坊，前軍潰，君赴水不死，賊舁以見偽王汪海洋，令偽將羅章仙監之。君以忠義激羅，羅感動，護君出，遂率衆降。閩境既清，從援廣東，拔嘉應，斬海洋，擢知府，留江西候補。以光緒二年二月十八日卒，年五十一。某年月日葬某原。君練達治體，强毅有為，初曾文正公國藩總督兩江策茶利為外夷所必爭而義甯茶為大宗定章收課小販納稅有落地稅單捆載驗行有局票曾公去任或訾稅單煩復令茶商赴局納稅領票不一年夷商入州販茶者假夷商名例過局驗行不入稅課大減大吏委君董局事君察前弊立復稅單奸商嗾夷人控總理衙門　朝廷下其事大吏大吏以舊章奏竟得直先是有君素識置酒觴君曰子之來也自州牧逮商人皆弗便子所為弗悛有奇禍曰我盡心公事何恤其他其人徐出袖中券八千金曰願以為壽君愕然笑是將何為曰州商利此二歲矣更一歲則事大定乞且毋用稅單子行受代去願熟思得金順眾情保全身名不則反是矣君曰待吾歸計之既歸不告於妻子夜方寢起擊案為誓馳書告其人曰吾不能朘國課以肥私橐事已定殺身不悔無幾州牧以君家人婪賄狀訐大吏大吏察君無過又以他事不直牧然畏其有氣力解牧任並及君又數月還牧於州改君理撫建牙釐分局一歲代去而君死矣君在江西不數年而歷行閒久人多述其戰績余謂自咸豐來軍事頻不息湖湘人士急公習鬬雖兒童皆有強悍猛烈之風能戰不足為君重獨其當官行事確然於義利之介以名節自厲乃可貴也

元配某氏繼娶某氏子一人蕃以軍功敘從九品留江西補用　賞藍翎女三人適某某某孫三人宗蓮宗遊降服宗逵君疾作命蕃曰吾生不竟其志死懼遂泯滅王先謙吾執友也宜為吾銘既葬蕃遣人持君行狀走京師述遺命以請乃為銘曰

大難不死宜有長年胡君志之宏遠卒鬱而莫宣退之有言不我者天既知命而不苟又何恫於九泉

閔浩齋先生墓誌銘

先生姓閔氏諱振瀚字浩齋湖南長沙人其上世籍湖北江夏先生高祖之父黯以進士官至廣東潮州府知府生子又儒慷慨好施與今湖北省城育嬰堂所捐故宅也又儒生光祖始遷長沙光祖生文選文選生啟棠從九職加六品銜先生少以文名然屢困場屋年三十始補縣學生食廩餼咸豐戊午鄉試已魁選矣策第五道謄錄生入以他語主試者不敢錄由是卒不售家世寒素有弟豪放不事生人產先生友愛曲至父怡母悅孤光特起清映閭巷掌搘門庭隱艱曲慰惟德行醖至故能人所尤難羣從兄弟貧者分事畜所餘給之老而

彌篤與人坦夷和樂而有不可奪之操授徒三十餘年多所成就今大學士侯
湘陰左公聞其名延課其子遂參軍幕積勞被薦以訓導用辭歸不復出同治
十三年二月二十八日卒於家年五十一娶黃氏生子男四家鈞軍功六品職
銜家鎮縣學生家鑑殤家銓女三長適縣學生楊肇元次適甘肅候補知縣張
兆熊三早卒孫男三聲烈聲照聲煥孫女三某年月日葬省城南金盆嶺藍家
壠先生與先長兄交久先大夫深敬之命次兄及先謙從遊曰余令爾等事閔
先生不惟其文乃其至行可法也先生門人日益衆然愛先謙及左孝威特異
孝威左公長子弱冠舉於鄉旋卒鄉人丐大吏請於　朝為建孝子祠者也一
日同侍先生飲先生酒酣顧笑曰吾百年後先謙當作墓誌孝威書之今孝威
早逝而先謙學業薄陋不足闡揚盛美家鈞等乃固以請思先生前言泫然不
敢辭銘曰

先生孝行不愧厥祖孰闕其光鬱而終古謂天可信胡冥冥有子無為奪莫爭
維古聖賢皆後亨歐陽子言為公銘

周仲茗墓誌銘

大清光緒元年歲在乙亥六月壬辰周君瀹蕃卒於京師越六月先謙歸自江西走哭其位於是吾師自菴先生輟涕而言曰吾子所以奉其親者吾既爲之辭以寓吾哀若其生平行義宜有述知吾子深莫汝若汝其銘先謙敬受教曰諾迺敘而銘之君字琥生仲茗其自號湖南長沙人　贈光祿大夫諱大霍之曾孫　贈光祿大夫嘉慶戊寅舉人浙江泰順縣知縣諱時翥之孫今內閣學士兼禮部侍郎銜名壽昌號自菴之次子幼而警敏稟其家學靡不通覽不待父兄之教已自爲成人年十六應長沙府試知府張公修府驚歎其文以爲異才拔冠其曹矣嗣知世家子迺置第二既入縣庠侍父京師舉庚午順天鄉試通永鎮總兵周君得勝請贊其軍事歷保分省候補同知直隸州　賞花翎卒年三十三君始來京師也先生方屈下位深自韜抑喪亡迭臻懷抱堙鬱君承指望氣迎喜蹇悲值先生危疾明醫幽神求不閒日得藥餌手烹進夜徬徨庭闥中聞欠伸趨入問少閒則出假寐以俟有頃又至如前抵病愈無倦色先生耆古書畫典質求購賈者盈前君從旁評騭殿最進退無一不當先生意侍講論窮日夜隨所導引輒洞竅要觸類而長更出意表先生每曰吾有此兒而後知

為人父之樂也得官後或以及時出仕勸君曰吾兄以祿養矣吾安可更舍而他適就浮榮輕難得之日耶為詩文落落自喜恒若思數日得之覽者驚服乃曰此非我所能惟吾父之教治古文辭業益大進體羸善病未竟其長然意致深遠矣卒後十日葬京師南郭湖廣義園其友李編修郁華白君明於處事誠於接物持家有法治軍有能惟大原無虧以光其學業如稱曰文孝足以包衆美古士有易名況無忝若君者哉會葬者皆曰然初君娶同邑余氏先君卒無出先謙既為之傳矣妾戴氏生子一衍祜君卒時裁四歲銘曰

昔韓愈氏有言父子間自為知己先生文行信於後世聲譽流於當時卒其自以為知己者莫如其子宜君之一死而先生悲之甚不可止也嗚呼仲名之父余以神朝夕過從匪私其姻余行五日而君暴卒天成之艱胡奪之速歸入其室闃無其人往視其藏涕盈我巾脩德必報惟古之云伐石鐫辭以詔後昆

誥贈光祿大夫陳君墓誌銘

湖南衡陽陳君者拾金於道有泣而來者曰吾死矣君叩所以曰有遺於橐厥數盈百旁求途人卒不可獲吾死矣君慰之曰毋然金固在其人大感動剖以

謝不受請治具焉辭或迂君君笑曰我迂耶懼徼之非義重我愆耳於是鄉人
翕然稱陳君長者長者　國家用仁讓風示天下自雍正五年旗民六十一拾
金報官得　旨旌賞而河東總督田文鏡奏孟津民翟世有夫婦還金事　優
詔賜給　予七品章服尤一時曠典嗣後以拾金不昧上聞者悉加獎勵所以
導休和而厲澆俗用意至深遠也歲久例停而懷清好義之風留於人心者無
盡如陳君者夫豈有所希冀效法而然與世或謂三代下人漸澆訛不返醇樸
觀此宜爽然矣君嗜讀書婁躓童試遯跡田畝事親孝終喪盡禮過富人道光
丁未衡陽旱饑君遣子糴斗米百里外或以匱告立與之半曰子饑二日矣得
此少濟我將有繼也然其時軍資實乏絕亦竟得不困嗚呼君殆古樂善有守
君子人哉惜其潛德不揚未能擴而大之為世用也君諱世甯字泰文先世諱
朝知者官浙江總兵由臨武遷衡陽為縣人自其考　贈朝議大夫諱茂如公
以上三世皆不仕君以同治十年壬申正月二日卒年七十有九葬某原用子
　恩贈光祿大夫妻某邑某氏夫人生男子二代潮例貢生大源廣西遷江縣
典史今知府銜廣西補用直隸州知州粵寇之據金陵也衡陽彭公玉麟從曾

文正公治水軍擊賊所部衡人為多大源奉君命從積戰功擢顯秩君猶及見之其鄉之父老皆曰陳氏世有積德食報為宜女子二適彭適淩孫男七啟疇啟昀啟畯啟畋啟畎啟畛啟畸曾孫二貞瑞貞琨卒後十四年大源在江西吳城鎮總理長江船廠以書抵余南昌乞銘余昔在水軍與大源同營相知者也乃為銘曰

是善士陳泰文之幽宮不顯其躬而後之豐我銘用章永為世風

誥贈中憲大夫楊君墓誌銘

君諱有發字茂堂姓楊氏其先江甯人始遷祖廷爵以明初從征雲南遂家甯州曾祖璽祖壽父文明始占籍寶甯為縣人生子二長春發次即君也事父母以孝聞每侍疾躬承穢污滌浣廁牏兼旬益勤父母諭少休不肯退或兄入侍令君就寢俄頃復至堅籲兄番休至相咎怨家人環請代亦足不獲也逮親喪哀毀盡禮家貧甚兄行商越南息耗斷絕君欲往訪而其地毒霧溼淫中人輒死親友咸勸阻君不聽竟往所歷名區通會遠至荒壤絕域人迹閒阻箐谿險惡枕雲席水出高入深或異音殊俗不相通喻揭榜圖象證驗萬端積二歲餘

徒步三千餘里重憂襲疲危疾骨立迄無所遇號哭而歸見者以謂君天性篤至艱苦卓絶雖前代傳記所稱陳虞荔明黄璽輩無以過也咸豐三年六月二十六日卒距其生乾隆六十年正月初四日年五十有九後三年四月十四日葬縣南昔板之新幹寨用子　恩贈中憲大夫妻陸氏恭人同邑處士兆祥女相夫以善族里有稱生嘉慶六年九月初十日卒道光三十年十一月初五日年五十明年十二月二十二日葬縣北那央寨子四鳳朝光緒丙子進士以知縣即用分發江蘇歷任沭陽銅山上元知縣擢知通州直隸州俊朝早俊其二幼殤女三皆適士族孫女二余同治庚午歲典雲南試得鳳朝數奇其文既官吳中數相見鳳朝已用循良顯名當世一日泣謂余曰鳳朝生平歷困苦至多若終天之恨尤有不可言者昔己酉歲充拔貢生方赴廷試而母遽没不及侍疾可慟一弟卒先吾父五日祕不敢以聞父臨没猶垂諭及弟昏讀事可慟二女兄弟相繼盡没鳳朝又遭逢亂離四娶妻二納妾生七子皆短折身羈一官遠念墳墓無親屬代祭掃可慟三吾父母皆善人而不獲享一日之榮養行事多可稱舉生前不及盡聞知又久不能悉記鳳朝年垂六十不及時求賢者紀

述大懼泯沒前人之遺澤負罪責於無窮先生其忍不章以文余心感鳳朝之言又敬君至德純行不可以無傳也乃為銘曰

惟孝友天所庇大其門視循吏聲於石發幽契貽後昆克長世

鹽城縣學生陳君墓誌銘

光緒十二年丙戌余按試淮安得鹽城庠生陳玉樹獻所為毛詩異文箋十五卷余既嘉其能文窮經知古誼又稔知性行孝友志氣激昂自樹立意甚重之既乃以書來曰玉樹粗解章句非能自力於學也實惟吾父早歲啟其徑涂以道以掖俾勿瞀蒙以有今日吾父行義見府志概而弗詳鹽城瀕海窮僻玉樹兄弟又困於諸生無氣力致當世大人先生之文顯揚其先儻獲賜銘於幽是不朽吾父而惠玉樹兄弟於無窮也余感其意為序而銘焉序曰君諱蔚林字松巖縣學生性沉默寡語笑幼時人或謂不慧及就傳讀書善記覽迺復以敏聞遭歲潦饑為漁樵以養親晨興懷麥餅數枚刺舟出跣足入水寒風剸骨困踣欲絕念親無所得食迫不敢自休向夕魚蝦蘆葦盈載返歡然侍食共飽日以為常稍暇復讀明年歲稔讀益奮學遂大成見者謂君固窮之節人莫及也

君於書無不窺尤深於詩嘗謂毛鄭舊說善矣然詩義廣博宜以吾思通之墨守一師不務明經旨病與牆面等故其為詩沈潛本經博稽衆論其有不合反復求之古文段借以定其指歸當時高郵王石臞先生暨文簡公父子經學為海內大師其推明故訓是正文字發漢以來二千年不闡之祕君所居壤地逼接聞風嚮往孤坐斗室散精考索一義之獲欣然忘餐以為自王氏外無多讓也所箸詩說若干卷如釋思須與漕以須為湏誤字湏是沬古文沬漕皆衛地可考實既種既戒據陸氏釋文春秋左氏傳種種徐本作董董以證種董通用種戒訓如左傳之董戒景山與京據士昏禮注今文景作憬知景憬古通此詩景當讀為憬毛泮水傳憬遠行皃與上升望下降觀相屬為義毛訓大於文不順其精思絶詣多此類君生嘉慶二十年九月某日卒同治十二年正月二十三日年五十九明年某月日葬捍海堰西祖阡曾祖某祖某父某本生父某妻唐氏同邑縣學生金浦女男子三玉冠廩生玉樹玉墀早卒女子一適羊孫男四孫女一君性儉而樂施嘗值寇亂營兵入鄉大索騎繫老弱將馘以邀賞君傾貲賄犒盡脫其俘其出為嗣父後也或覬其產豐君推所有與羣從昆弟姊

妹一無所校曰用田產細故入公門非吾願也吾能耐任之而已因自號曰耐
齋銘曰

豐於義而身迺窮遇之蹇其學則通君固知其有然兮曰天道其不並隆而可
自信於九原者將有賢子孫以亢其宗

誥贈中憲大夫吏部郎中加二級施君墓誌銘

君姓施氏諱玉峻字德泉江蘇甘泉人曾祖某祖某父繼先公生有至性甫數齡得隱疾祕不言久漸羸瘦固詰迺告曰兒慮貽父母憂也暨長居父喪稟禮盡哀嗣是布衣飯疏食終身而養母必求甘旨女弟適人而貧推所有以助務得母懽年五十矣愛慕如童時母或不懌則奉杖長跽請撻俟解迺起侍母疾衣不解帶其子以君老請番代愴然曰吾一息不在母側此身徬徨無所依忍自逸乎督課其子一比於義第三子人鏡官京師以曹司壅滯請改外君曰官內外唯　上命不宜有所擇汝勉思盡職若夫利鈍則天也如馳騖於名利而與世汲汲者同趨則居官無望其能自立吾無用此不孝子為也人鏡懍懍受教由是壹意奉公勤習吏事以清慎敏練受知舉於上官君易簀日猶諭人鏡

兄弟以完日擢官當廉謹自守始終一節馳書京師傳命敦勖云君卒同治十
一年八月二十五日距其生嘉慶五年六月十一日年七十六用子　恩贈中
憲大夫妻張氏恭人高郵處士璁女和敬慈仁稱於戚鄙其生少君五十三日
卒道光二十三年閏七月初十日年四十七君命諸子曰今吾困窮而汝等學
業不就汝母目不瞑矣待有一能自振者迺為母卜葬越八年人鏡補縣學生
始請於君以十一月某日葬縣西朱橋東圩祖塋君卒以其年十二月十八日
合葬子六長桂庭次桂雲次人鏡同治乙丑進士吏部主事洊升郎中次人鑑
次桂蟾桂秋皆早卒女一適史氏以節旌孫男五鳳章金章縣學生金門金榜
光祿寺署正金詔孫女十銘曰

君之行感神祇君之言為世師聲聞於鄉德不施我最其美無溢辭

李爰得生壙志銘

爰得翁獲葬地於黟南五都舊菴實中段瑤山帶其左鍾山倚其右前臨大溪
是曰武水原於武陵以達浙江其地重固阻深孕靈鍾淑精識之所未逮愚士
之所不究一旦發露自翁則相與聚觀驚歎歸美致福光緒十年翁奉高祖父

母父母葬其中伯叔父母以下十人東西祔餘地貽後人從葬其中之左築壙二為翁與妻余夫人它日葬所取魏風樂土之意刻石墓門曰爰得我所無齊俟無死之悲而有張子吾甯之樂古有達士翁足當之矣壙既成以屬予銘翁姓李氏名宗媚字輝亭晚遂號爰得安徽黟縣人以商成業入貲得官江蘇補用道雖通榮利處己彌約力於種德不私其財行事多違絶可稱誦易曰善不積不足以成名翁身隱闤闠之内心超塵壒之表其耆義也甘而赴之也勇年甫六十精神强固若四十許人其裨益斯世蓋未可量若取目前一二美行以為章顯崇襃之具是隘翁也吾闕而不書以俟百歲後之紀述翁者其生平世系子孫亦不具茲文云銘曰

天生善人以為民紀出澤寰區處濟州里施無大小眂知所周畢力而止不問其酬苟補斯人百齡猶短我私我利其死也晚予昔語翁翁曰匪然無窮者志有盡者年擾擾一塵蚩氓何責但力吾為而心吾適予偉翁語百世之儀人皆是則世奚不治天佑滋闓地靈爰顯表營有辭惟用勸善

布政使銜雲南按察使倉公墓志銘

公姓倉氏諱景愉字靜則少平其自號世爲河南中牟人曾祖聖漢刑部員外郎浙江處州知府祖思謙光祿寺署正本生曾祖聖裔附貢生兩淮鹽運使祖思震乾隆丁酉拔貢太常寺博士生子兆彬候選知縣出後思謙兆彬子二長景恪道光丁酉拔貢山東濟甯州判次即公也道光乙未 恩科舉人戊戌成進士改翰林院庶吉士散館授編修甲辰充會試同考官湖北正考官丙午京察 記名以道府用充順天鄉試同考官授江西遺缺知府補撫州以憂去官服闋奉 旨發往湖南署岳常澧道咸豐壬子粵寇圍長沙新任巡撫張公亮基至常德檄公兒行營支發從入省城署長沙府敘城守及審緝瀏陽會匪功
賞花翎加道銜旋實授兼署鹽法長寶道用失察私鑄大錢解職旋復任戊午開缺以道員留補署衡永郴桂道敘寶慶防勦功加鹽運使銜授湖北荊宜施道調岳常澧道辛酉擢按察使敘辦理軍需功加布政使銜同治壬戌引疾去職甲戌授雲南按察使兩署布政使光緒戊寅開缺回籍先後主大梁書院講十六年以庚寅五月二十一日丑時卒年七十五公知長沙塔齊布公以都司守北城公與語奇之言於張公命將三百人復薦於侍郎曾文正公國藩領

一軍大膊賊湘鄂潯陽為中興名將冠公實開之賊圍急　欽差大臣徐廣縉督師駐湘潭不進公以同鄉故請於大吏親往自天心閣縋而下摩賊壘過見廣縉陳說百端廣縉竟不前衆壯公有膽公既官湖南久於吏事然民生利病分擘要妙心摶於公澤下於民閭里婦孺皆知公鉅人長者比蒞滇新熄於回貧敝甚公條具亟宜張施數事上議督撫罷諸尤不便蘇枯瘠肥功效章明然天性剛直恥媮合苟容意所不可弗少假人詞色亦重以是不快流俗按察湖南時巡撫毛公鴻賓公同年友也布政使員缺鴻賓舍公而以岳常澧道惲公世臨權其事惲又公夙所推薦者以論事積不合不二年代為巡撫公遂不能安其位滇中大僚同官多崛起軍旅公以文學老成參錯其間度終不得行吾志去計適決名位弗顯識焉惜焉然公之去湖南巡撫百計求公過差意榷木稅常德有臧私集關吏役嚴鞫不得公毫毛罪家素封道光癸卯河決中年丸保資用蕩然公方官京師冬月衣裘典盡覆衾取煖午後始起友朋誚其疏懶終不自言貧可謂強毅有守君子矣夫人同邑莫氏先公卒妾戴氏張氏子植廕生山東候補同知莫夫人出爾顓縣學生國子監典簿爾頊俱戴出先卒

爾楨爾騰生通政司經歷張出女長次適李三適朱四五殤孫永恩殤永垍孫女一以某年月日葬某原植等遣伻走數千里乞銘先謙兄先惠弱冠受公知有國士之目府試拔冠曹其没也公為流涕先謙年幼無文就試時公以兄故特寘先謙前列洎先謙官京師與公相見距兄没十七年語次及之猶太息可感也已銘曰

粵有聖史奎章作新有臺有墳於汴之原四目矐靈流慶後昆條繁支衍焜燿朱軒光啟我公炳我　聖文程材校藝空其良羣被　命浮湘用牖我民文史清讌旁羅國賓匪軾匪轍歐陽之門噓生慟死公意何歉　皇路再税高坐梁園杖鄒撰杖列士振振祝公百齡冠冕人倫胡天不淑壞木頹山公施不究四海歎言雪涕摛詞以表私恩

誥封資政大夫安徽桐城馬踏石巡檢陸君墓志銘

君姓陸氏諱枚字建中亦字立甫其自號晚更號脩德老人世為浙江山陰人曾祖華芳祖湉遠父閬風縣學生生子三君其長也道光八年援例議敘巡檢分發安徽補廣德杭村司調桐城馬踏石君自少意氣豁達有康濟民物之志苦不

得發攄既補官慨然曰吾職雖卑抑豈不足為政邪馬踏石治樅陽鎮為縣漕兑運處邑里殷賑民好鬬訟君遇就質者反復開譬俾各解釋咸悅聽命逾歲獄訟大衰益為詰姦宄待暴客捍火災諸法令衢巷不驚民弛足卧成梁夷塗發粟施藥充書院費新神祠損奉為之遭歲大水浮棺蔽江購地掩瘞大斂殍者設船拯溺為堂育嬰職所能舉皆董勸以就督築濱江隄圩工用堅完農甿大驩然君應務固持審不苟興事為名樅陽口納七縣水輸之江中瀦為菜湖浸沃廣衍議隄口捍江潮瀕行婁矣君曰夏秋潦漲隄終潰且既築泥沙不隨水出壅積益高貽無窮患持不可其明識善斷皆此類也咸豐八年李忠武公續賓復桐城大府檄權縣事治附賊者宥脅從保全甚衆復巡檢任先後官樅陽三十六年同治八年乞休用子 恩封中議大夫晉資政大夫光緒十年五月三日卒於桐城旅舍距其生乾隆某年八月十九日年九十夫人周氏王氏姚氏子八炘江蘇上元淳化鎮巡檢以殉難 賜卹顯勳安徽壽州知州煥從九品卒仁勳糧庫大使熒殤炳勳巡檢獻附貢生銑知州炘顯勳仁勳炳勳出後伯叔父女四二適沈一適何一適吳孫六舜昌吏目卒恆修恆敬恆謙恆浦

姪弟孫女八卒年十一月二十七日葬縣天樂鄉新橋頭王夫人祔君耆善士天性尤勇於赴義不以疑難沮廢粵寇踞金陵君集團練勇官軍入竟有卒夜至鎮團勇疑為盜斃之軍大譁君語領隊者曰勇誠誤殺若違律可使大帥聞邪領隊者氣懾去又每笞過軍之不法者數十百人訌於廟不為動折以理亦卒無事後因事去職避亂山寺一日賊詗至拔刀斫佛像大呼索見舊官君奮身出我舊官也見奚為者賊愕然君從容語諷之其人竟斂退衆大歎異嗟乎死生呼吸之際它人或震駴不自持而君坦然無毫髮計慮豈非所謂慷慨明達之君子耶可銘也已銘曰

吏道上失媮迺積卑官營私世奚責有矯斯拔古罕覯利澤旁漑謳循績懷忠履正姦辟易以氣配義聖所迪刻文表幽最厥迹更百千世羣元宅

江西進賢縣典史張君墓志銘

君諱景熙譜名恩海字學齋晚自號鶴儕善化張氏其先浙江山陰人始遷祖國瑞於 國朝康熙間官湖北白湖鎮巡檢遂家湖南曾祖仕炘祖城字雉千富而好禮實大其宗父廷錞母氏王繼母黃子四君其季也少困場屋棄舉業

幕游豫章積勞敘官補進賢縣典史在任九年典史秩卑進賢尤瘠薄奉入常不給而君堅忍峻厲有以非道干者必嚴拒之劉王二姓邑大族也以爭山連訟不決聚族械鬥勢洶洶縣令不敢往大吏檄君履勘或以巨金求左袒君曰如此則械鬥成矣立往勘實置酒延二族耆老開諭利害積數日為畫定界域二姓感服化爭為讓曰微公惠禍無已時各立君主於其家祠生祀焉未幾解官歸家居垂二十年以二十二年二月二十五日卒距其生道光某年六月年六十五妻戴氏子五廣椿廣柏廣桐廪貢生四川候補縣丞廣榆廣榦女一適長沙毛雲孫七育鳳育鵬育鶚育鷙育鵠育雁育鷗孫女七張氏自雉千公以耄年碩德五世同學子若孫七十餘人自少逮事祖父大吏援　高宗純皇帝定例入奏　賜七葉衍祥額時論榮之先謙少壻於張猶及再見雉千公於丈人行中最敬君及知府贈太僕寺卿繩生先生恩准以為敦厚明達君子人也雉千公卒繩生先生亦歿於江南軍中二十餘年閒張氏老宿名人凋謝殆盡惟君家庭雍和後嗣皆循守禮法鼎鼎樹立自君一本綿衍內外幾三十人福慶之隆雉千公後罕有及者作善降祥非偶然矣以卒年五月三日葬河西七

都燕子山八斗衝首巢趾乾廣椿等竝請銘爲摭其行事章著者書之以見如君之志識而屈於卑官爲可惜也銘曰

唐虞惟百用人代天叔季冗濫賊民養官養之不飽剝我黎元豺狼塞途見者心酸諰諰張君惠心仁言濟介以勇格彼庶頑孰謂一命利民無權敬告有位視此新鐫

贈太子少保江西布政使陳公墓志銘

公諱湜字舫仙姓陳氏先世有諱珩者於明成化間自江西泰和遷湖南湘鄉一都之常樂鄉遂爲其縣人曾祖大田祖德榮俱太學生父開煦貢生候選教諭三世以公貴　贈光祿大夫曾祖母丁祖母左母杜皆一品太夫人公少蘊奇氣以幹略自負既婁困場屋無所發攄咸豐六年曾文正公國藩勦粵寇江西其弟忠襄公國荃帥師往援要公襄理戎務從下安福萬安進圍吉安文正兄弟奔喪返里公代領忠襄軍丁父憂歸蔣果敏公益澧帥師援粵西强公偕屬以新中營攻平樂府一戰復之賊趨桂林公率四營遏之大灣車埠村焚大壘二悉破其餘壘逐北三十里剗蘇橋賊巢平磯石灣土賊從攻柳州焚奪潯

州援賊船於三河口遂克府城病假歸九年賊酋石達開竄湖南圍寶慶號六十萬大府檄公會諸將赴援公宣言曰賊盛不啻倍徙壘相偪將長圍困我今南閉不通更斷東道禍敗立至宜急重兵扼山峽深溝峻垣與城下軍相首尾通饋餉戰且守以待援萬全計也衆不從賊圍合公大小之戰八十餘迭勝負會湖北援軍至夾擊走達開文正圍賊安慶遣公往總營務公規地形策冬令湖涸宜先堨樅陽口蓄水則援賊唯道集賢關便扼擊忠襄從之遂復安慶自是獨領一軍會克無為州運漕鎮東關銅陵閘巢縣含山雍家鎮裕溪口西梁山諸城隘丁母憂歸再赴營從圍金陵建議先併力九洑洲斷賊江北接濟賊酋李秀成來援破其數十萬衆城圍合公將西路軍克江東橋印子山七甕橋紫金山諸隘金陵破公入自旱西門遇李秀成率死黨走出急擊之秀成匿民舍為官軍搜禽先是公以功由主簿積保至道員　賞花翎巴圖魯正一品封典至是　命以按察使記名同治四年授陝西按察使調山西兼辦防務汾晉狎承平官吏宴娭撫寇入秦公請於巡撫益兵儲饟得　俞旨同僚積忌齟齬甚公孤立束手議自砥柱而上增練水軍吉州鄉甯冬冰可徑渡宜河壖築碉

設險衆尼不行五年撫酋張總愚謀渡渭公令水軍泝河入渭焚三河口浮橋上下周防自督朝邑民團嚴備渭北賊不得逞秦撫以聞　上嘉其奮勉六年賊由渭上游涉淺傍河疾趨乘吉州凍合闌入山西事　聞部議奪職忌者續劾　命遣戍仍留任督防時回撫交蹤窺覦未已公分兵防東自守西河卒就前議起龍門抵壺口三百里量山口濶狹作城堡使寇不得入鳩工於軍取材於山裒八千餘丈半歲而畢河冰復合公謂諸將曰守足恃可戰矣出奇掩擊賊屢創走撫寇平　命赴甘肅隨征左文襄公宗棠委總營務平金積堡　詔復官統諸軍規河州當是時連喪領將軍情少沮公與文襄密畫機宜隱若符契賊窺運道一戰破之乘勝再厲回勢以蹙受其酋馬占鰲降申定約束責獻馬械誅尤不馴者數十人弭耳崩角罔敢枝柱梟狼革心版圖來歸出衆不意咸大驚伏馬桂源本源兄弟以撒拉教主據西甯受職官持兩端懾兵威走巴燕戎格公請於文襄簡精銳自番地間道蹄數百里陟降山谷踐歷氷雪距城廿里所賊覺而駭悉兵迎戰公令於衆曰前有强寇後無歸途不破賊無生矣大呼競進三合三勝桂源本源遁公善視其孥迺因占鰲乞降公以計傳致蘭

州論如律撫定其徒黨東渡河降循化廳內八工平堡寨千修城建官立約二十條皆敬信奉行關內將清公復假歸光緒九年　命入覲發江南交忠襄委用　奏派總統諸軍兼理海防營務因事被議回籍十二年　命繪像　紫光閣十六年再被　命入都仍發江南補江蘇按察使二十年倭事起　詔北上尋率卒五千援遼二十一年正月駐軍大高嶺左之甜水站坎徑乘隘倭來伺攻迭擊之老君堂入會寨牛嶺九溝峪柳林子多所斬獲時遼瀋諸軍大集皆蓄縮自保唯公屢挫狂寇往返援應沛若有餘衆倚為固嶺防鞏完陪都弗驚羣議侈張公不有功七月和議成　命西剿甘肅叛回擢江西布政使改駐山海關專辦湘軍操防事宜以湖南賑捐　賞加頭品頂戴二十二年四月卒於軍距其生道光十一年十二月年六十六事　聞　賜卹如例　贈太子少保事蹟付史館廕一子入監讀書原籍及立功省分建祠公長身高顴威重內蓄臨戰陣意氣飆發不測若神怪善審敵情覘形勢遇艱險沈幾默斷應時立赴卒善自全自湘軍名天下後進多躐高位公聲績出諸老將上任久不進衆每語及公必相詫曰　國家有軍旅事非陳某不任天殆留異日大用地不則胡

然始政於晉軍書之暇雜治案牘必有雪理豪勢無奪逮晚治吳專精竭誠積以歲年多可紀述於是競美公豐於吏才不竟其用尤足惜云夫人氏潘繼娶氏夏妾氏張胡葛子五善二品頂戴安徽候補道仁五品銜訓導潘出翼棟員外郎銜中書科中書翼梁太學生早卒夏出翼爵胡出女適李歐陽黃季字張孫道亨優廩生道恆附生道穆道愈太學生道頤道履道節道復曾孫傳鑊二十三年五月善等葬公湘潭上十七都瓦子坪首申趾寅泣以銘請辭曰

公之績書太常公之政炳刑章公之軍張吾湘公之澤滂　帝鄉名雖高抑不揚施弗鴻民有望惟明德永馨香臧既堅後必昌

二品頂戴江蘇候補道郭君墓誌銘

君諱慶藩元名立壎字孟純子瀞其自號湘陰郭氏其世父兵部侍郎嵩燾及父四品京堂崑燾並以德業負重名世系具余所為墓碑君幼敏異年十五補縣學生食廩餼既屢躓鄉舉援例得通判軍功累保知府分發浙江乞假歸養家居十年以道員改江蘇遭母喪以毀卒光緒二十二年四月二十二日也距其生道光二十四年九月十八日年五十三妻氏馮妾王子五本源振鏞本常

本疆本焱惟振鏞存舉人五品銜內閣中書女四適江王其二殤孫道桓同光閒郭氏門族鼎盛中外達官多通家世好君負才地滋欲有為於世然在浙兩筦榷稅不試守郡道員黎庶昌使日本請於　朝以君為參贊官嬰疾未赴在蘇主揚州運河隄工躬親勞苦功效章明而君銜艱遂不起矣君之假歸也余以憂里居數相見於文事剖析源流闡抉闓奧騖精詣微其應不窮余曰子才可名箸述奚浮慕世榮為君笑曰吾涉獵及之非所注意也嘗上書大學士合肥李公以為製造招商等局僅收外人所得利什一宜飭輪舟倣公法貿易外洋收利權又言於今大學士仁和王公論鐵軌電報郵政礦務四者宜急舉今更二十年或事已肇端或法猶未立而時局之棘已百倍於君抗論之日然則中國非無人之患也直謀而不用之為患如君之明識遠慮不一效其能以沒不尤可傷也邪君箸有許書轉注說例一卷說文經字攷辨證四卷說文答問疏證補誼八卷說文經字正誼四卷合校方言四卷莊子集釋二十四卷泊然盦文集二卷梅花書屋詩集六卷瀞園賸稿二卷尺牘八卷卒年某月葬長沙大賢都蒲鐘塘山首癸趾丁兼子午振鏞泣請銘孝思勤勤歷久彌篤越歲壬

黃乃序而歸之銘曰
其趣也惓厥施其得也匪所期嗚呼郭君胡不壹爾思而遽止於斯吾為子悲

誥授朝議大夫湖南常甯縣知縣龍君墓志銘

君諱起濤字倣山禹門其自號永新龍氏先世自江西吉水徙縣之蓮塘四世祖況唐大理評事二十一世祖仕安明鴻臚卿後有諱之晉者饒於財移居西洲施藥濟貧時以況瑕丘仲負局翁於君為太高祖曾祖作楳祖朝官 誥贈奉政大夫父光闇旌於 朝余為之傳所稱龍孝子者也孝子五男君最幼生有至性少長沈默寡言笑孝子遘危疾君私禱於神祈促齡益親算弱冠補縣學生食廩餼有文名困於鄉試家貧志學益堅常攜一裘就讀府城白鷺書院初至典裘為食試高等積貲贖裘餘以購書歸度歲復往咸豐丙辰粵寇陷縣城君走避親友家輒觀書或迂笑之君曰吾無書則兩目無所注非自若也同治癸酉舉於鄉甲戌成進士以知縣即用分發湖南先後權辰谿芷江桑植補華容調常甯君之任辰谿也縣多奸徒劫質索贖白晝肆行捕獲杖斃餘皆屏息在常甯禽盜魁蔣姓鹽梟鄧姓解散徒黨人謂例得獎盍上陳君曰殺人以

徵功吾弗安也華容瀕湖恃隄捍水官歲巡視民輸千金襲爲例君卻之更助以貲工用堅完俗爭淤田利舉充書院育嬰費疏龍閘河導積潦涸田數萬畝澧水出桑植境乾隆中茅巖山崩水壅不流商阻市荒君碎石通道行旅稱便勸捐田租千石贍學官庠序訢然蓋君之爲治循事制宜高行若性不以競名渥惠彌襟不以弛威所至士服其教民安其生莅江耗倉穀甚鉅爭代輸足桑華並建生祠禁勿止雖徇俗非典然民情可見矣君故澹榮利光緒二十五年己亥入貲爲知府遂不出明年庚子七月初七日卒於湖南省城距其生道光十二年壬辰十月初三日年六十九越歲辛丑四月二日權厝善化東鄉養廉山首癸趾丁妻恭人氏李繼娶氏賀並同邑人子四國檝縣學生翰林院待詔國棠中書科中書俱先卒國楚舉人知縣國枏湖南候補布庫大使女四適段藩蕭旭明朱毓鳳一先卒皆賀出孫男承爔承誥承煒承煦孫女六君少從伯兄學相友愛兄陷疑獄君傾數百金營救得解然其時不名一錢顯仕後族戚孤寒周卹罔勸遇平人必諄諄勸誘曰時當末季殃祥雜降求可憑者唯行善乎刊崇儉說分詒親友布衣糲食安之若素或與言治生蹙眉不答相質以詩

文經史則講論忘疲其耆學蓋出天性所著毛詩補正廿五卷天霞山館文存
六卷詩存二卷制義文一卷君於崇階厚祿無氣力致之而文學頗見知大吏
六充鄉試同考官得士最盛長沙陸承宗桂陽夏壽田兩編修尤著君會試出
余房一見相得甚歸里以來過從遂密譚文校藝歡然移晷知其天懷皓潔表
裏洞徹服官三十年於世俗婞婀輭媚氣習一無濡染詩曰風雨如晦雞鳴不
已如君者可謂樂道有守君子人矣國楚等固以銘請泣然不能辭系以詩曰
昔君遠祖伯高耀漢敦厚周慎新息攸贊君族紹之於鑠洪支於唐於明振聲
天墀樂肆善人旌門孝子靈源載清厥流不滓君繇世德秉義含仁言動植矩
文章潤身伏而求志獨寐勿告出而牧民仕優仍學違爾高厲泊然無營被服
河間絃歌武城匪云近名唯以效職道學循良兩無愧色繼緒必達斂形孔安
老友逝矣曷制泚瀾

昆明布衣朵如璋妻劉氏墓誌銘

長沙　王先謙　益吾

朵氏之先出西夏甯州元初有旺扎勒結者世掌其國史守西涼以城降太祖為中興路管民官當時號曰滿朝清者也子朵兒赤字道明年十五通古注論語孟子尚書奏對香閣請世祖親君子遠小人授中興路新民總管升潼川府尹歷有聲績臺臣奏為雲南廉訪副使諸蠻叛僚佐悉去朵兒赤獨居守遷山南廉訪副使復調雲南廉訪使卒於官有子仁通為雲南省理問天歷二年雲南諸王與萬戶布呼等叛仁通率官軍討之沒於陣朵兒赤者蒙古語為多爾濟中國人以音近之字誤譯為朵　國朝校訂元史　特命更正然而朵氏之流傳遠矣同治庚午余典試滇中得士曰朵如正詢其氏族祖籍甯夏元時為雲南大官先世有以忠烈與祠祀者名字事實莫可考訂蓋滇異變亂譜牒失傳久矣余求朵氏之先與如正所言符合宜莫如廉訪使道明父子為近及考通志祀典忠烈諸門獨無仁通然則節義懍烈迄弗大彰書冊不載遂用泯滅

者蓋又不知凡幾也如正兄如璋績學不壽有妻劉氏奉孀母以孝撫如正兄弟以勤趣晨而作釜迺得鬻眠夕而絅縈迺得膏提學使者楊公式穀旌其閭以同治元年某月日卒享年若干葬省城東十里某原如正光緒二年成進士以知縣分發浙江即用既後兄以子鍾麟又復為嫂請旌於　朝而乞余銘其墓乃為銘曰

高山崔嵬去天尺二雛匐匍老嫗泣有健者婦負且掖衆脫險厄度夷易衡風無端拔高柏泉臺闃寂怨精魄彩雲之南永安宅報以不朽視刻石

姚訪梅妻張夫人墓誌銘

光緒九年十一月十二日姚公訪梅之配張夫人卒於天津邸舍公悼甚於是為文紀其淑行以告先謙曰吾妻六歲通書史出語驚其塾師以謂慧勝男子逮歸余虔事尊章先意而趨善事而後告吾父母未嘗不色喜咸豐庚申湔有粵寇吾妻奉母挈家浮海轉徙數千里綢繆持扶離困者數三年然後歸遺產蕩盡修廢舉墜一以已任心力周完資用饒益余司鹺運天津治團練備寇壹意馳驅而不以家為恤者內事有相也初道光已酉歲大祲吾父散萬金鄉里

吾妻覩而慕之常思所以繼先志遇歲凶必就余謀振救衣服饘粥醫藥棺槥
逆儲而時給從官於津地汙濱海運河隄時決壞田廬民老幼扶攜奔號或踣
斃道路尤憫傷之悉力以濟同治癸酉大水齧城西門礄阜崩圮浮棺蔽流下
吾妻聞亟命舟四出至距城七十里之鐵嶺獲棺千有字者編册俟領餘瘞地
葬焉捐之吾鄉及各行省先後都萬數千金時見事迫或不及諮余而行亦知
余非遴於財者也然奉己縮嗇無好美衣食絲粟自持理不假手臧獲今歲直
隸淫潦吾妻豫紉棉衣五百襲以賙災黎身自經畫中熱遂病不起疾革猶諭
家人速成之其好善之誠終身不改竟以瘁殞悲夫余與吾妻相從顛危不得
偕老而先余沒其賢且勞旣繫人思而余自是無相助以有為者吾子辱於姻
好請紀墓祠以抒余哀嗚呼其賢也如是可無銘夫人姓張氏秀水人江蘇布
政使理閣以銘女年二十歸布政使銜候選道姚文枬用夫
恩封一品夫人光緒戊寅助直隸山西河南賑大吏入告 賜樂善好施額生
道光四年六月二十八日年六十子二寶勳山西候補道恩行内閣中書以畿
輔厲饑留養貧民積勞沒京邸會稽李慈銘銘其墓所稱姚孝子者也女一適

某孫四賡韶壽同乙青詒孫夫人以某年月日歸葬某原銘曰
卓哉夫人能亨其屯能富其貧勇足以踐義而儉足以成仁流萌跣露不殄而
竇枯巘纍纍不波而墳財則可盡心無窮垠士夫所難矧閨門其魄歸澌神在
津有欲徵信考斯文

張戊生妻趙恭人墓誌銘

先謙妻世父戊生先生手其自為繼室趙恭人事略泣而言曰恭人之歸也事
大父父母稱孝謹吾前室子女三皆幼恭人撫之有恩前室子沒又撫二孫以
成立孫又生子而孫婦沒恭人撫孫之子益加瘁焉其教子嚴不以孩提貸雖
冠有室出入定省小節必飭性勤敏而強記凡所匡佐巨細咸理吾以异官需
次粵西東恭人偕減僕從躬操作薪斧血痕盈指然審事所宜而劑其豐儉遇
義舉贊之必力遭寇亂挈家走鋒鏑中屢危獲安吾得育子抱孫曾以底今日
恭人功也吾疾甚恭人刲血方劑奔迫牀下露禱請代三月乃已吾歸後或勸
復出仕恭人則以守先疇偕隱娛老為請吾感其意而止而恭人竟不幸前逝
吾之哀可知也子其為之墓詞以慰吾意先謙不敢辭謹序曰恭人係出浙江

山陰曾祖藥徵宋太宗二十八世孫遊長沙遂家焉父兆奎母氏彭事姑以孝聞恭人年二十歸善化鹽課提舉隨帶加三級張恩溥子四廣林候選從九品廣本國子監典簿廣枝廣西巡檢升用和縣廣廉候選縣丞女六次三適羅振疇楊世珍其四殤孫男六育壽早沒育燕殤育和太學生育勳殤育炎育鴻女孫三曾孫一祖基曾孫女三恭人光緒六年五月十一日卒年五十七某年月日葬某原銘曰

賢夫良妻古重偕老勤思其約維家之保溫溫德人實相儉苦晨惟食咲夜則在杼恩其羣雛以翼以哺遂康其室爰笑爰語孫虞海表劉郭衡陽云何不弔有願弗償奇福在後庶俾熾昌伐石鐫辭以表芬芳

劉母張太夫人墓志銘

太夫人武甯張氏處士揮鑾之女同縣劉氏

誥封通奉大夫大觀之妻按察使銜湖南候補道鎮宇定夫之母也劉氏之先無顯仕而定夫曾祖諱良承者特旌孝友逮祖若父竝以植德行善名一鄉故為武甯望族自其始遷祖母艾於元末為陳友諒所獲義不辱賊剚刃而死定

夫祖母張侍姑痿疾五年扶持抑搔澣滌汙垢抵姑沒無倦容前後相望著於邑乘太夫人繼之尤以孝謹聞里鄰稱劉氏世有賢婦爲翁姑及夫者皆舉以訓其家人婦女之賢者聞而競以相勸其不率者競以相愧至今彌久而傳述之弗衰太夫人條理家事能使封大夫在約而忘其貧定夫以甲科服官中外二十年亦居高而忘其貴歷守鹽法長寶道衡永郴桂兵備道勤惠篤誠政績章顯有頌美之者定夫必曰吾弗盡此心無以對吾母地下其鄉人頌美定夫者必曰微太夫人相封大夫以教不及此也太夫人卒於光緒八年壬午九月五日距其生嘉慶十六年辛未六月十四日年七十二葬縣東山塘凼首申趾寅子男子二鎮同治辛未進士由戶部郎中改官道員銅選用巡檢子女子四適張公鸞李鶴翔柯際逢張兆升孫五熙垕熙臺熙階熙基熙塾壬午六月先謙奉先太夫人之喪歸自京師始識定夫於長沙未幾而定夫以憂去越七年先謙由江蘇學政乞假旋里定夫復在會城每見則曰吾與子同抱無母之戚之官而不逮養吾母其慟又與子同今埋幽之文猶未具子其思所以紓吾哀者先謙不敢辭迺爲銘曰

母心憂勞以發子名仕宦既成而隕母生曷慰其靈惟往訓是程郎君皝皝福我黎蒸億載千齡賢母之榮

左母張夫人墓誌銘

湘陰相國恪靖侯　贈太傅文襄左公側室夫人張氏年十八以侯夫人女隸侍文襄公事公五十五年有三子一女八孫一曾孫用子　恩封恭人再封夫人壽七十五歲以卒侯夫人湘潭周氏夫人其同邑其來侍也公方舉於鄉夫人佐治內政婉謹自將公與侯夫人實嘉賴之逮公督師定浙東西由浙江巡撫拜總督浙閩之　命夫人從侯夫人省於福州公移督陝甘則偕南歸時同治六年也越四年侯夫人卒家事一總於夫人光緒五年新疆大定夫人省公於酒泉公奉　詔還　朝出督兩江夫人皆從年且七十矣公賓敬有加然以感念侯夫人故特虛正適之位夫人亦柔從聽侍執妾媵之禮以終身不以得志妷妷幾微見於詞色君子以為文襄之治家有法及夫人之循分達理皆近世富貴家所罕見茲可謂賢明也已夫人生於嘉慶十九年甲戌八月初三日卒於光緒十四年戊子十一月初十日後文襄公卒四年葬善化八都井陂中

已上山首丁趾癸子孝寬府學附生　特用郎中　賞花翎孝勛附貢生　特用主事孝同廩貢生　特賞舉人女適浙江候補道黎福昌孫念恕念貽念忠念惠念颺念康念恆念恭曾孫景發將葬孝寬等具狀請銘銘曰

嘒星宵征樛木之應適溥其恩庶安厥命閨門有倫家國斯正王公秉義以式兆姓曠古繼美維我相侯不改其齊哀思好逑夫人善下樊衛之傳雖卑弗踰尊光熟侔畏佳之山其下維谷赫赫相侯勝此邦淑德流慶積孫子蒙福我銘此詩揚其芬郁

李母陸費夫人墓志銘

夫人陸費氏浙江桐鄉人其先費氏撫於舅氏陸為子閱五傳有諱賜者始兼姓陸費陸祁孫先生志其家世所稱進士山東平原知縣者也賜生淮縣學生淮生椿候選訓導椿生熙用雍正六年舉賢良山東武定知州熙用生墀乾隆丙戌進士翰林院庶吉士官至禮部左侍郎始大其宗是為夫人曾祖墀生元璜直隸天津縣知縣元璜生瑔嘉慶戊辰　恩科副貢生官至湖南巡撫夫人其四女也年二十適李氏為嘉慶辛未進士翰林院編修貴州布政使諱象鵾

之家婦太學生江蘇候補道名家驊之妻兩家仍世貴仕夫人獨習於勤儉絲粟自料理天性純篤侍姑疾湯藥嘗而後進扶持仰撫昕夕無惰容姑欣然以謂忘其病苦也從夫江南賙無告振鄰災有善舉必稱姑之遺訓而已弗尸其美生子女各一子殤後强夫置妾遂有多男光緒十年甲申夏五月二十九日卒於江甯家人僕婢罔不極哀其生以道光十五年乙未閏六月十五日年五十子世華夫人出世蓀世蓁世蓫世蘧世蓮世邁世蓫側世伍出世蓬世蓪世邁世近側室周出存者蘧蓮邁蓫薖近女適善化縣學生張楫其一伍出待字以某年月日葬某原銘曰

奉則嗇也而豐於施維孝有思以繼前規陰義不専稱陽施皇有明訓執者希惠心嫥嫥祈螽斯天道顯顯章母儀備諸懿行為女師後有取則徵予詞

鮑母袁太恭人墓志銘

光緒十七年辛卯四月八日善化鮑君文浚蓉泉之母袁太恭人卒於長沙會城將葬詣先謙泣而言曰吾母年十九歸吾父不逮事舅姑若婦怡如也吾父素剛直母則劑以和柔門以内肅如也室事洪瑣總於一身卬拾俛取晨作而

宵不輟天性好潔環堵無纖塵至老弗易其故遭亂家匱粥鬻質珥衣食自縮嗇而賙給戚鄰無少遴人有善必亟稱之曰吾導其機使弗塞庶幾彼聞益自厲也亦時用世俗因果之說勸人媥族桀黠者多化焉嗚呼其肅於禮而裕於仁也如是子可無銘先謙則謹序曰太恭人籍長沙太學生洪鏘之女　誥授朝議大夫鮑相珩之妻生於嘉慶甲戌八月二十三日年七十八其卒年七月二十六日葬縣南沙湖橋陳家衝上元公山首巽趾乾子五文濬光緒己丑恩科舉人四品銜候選知縣新甯縣學教諭文濤湖北候補巡檢丕燮皆先卒政縣學生候選鹽知事恩潢太學生布政司理問銜出後從世父女二適謝適鄒孫六承鑫承麟承慶承霖承彥承穀曾孫一功彝先謙母出自鮑於蓉泉為從姑母之歸吾父也家貧甚外祖父母先亡與外家絕者數十年而蓉泉與先謙同就縣府試同為諸生用文字相交好彌久弗替歲壬午先謙銜艱返里蓉泉來哭吾母越七年先謙再以病歸與蓉泉相見又哭太恭人焉以歲月之不居人事之多變而吾兩人者亦俱鬢髮衰白可感也方蓉泉少時文尤高名尤盛同輩望若天人而屢困秋試迺從戎幕得官年五十尚羈末秩時命之不可知

如此然其得鄉舉適先太恭人卒一年抑豈非誠孝所感而天以慰太公人教子之志與其將佑啟蓉泉而益顯大之也又必然也銘曰

教誨而祝其式穀哀哀者爾所生耶菀與枯兮倚伏蒼蒼者孰虧盈邪而及身見子之成名人皆曰是以報賢母之廉貞嗚呼千秋萬歲兮護此佳城

龔母沈太恭人墓志銘

自同治壬申先謙奉母太夫人入都時同鄉京僚善化龔省吾舍人長沙陳伯屏編修皆迎母京邸吾三人以姻戚故登堂拜母承望歡顏家人往來互詢高堂起居色笑以為樂三家皆貧而薪米之供尚不匱官俱不高遇春秋闈必各得一衡校差以幸與斯文為老人光華雖鄉人多有老親而見吾三人者獨得晨夕侍養感歎稱羨咸自以為不及也光緒壬午先謙丁母憂再入都則伯屏奉母之任大同惟省吾數相見逮先謙歸自吳罕與通訊聞其母健官遷則喜倭寇震畿輔省吾母以老病留都則頗以為憂歲乙未聞以乞郡至皖余謂以省吾才望當不日除大郡博堂上歡又為大喜未朞年而凶問至悲夫既哭弔於湘江舟中遂以銘墓之文來屬先謙不敢辭謹序曰太恭人沈氏系出浙江

會稽先世某籍湖南父閬衣諸生游廣西殉粤寇難　賞雲騎尉世職祀昭忠祠母氏李年二十歸　誥授中憲大夫龔某志識堅强過男子凡女紅酒食之事靡不精醫藥卜數之書靡不習督訓諸子嚴克其愛逮於夫歿畢營婚娶推食分潤用賙親族自奉無絲粟之費燕朔苦寒省吾製狐白衣以進卒卻弗御其不以尊榮易心如是子五省吾名鎮湘由進士官至禮部郎中截取安徽補用知府運屯殤煥湘候選通判先六月卒鏡清江西樂安典史炳湘候選府經歷女一適同邑張惟純孫五兆崙山東候補縣丞升用知縣而安湖北候補典史家幌卒慶龍福建候補巡檢顯家曾孫二聲遜聲九曾孫女二用子　恩累封恭人以光緒二十二年正月二日卒於安慶省城距其生嘉慶二十年八月十日年八十二即以其年六月日葬長沙河西都禾黃嘴首甲趾庚兼卯酉銘曰

婦代有終大易所重篤生材賢蔚為邦棟五馬翩翩來導母輿云何徂謝未安厥居昔年京國歡對魚筍今茲鄉山椎牛涕隕榮養未逮而丁鞠凶鮮民之生銜恤實同茹慟宣詞式章鴻懿潛神大幽增榮奕世

伯母郭宜人墓誌銘

伯母姓郭氏同邑人也郭氏以儒世家科目蔚起伯母年二十來歸吾伯父虎臣府君三十而喪夫守節四十一年而沒於光緒乙亥二月十九日年七十有一其年用姪先謙官　覃恩貤封宜人厝京師南郭湖廣義園越歲壬申十二月某日歸葬湖南省城南十八里杉木衝山伯父始與吾父析居其沒也而吾父迎伯母以歸中年多疾不良於行吾母則上下扶持之時其食而進藥餌甘旨焉數年疾良已吾父以兄先和為之子又為之娶婦既成禮矣而兄卒婦矢節以待吾兄弟之為立後也於是伯母又耿耿焉幾得孫二十二年而卒不獲可悲也夫蓋吾家自先大父有弟蚤死無後唯獨先大父有吾父昆弟三人皆不壽而伯父最先沒又唯獨吾父有吾兄弟四人其三無嗣以死獨余傫然存耳三娶婦歷十有八年而得一男裁數月伯母竟不能待立後以逝吾又以悲王氏之澤之微不僅為伯母慟也伯母既卒其婦號哭嘔血無幾亦死伯母性狷潔平日居室中若無與家人事者家人習而安焉及其沒而哭之皆哀夫死而能以義自將有婦而能使不有其身以相從也韓愈氏所稱肅禮而裕仁者

與銘曰

太歲在未奉輿於都問還何期懼衰不虞不虞曷來朱顏鶴骨罰降我躬纏疢遂蹶昔往而哭今歸以咷門祚實艱我心憂惙高山如屏連隴如帶惟藏永甯流澤後裔

嫂吳宜人墓誌銘

長嫂既沒之秋其弟抵書予曰女兄之相君兄二十一月厲節待後者二十有五年不幸死矣平生志行宜有述無使吾兩家子孫久而忽忘也予復之曰微子言固然予不敢忘且嫂之為實有足稱於後者先兄會廷公為伯父後嫂之歸也伯母存事之恭謹有禮以予父母恩遇之益感奮不自惜性坦直意所不可盡言乃已家人嚴憚之咸同之交予衣食於奔走騷或四三年而天即又皆荏弱不事事米鹽錢幣出入之數歲時親朋往來饋問之所需烹餁縫紉之所給嫂銳任經理為先後倡不以難諉不以勞見德予歸母為予言之從而謝焉嫂曰予為母婦家事子事也甯以夫存亡異邪　國家禮教漸被之日久先王之道天地之經於今而大明矣通都大邑士君子之所講論達於窮陬僻壤傭奴

販婦之家挺節義甘荼堇者踵相企也不足為嫂異獨其心地明白無畛域之隔赴義如爭利急公過其私使毋不室悴予不道憂士大夫家兄弟號稱讀書而不究於理者相友助若此猶或難之况於婦人而不獲食予一日之報以沒可不為大慟乎兄卒嫂無出女吾姊女蘭儀年十五暴病死嫂悲慟成疾榮兒生嫂内乳母於室已撫兒卧憐愛曲至而疾益劇伯母卒哭之嘔血遂以不起疾甚以母生日近强起挑鐙繡雙履為壽既沒母持履哭語人曰余視此鍼綫迹心縷縷作痛也疾方作夜手計簿沈思困甚予詰所以曰鉤稽今日所出少不合苦憶弗得意舍去則竟夜不成寐予曰嫂病矣盍少休再三促之乃已其勤密如此悲夫先兄用　覃恩貤封奉直大夫嫂封宜人以光緒元年乙亥五月二十一日卒於京師年四十四越歲壬申以其柩歸與先兄同祔葬會城南十八里向家衝山祖塋右側嫂吳氏籍湘陰女弟適善化縣學生劉晃以節撫孤吳氏之先世晦其光而有二女如是可以想其家法弟光堯學行敦篤為名諸生銘曰

育女為娛乎促其齡待嗣報夫乎目弗瞑天乎天乎而不斯人之矜

姪女蘭儀壙銘

蘭儀余姊女也姊既前有子男女二家貧有多疾不自育而以女余邸嫂嫂亦樂得爲之娛甫八月以來食必哺寢必偕顧復恩勤以底於茲女媚好閒靜不苟言笑如成人舉家愛憐嫂重之甚將爲擇佳壻蓋自余兄之沒嫂寡居逾二十年待余兄弟爲立後久未得與女共晨夕十二年矣而卒病以死悲夫女病亟以次與家人訣痛哭俄而笑不止余撫之曰兒何笑兒知女笑乎曰固知之强不能制奈何已又以手摩腹喋齘而言曰苦苦聲未絕而卒至今嫂與余述沒時情狀猶相向泣不成語也某年月日葬京師南郭湖南義園銘曰

女之北也甚歡而不以生反悲以酸乎懼而母將從於黃泉

姪女媚祖壙銘

同治七年戊辰禮吾寓書京師曰季春之朔呱呱在乳浴以蘭湯命之媚祖維堂有萱朝弄夕撫蓋娶婦望孫者垂二十五年而余舉是女謂不可使乃兄晚聞也余得書欣喜恨不即日走數千里歸而一抱爲樂已已旋里入門拜母畢急聞女何在禮吾曳余兄且坐徐曰媚祖死矣余驚而起卻立無語良久潛然

以悲回視家人無不慼者女殤以生年九月二十日瘞某原女生而余不見其貌沒余不知其疾而哀如是甯獨為女哀也嗚呼禮吾請余文以塞其悲銘曰

是長沙王禮吾之殤女藏形茲土其以終古

姪女鶴胎壙銘

姪女生同治庚午之元夕其歲有鄉試余母吉其生以為亡弟登科兆乳名之三元女生而臞其父母又皆臞甚字曰鶴胎肇祖其譜名也爾雅之義肇祖元胎始也女行居三胡以名大女自龔出二女又早殤而生女以為余兄弟似續之蕃將是此始也故女也而雄名之亦母意云爾女生數月幾死逾朞弟夫婦俱亡女病瀕死者數嗣是攜以北無日不憂女病女身日益長瘦骨裁如拳四歲不能行坐性甚慧余取古謠諺及詩語通俗情者教之歌口齒清脆聲琅然滿床席自弟亡後余塊然獨立痛弟不能再世而女為一綫之延也女雖病亟日必呼余抱歌而索余和余顧之淚隨聲下也自其始病兩股旁溼瘀流注潰六七孔膿血不止腐肉層出以至死死之前日猶自抉其數齒天乎女之無罪也女死甲戌二月二十一日前一月夭余女九月前大女殤焉嗚呼越翌日瘞

於蘭儀之右銘曰

女生何罪死何依魂兮歸來無使我悲

女慰慈壙銘

女慰慈朞有二月而字自菴先生之第三孫又八月而殤女生數月能言秀外而中慧閒以家人居室歷指不爽聞予聲輒歡躍叫呼予亦逾時不見不樂也每日斜抱至門外對門牆上青草叢生蔥鬱可愛女注視笑語良久乃入病劇數月稍閒至門猶視青草作笑態而口已不能言可傷也已周氏壻少女六月予頻過其家紅裾繡褓奉手拜跪旁人皆笑予顧之而悲予妻之孕女也時盡室行大江中或曰是生也無根易折信耶何以解於舟之人殤以同治甲戌正月十三日既厝矣爲之銘

女生置酒兮予母歡醉名女娛祖兮慰慈其字劃而逝兮來何爲予涼德兮召之嗚呼

長男榮祖壙銘

京師南郭湖廣義園冢纍纍以千百計其初無王氏墓也同治壬申余挈家來

京先後四年余伯母余郎嫂二姪女一女一妾一甥一僕婦一乳母之子皆沒而曆此今余兒又往矣悲夫兒名榮祖其沒以光緒二年五月十二日距其生元年正月八日蓋朞又百二十餘日矣嗚呼余家男子今唯余在耳余母年七十余年三十有五兒之生距余弟禮吾生之歲二十七年前此未添一丁也兒生一月而病近弗大瘳病且劇又數月疑可以不死矣而竟死將以幼慧促其年耶嗚呼惟其慧余所以尤悲之深也銘曰

兒命匪短藥所誤薄德不任負宗祖魂氣安之骨歸土此石可泐恨終古烏虖吾兒尚何言哉

長沙　王先謙　益吾

劉東齋墓表

故湖南善化縣學生劉君東齋以同治三年正月十三日病卒享年三十有五其年十二月二十六日葬會城東林子衝牛角塘越二十三年為光緒十二年丙戌而其子鉅鐸乞余表其墓咸豐之末余年方少伏處閭里禀先君子命不敢妄交游獨君與湘陰吳光堯蕢階善化張希詠閬軒以姻婭得時相往還講論文藝君年最長跬步以禮自繩檢鞠躬傴僂容莊而色和氣專而善下與人言若唯恐傷之先君子尤愛敬君每諭先謙東齋君子也汝為人當取為法君苦耆學於經史百氏詞賦諸家言旁及醫術象數靡不研究博通喜聚書家無餘貲則典衣以購每得善本以夸示余輩於是蕢階閬軒依式求之必得迺已相與摩挲賞翫以為大快而君頗怪余不蓄書余笑曰俟真能讀書時迺求之耳實則余貧困尤甚欲如君典衣購書亦不能也君篤於友朋之誼尤尊禮正人樂道人為善蓋天性然也始與余仲兄敬吾交密而伯兄會廷娶吳氏與君

為僚壻而早卒君聞其賢每言及輒想望歎惜仲兄沒君以詩哭之慟自是弟蓄余敦勉周至余時豪邁自喜好劇飲大醉君一日峻詞督勸余為之立起自責君廼長揖謝過去它日過余有以它省鄉闈文一冊來者君取視之余曰是咸謂不佳君不知邪君曰吾但師其佳者其不佳者置勿論可也余愧且服自是不敢為附和訾詆之言君諱晃字星耆翥秉齋其自號其上世為衛輝人初徙武昌至君之曾祖某再遷長沙占籍善化君所著有史記校議蒙求增輯各若干卷其妻蕢階仲姊也當君卒時鉅方七歲鐸六歲以節撫教二孤俾有成立令鉅為縣學生鐸光緒乙酉科舉人自君之卒余每謂人吾黨中自是無畏友矣眾皆太息謂然令且廿年鄉黨聚語於它人或不能無毀譽參錯獨至君無異詞必曰劉君端正樸厚人也而余自奔走四方交與幾徧海內求如君之悱惻懇至表裏純潔尚未見有能及者故至今君之言笑動止常在余心目閒微鉅鐸之情余固思託文字以傳君於無窮故遂論著君之生平伐石紀辭使後之覽者有以考見君之為人而知為善者必昌其後而君之子孫亦愈知所勸厲以無愧其先人焉十二月二十九日長沙王先謙述

張夫人墓表代

曾國荃曰自世衰道喪古稱富好行其德者雖士夫以為奇節況婦人乎然余巡撫三晉當光緒戊寅歲大饑燕豫同時告災　天子為之輟膳發內帑賑窮黎捐助徧於十八行省義聲感激風動殊域其在閨閣命子孫鬻田產出釵釧典質相赴救者指不勝僂彼豈急功近名迫不得已而然哉余以歎　聖清列祖以來用仁義教育天下驅薄俗返之古　德意入人至深厚也姚君文枏與余夙相知其子寶勳時方以山西候補道奉檄辦捐有成績其妻張夫人復以助三省賑　賞樂善好施額時人榮之越六年張夫人没姚君迺紀其淑行乞余表之隧上夫人籍浙江秀水江蘇布政使理問以銘女年二十歸姚君舅姑安其養諸姒順其施姚君父資政公嘗散萬金鄉里矣夫人矢承先志每歲歉皇皇焉若疾苦之在己姚君有善舉必力贊或他往必代謀其所施予饘鬻必潔衣必溫厚疾以醫藥殍以棺心神交營次弟周舉其為善於鄉及他省咸可録以從姚君任所久天津民頌述之者尤多先後歷數十年而不渝費萬數千金而無德於其色又時以善行訓其子故寶勳見義勇為其次子恩衍官中書

京師以畿輔大祲留養貧民積勞沒而夫人卒無懈志其疾也以直隸夏潦豫級棉衣賙災黎躬經畫中熱及病革猶諭家人速成之嗚呼賢已夫人以光緒九年十一月十二日卒於天津邸舍生道光四年六月二十八日年六十用夫恩封一品夫人子二女一適某孫男四賡韶壽同乙青詒孫孫女六夫人嘗從姚君辟粵寇奉母挈家汎海往來數千里綢繆三歲以脫於厄逮歸料產執勤條理秩秩家道復興姚君既慷慨好義才夫人之為一以委重夫人廼時其嬴縮持以應務沛若有餘姚君分司天津鹽運攝都轉治團練禦寇用大吏薦擢道員候選加布政使銜摶心勤事聲績蔚起內得助也古言婦德貞靜守節有恥有法而已若夫人迺所稱才明絕異也而行之以仁恕終始之以誠蓋尤難者使婦人盡能知此義則家得其理而天下可以無爭姚氏將世昌矣其所由來不可泯焉無章於後於其歸葬書以遺姚君俾揭於某山之原某年月日表

誥封中議大夫五品銜國子監助教曾君墓表

君諱觀文字適成伯偉其自號晚更號頤菴姓曾氏其上世為福建人至宋右

丞相懷遷常熟遂世為縣人常熟自明以來多貴仕　國朝大學士翁文端公
心存暨其子今太子少保工部尚書同龢　弘德　毓慶先後授　讀海內稱
邑望者必首推焉君天姿穎異十三通諸經受業文端之門學益淹貫中道光
甲辰　恩科舉人會試俛得者屢而太夫人春秋高君眷戀庭闈澹於進取曰
窮達有命吾生平所志在兼濟民物旣不用於天下矣將以施之一鄉故於拯
潦灾興水利振文教邑善舉艱且鉅者必君董成之咸豐閒邑嵗歉鄉民無賴
糾黨刼掠謝德者尤凶横衆數百君曰不急治是釀亂也固請邑令帥團丁往
自以扁舟先遇德於塗冒刃進擒之誅數人而事定粵寇犯蘇州龐文恪公鍾
璐為江南團練大臣駐常熟戰守之策一以諮君今大學士李公鴻章督師上
海檄君與提督劉銘傳援降將駱國忠於福山常州垂克援賊數萬走閒道襲
常熟城守空虛糧臺在焉君率局丁四百人登陴助守歷七日援師至而圍解
自粵寇猖狂東南摧陷　國家兵饟皆絀勢岌岌矣而閭里儒生奮其忠義之
氣各號召鄉人子弟提戈殺賊其轉戰行省勵節炳然者落落著　國史郎竭智
勇衛桑梓出萬死一生之交急公義如圖其私敗則授命成不言勞如君之為

者往往而有卒以廓清氛霧重光天日非今之民情獨厚於古也　列聖仁厚之澤深入人心而先王詩書之教日益昌明其由來非一朝夕之故也君始援例為國子監助教江蘇平晉階五品　賞花翎曾祖夢弼祖溪　旌表孝子本生祖濤父敏謙兩世以君官　贈奉政大夫妣宜人君卒於光緒庚寅二月十七日距其生嘉慶丁丑九月五日享年七十有四其年十二月十六日葬虞山北麓曾家山娶同縣王氏繼娶杜氏先卒俱　封太淑人杜與君合葬妾陳氏子金章慶溥傳章廷章王出承章亮章綸章愷章杜出綸章出後叔父女三適潘楊徐孫治華乂華蔚華蔭華屺華齋華鶴華孫女七長次適錢餘未字曾孫崇世曾孫女一君教子孫有法度雖祁寒盛暑躬自課讀以底成就金章由舉人官內閣中書慶溥由附貢生官湖南同知直隸州知州傳章由附貢生官兩浙鹽大使餘子及長次孫皆文學博士而金章廷章先卒先謙與金章為同年君三子一孫又出先謙門夙聞君之盛德慶溥在湘過從尤密因乞書君志節行事揭之墓上俾後有攷慶溥外內修飭當官有能譽它日所以褒崇其親者方未有已也姑為之立表以俟焉光緒十七年辛卯春三月長沙王先謙述

誥授通奉大夫江蘇補用道李君墓表

皖之南有隱君子姓李氏名宗熠字輝亭先世出唐宣宗第八子昭王汭至宋銀青光祿大夫德鵬居安徽祈門之新田其裔孫定南宋時遷黟之懷遠鄉南屏山下遂為縣人十七傳而至文耀是為君曾祖文耀生世墀世墀生高琳義行具安徽通志高琳子二君其長也生有至性幼遭亂與父相失嘑號山谷中往來尋覓卒與父遇學賈懷甯忽思母亟歸則母病甚逮夕而歿人謂誠孝所感既以居積饒貲設肆十餘用當其才千里外無能欺毛髮家日益豐君顧不自豪也出所有建宗祠設家塾貧老孤嫠月有賙給以惠其族推而至於姻婭里黨所以軫恤之者罔不周助書院賓興費及它義舉數十以仁其邑人推而至於鄉邑及各行省凡有善事所以匡贊之者罔不力嘗獨修銅陵江隄七千餘丈大吏將入告請　獎君曰財不敢愛也徼名私也力辭大吏夙重君聽之光緒間山西大饑捐巨金振濟議敘道員分發江蘇　贈三代二品封典而君不樂仕宦未嘗一投手版謁大府常買舟出遊蹤跡徧江南北遇名勝古蹟流連信宿興盡迺去居銅陵大通鎮之荷葉洲四面環江輪船往來冠蓋鱗萃推

誠款接務盡其歡無識不識皆知君之為善人也君雖席履豐腴而自奉儉嗇鮮衣美食屏弗御遇人子弟閒遊侈靡必正色規之扶翼寒畯推解衣食多至通縣敬禮賢士聞聲輿慕其於鄉邦文獻尤孜求弗懈祀俞理初先生鄉賢刻其遺稿羅端良金正希吳殿麟汪南士諸先生撰著皆重栞流布之余視學江蘇介蕭君敬甫來見語大驩留十數日見余刻　皇清經解續編曰吾幸遇此不朽盛事立捐貲助焉逮余假歸月通書問必舉所欲栞播之書相商榷其用心深長樂善不倦宜獲天佑以輔世庇民不意奪之如是速也君歿以光緒十七年九月十三日距其生道光八年二月二十六日年六十有四妻余氏　誥封恭人側室林氏丁氏子英元縣學生分部學習主事英亨殤英耆女適某適某幼未字孫顯謨君嘗獲吉地於縣南五都舊菴遷葬高祖父母父母以伯叔父母諸人祔自營生壙於側題墓石曰爰得我所遂自號曰爰得老人其曠達如此將葬英元以書來曰知先子者莫先生若願有述也余嘗為君生壙志銘適為文遺英元表諸墓道君它事多可稱茲不具最其大者光緒十八年冬十月長沙王先謙表

翰林院編修陳君墓表

光緒辛丑秋吳自修編修慶坻走書告余曰陳杏孫死矣而其不忘親之心未死也自其通籍後遭父喪不及親含斂哀毀柴立既授職將北上而其母黃太宜人寓滬久族戚咸在不欲遠離故杏孫歸侍未嘗終歲京居每為慶坻言吾母子相依為命不忍以人世浮榮易吾晨昏之樂其至性有過人者已亥冬入都庚子夏病乞假將返而寇亂作犯暑跋涉六月二十四日沒於沂水縣雙堠鎮年甫四十二母年八十一其可哀如是夫子素嘉與杏孫其忍不章以文杏孫名昌紳字彝亭錢塘人祖春曉歲貢生以詩鳴父翔鷺縣學增生候選訓導杏孫七歲能作擘窠書十六應縣府試並魁其曹補縣學生光緒二年丙子舉於鄉丙戌成進士改庶吉士庚寅散館授編修辛卯為順天鄉試同考官甲午大考列二等 記名遇缺題奏妻某氏子輔相以某月日葬某原余主浙試得杏孫榜放來謁年未弱冠風神出羣余心異之及督學江蘇其中表兄仁和葉槐生維幹為余稱其詩文及其志學之美嗣杏孫訪余揚州談經校藝半月別去見其學且大成以為當踐歷崇顯有所表見不意不幸至斯極也余知交

多浙人兩為會試同考官所推薦尤多浙知名士義烏朱蓉生一新會稽李炁伯慈銘秀水趙桐孫銘最著居京師往來尤親者錢塘諸幼陸可炘也而槐生在滬助余校栞續經解至數百卷為人醇笁而勤敏博學工詩貌清癯甚余竊憂其不壽未幾遂沒餘或齒少於余遠甚而皆為古人矣悲夫悲夫人生蹤迹難合并獨文字之契結於性情彌久而不可磨滅蓉生炁伯桐孫之文余既栞而傳之幼陸有所造作謙不肯出故不能得其一字昔索槐生遺稾於杏孫卒不獲以為恨聞杏孫遺著多散落今自修經紀其後事甚至其必使有聞於世矣余故為文視自修以貽其孤使鑱石墓上繫以詩曰

嗟民之生風飄雨暴有性斯凝有文斯曜賦君以性弗遂其天博君以文弗昌其傳海波翻飛蜃駕於陸云胡斯人而丁斯酷清廟之器委於林坰如日將中還墜東溟黃髮倚門迺為兒慟老淚傾泉滬濤憤涌知子猶眂茹哀九原有慰其靈揭此新阡

李徵君墓碣

仲雲先生既沒二十年其子祥霖奉母丁夫人之命捧家傳再拜泣而言曰先

公之卒也時方稺齒於先公嘉言懿行弗能究詳惟憶先公家居詞與色藹然以莊下逮僕婢曲殫恩紀與人務盡懽而禮敬無懈溫溫終日不見涯際暇即紬覽四子書顧不孝曰應務塵雜則心氣浮動賴是以義理養之庶鮮差謬乎已而歎曰吾家積累厚吾不敢望汝輩取高爵厚祿惟勉自樹立作安分秀才世世毋隊詩書之澤於願足矣祥霖今年三十餘愧不克自振拔以崇顯先生敢乞執事文傳之無窮余曰微子言若先生者余固願有述焉先生諱槩仲雲其字自號庸齋湘陰李氏世居會城曾祖世亮祖疇優貢生桂東縣訓導皆贈榮祿大夫父星沅翰林院編修官至兩江總督太子太保廣西　欽差大臣卒諡文恭曾祖母彭祖母陳母郭皆一品夫人先生少承家學器度不羣年弱冠侍文恭公於陜西撫署繕章奏助理庶政用是周知當世之務文恭公卒於軍先生扶喪歸　文宗眷念舊勞　命服闋送部引見而是時粵寇已踞金陵婁圖上犯巡撫駱文忠公秉章設船廠局於會城請先生及諸紳士董之又疏留督建憑城礮臺暫緩引見以助饟勸捐督造船廠先後積功　賞舉人花翎候選道員鹽運使銜先生耆善勇爲修儲備倉以禦災荒設滂河義渡以拯覆溺

建保嬰堂買山聽貧民輦取合煤黃土而侵掘墳冢之禍消立郵無告育嬰保節諸堂而老疾孩幼貧嫠之人得所資以為養皆領官錢集衆貲躬倡經始條理善成義聲徹於行省晉豫大饑紳民鳩貲助振走集託致數盈鉅萬涂公宗瀛自粵西移撫河南道湘上為豫民請借倉穀衆難之會有官運米振陝饑舟抵襄陽奉大吏檄止先生知之馳書移濟自曾文正胡文忠左文襄諸公督師平寇　朝廷滋嚮用楚材饟械咸取給官局領之士人薦紳筦政要大府倚以取辦地方利病官吏用舍舉虛己商榷　國朝二百餘年士大夫家居例不與公事至是而其局一變然身其事者據非所宜近利則以私成謗侵權則積疑生危惟先生意量淵然善全終始天下無識不識皆稱曰善人及沒而官民同聲嗟惜蓋信於人者有其道矣先生性澹泊不慕仕進同治初　特徵入都光緒初以人才被薦皆辭不赴卒於光緒七年辛巳七月二十六日距其生道光四年甲申二月二十二日年五十八初娶湯繼娶丁皆　封夫人妾王施子男子三輔煇輔燦並殤祥霖元名輔焌縣學廩生湖北試用道子女子八以卒之明年十月葬善化八都張家衝山莊丁首癸趾余以妻黨嫺連故謁見先生嘗薦

入山東軍營辭不往先生曰子索居胡自給盍從吾弟行乎蓋是時先生弟桓方以江西布政使督辦陝南軍務也卒從至湖北而返然余少窮困不為親戚容接獨被先生兩薦私感至今追維盛德和光重以祥霖之請故遂論著先生生平使揭諸墓道俾後有考光緒二十八年歲次壬寅春正月

長沙　王先謙　益吾

金匱華氏新義莊記代

善夫吳人之好義也宋史稱范文正公仲淹雖貴衣食不充置義莊贍族朱子言行錄詳其於姑蘇近郭買田數千畝族中長而賢者一人主出納人日食米升歲縑疋嫁娶喪葬有贍給令聲餘慶洋溢累葉高義之褒炳於　宸翰於是其鄉之人若吳縣陶氏崑山顧氏長洲陸氏涵泳　聖涯崛焉踵武而金匱華氏合數世之力以成先人未竟之志前盛後美甲於列邑其猶有太伯延陵季子禮讓之遺俗與不然何好義者之多而良法流於無窮也華氏之先在宋居汴明時諱宗轔者再遷至鵝湖為縣人家故有義莊自　國初至今不替宗轔十四世孫清蓮處族蕃資乏謀新之未逮其子春亭耕樂孚吉墨亭承遺命分作合儲私入公出父兄前攜子弟後躍月有要歲有徬孟晉十朞迺疆迺構最田租千二百石舍若干區仿文正法董以族賢能者而貳其副自歲賦外廩其穀食鰥獨孤寡廢疾糶其餘助婚葬學有塾課有獎賓興有資錢鏹有備旌別以

謹始賞罰以善成宏綱細目粲然具備別劃田百畝厚其本支祖乾若公以下五世厥後遞殺視莊之主某年月日新義莊成而耕樂子鴻模屬余以言余惟古者卿大夫立宗宗子以世祿收族大功以上無異財至庶人無宗不能相給故同姓雖從宗合族屬而賙救之誼使借助州閭所以通宗法之窮也後世貧富之權不操於上於是朝廷無使人均財之道而士大夫及庶人有力者廼時出所有以贍族黨之窮皆率循仁義不假勉強視古法制相維繫者恩有加焉而論者以宗法敗壞追慨世祿之不反古其有異於欲復井田封建之為者耶今世教昌明人習於善然大半華胄貴顯易於為力以余所聞吾楚長沙彭氏建祠贍族不有其貲巴陵劉氏儲義穀施族人家落不問其所為與華氏略等而聞者或以為迂嗚呼其迂也乃其所以為賢與舊例直省民能分財相養者吏得上聞請獎故立義莊之家皆題奏　優敘競於名者亦或勉焉近且有無其實而冒其名者矣耕樂昆季之為是舉不求　旌賞行事立心加人一等其尤足尚也春亭諱存恭實始營度無祿郎世孚吉名存信沒先春亭有子鴻漸能助耕樂墨亭成之耕樂名存寬墨亭名存吉偕辦團練得顯職鴻模以選拔

舉於鄉癸酉典試所得士光緒二年二月記

向家衝先墓記

先曾祖考名園公姓王氏諱聲揚長沙縣學生生乾隆二十四年己卯四月初十日申時卒道光八年戊子六月十五日子時年七十　誥贈榮祿大夫先曾祖妣左氏生乾隆二十三年戊寅正月二十二日申時卒五十五年庚戌九月初九日申時年三十三　誥贈太夫人先祖妣曾氏生乾隆四十八年癸卯十月二十五日辰時卒光道二十九年己酉五月二十四日亥時年六十七　誥贈太夫人先兄會廷公諱先和生道光九年己丑五月初二日丑時卒咸豐三年癸丑六月二十九日酉時年二十五　貤贈通奉大夫先嫂吳氏生道光十二年壬辰七月二十三日寅時卒光緒元年乙亥五月二十一日酉時年四十四　旌表節孝　貤贈夫人先謙以憂歸自京師始究心形家言交善化劉君建業叩以體勢之奥宜忌之理豁然有會從而諏先墓之宜遷者謀之既久得省城南十六里向家衝山遷先曾祖以次五棺葬焉上左為先曾祖考右先曾祖妣下中先祖妣左先兄右先嫂也先太夫人以今年十月葬仙人市栗樹壠

遷先兄敬吾公以次五棺祔凡遷者其先葬之邱皆弗足以康體魄歷有徵信覩之為怵惕慘慟仰託先人餘蔭假劉君之力擇壤而吉庶少安焉嗚呼子孫之於祖先歷百世猶一體也其生也疾痛呼號為子孫者安坐勿捄謂之非人及其死也乃異視之或世遠而淡忘或以力薄而不任託名戒慎謂茲事茫渺舉嗤為無足信遇指迷闢謬者而不一動其心噫何其忍也然即有其心不必遇其人遇其人不必果得其地吾惟盡其力之所得為與心之所能自致而其不可必者俟之天焉若聰明自矜精微弗究輕遽狂惑任心改作徒以叢咎而召殃是又與於不仁不孝之甚者矣後之子孫尚敬聽之光緒九年十二月二十四日先謙記

仙人市先墓記

先母鮑氏生嘉慶十三年戊辰五月初一日酉時卒光緒八年壬午三月十六日辰時年七十五　誥封太夫人先兄敬吾公諱先惠縣學廩生生道光十七年丁酉十二月二十七日丑時卒咸豐七年丁巳八月二十四日酉時年二十一貤贈通奉大夫亡弟禮吾諱先恭縣學生分省補用知府生道光二十九年

巳酉十一月初九日卯時卒同治十年辛未三月二十九日午時年二十三誥授中憲大夫亡室張氏生道光二十一年辛丑十一月二十五日卯時卒同治元年壬戌十月十二日寅時年二十二　誥封夫人周氏生道光二十三年癸卯五月二十二日亥時卒同治五年丙寅十月初七日辰時年二十四　誥封夫人弟妻張氏生道光二十八年戊申八月初七日丑時卒同治十年辛未五月二十一日卯時年二十四　誥封恭人先兄等俱葬省城東南數里所逮吾母喪歸葬東鄉五十里仙人市栗樹壠迺遷以祔左敬吾公次禮吾右張夫人次周夫人次張恭人不孝為此匪以為壞吉也求吾心所安而已不孝早孤薄遊四方違離吾母之日多矣同治辛未吾弟没母始就養京師自是十二年不孝奉　命典試外不敢輕去母側若以事它往久未歸及命食不即時至則母顏為之不怡近數歲兒女夭喪母邑邑不樂不孝攜書就榻旁讀或講說市井可嬉笑事迺頗解慰蓋未嘗一日不如是也今母長逝矣而不孝偷息人世懼吾母九原之靈或以寂處傷懷得諸子婦環左右侍顧之而弗異生時其少愉乎不孝異日獲薄田百畝築廬墓側死則於數里内擇地葬庶幾重壤之下不

遠伊邇得以魂魄相依倚此不孝之志儻亦吾母所望於不孝者與嗟夫母生不能殫心色養及沒也徒為是不得已之思果何益哉果何益哉世之人有父母存者毋忽忘於目前致如不孝今日抱無涯之慟也墓地别為圖說吾母及兄弟輩生平事實備諸志狀不復述光緒九年十月二十四日不孝男先謙謹

重脩寄園記

先謙曩在京師即聞座主今都御史祁公述其少時侍父文端公於江陰學署得常游所謂寄園者既奉視學江蘇之　命公出示所藏寄園消夏圖則文端嘗以夏日與李申耆苗先路張石舟諸君子宴集斯園逮入參樞密迺圖而記之復自書園居時所為詩數十篇於後其於斯園蓋惓惓也先謙於是得具知當日園中亭舍之美與景物之麗祁公曰斯園吾不詳其自始以寄園命名則始於陳侍郎希曾吾嘗稽之志乘明萬歷四十二年移建學署江陰其先邑人有季科者以江西布政使右參政告歸養母築清機園以居越數十年季氏陵夷割園入署圖中荷池即季氏雪浪湖池旁有屋數楹志以為賜閒堂遺址也科所著詩文有寄寄堂稾蓋又嘗取寄義以名其堂陳公之名寄園殆權輿於

此咸豐庚申署燬於賊亂定建署而園不復陳公視學之歲距今且七十年令江陰縣志於寄園初弗之及吾慮斯園之終湮也先謙既到官暇日周覽其地則垣墉隤夷蕪穢盈溢一池之外悉無存者愀然傷之感祁公之言亟謀修復經始光緒乙酉仲冬落成於丙戌季春為廬曰永慕以奉先謙父母遺像堂曰虛受為朝夕讀書游憩之所存雪列岫諸亭竝仍其舊增置廊榭以延攬景光綴以梅塢竹徑間以菊圃菜畦奇石列秀嘉樹環植菌萏盈陂與水相鮮而園之勝亦略具矣余維兵興以來江南戶口凋殘巨室名園美舍咸委灰燼當日壯觀十不存一一園之廢興何足深論然余嘗以佳日涉覽其中登高邱俯清流思季氏昔日辭榮養志之高風及文端與賓友考道論文之雅則慨然興慕憾不獲與之共遊處於此者豈不以其人之足為斯地重哉人之生無之而非寄也故古人況之以逆旅等之於蜉蝣及觀賢聖之行事守泰山而持千鈞曾不以造次囘易其志慮彼豈未明達士之旨邪蓋所爭者在吾之所以自樹而於世俗之滯留於心者如寄諸天地間而不以攖吾念則我重而萬物皆輕苟居得為之位而傳舍視之藉虛無放曠之論以飾其全生持祿之私是為蒙

莊揚其波而王衍劉伶諸人之所以濁世而階亂以此言寄奚足重斯園而為居游於此者儆邪後之覽者思季祁二公偶寄之跡所以常存而不儆者何在則於陳公名園之意庶有合矣既以告祁公遂為之記

永慕廬記

光緒八年五月先謙奉母喪自京師歸葬長沙即所居為永慕廬而郭侍郎嵩燾為之銘既除喪之明年入都補官越二月遂奉督學江蘇之　命既涖官葺復署西偏之寄園復為廬於園北隅奉吾父母遺像其中朝夕瞻拜以志永永無極之哀蓋天下負罪引慝之僇民未有如先謙之甚者也先謙年二十不幸先贈公即世時兩兄先逝而先謙方為貧諸生不克備一日馨絜之養逮其沒也葬祭之禮多闕而不舉視仲由氏之所傷幾或過之甫卒哭即槖筆出游日營升斗以奉吾母又不能居廬負土衰麻三載少竭誠悃以贖萬死之身而與吾母違離之日亦彌以多矣自季弟沒先謙以供職詞館迎侍吾母京師十二年中疾苦相仍殤逝相續怫鬱之事抵隙沓至皆先謙之不德以重貽母憂蓋求一歲之安善以供笑樂而卒無有也此即文章貴仕極一時之寵榮然以較

閭巷窮民翁媪相將扶杖攜童傴僂笑語者其戚愉虛實之情曾不可以並論況若先謙之瑣瑣無足道者邪吾母嘗語先謙汝父不及見汝成名齎恨入地予亦何敢奢望惟期汝視學南中行省予得就養官廨秩滿即侍予而歸此願儻可償乎今先謙蒙 恩竊祿來官此邦瞻望白雲吾親安在不能不仰天搏膺而長慟也昔孟子稱大孝終身慕父母徵之帝舜五十而慕此為父母在言也若父母既沒觸念生慕人之恆情雖終身亦不足言孝如先謙之不肖少無以承親懽及壯強之年迺益以重其感每追惟前事哀從中發不知涕泗之橫落也故頻年以來隨所居為廬而名曰永慕者以此志稱署西偏為前明江西布政使右參政季科清機園故址當隆慶時科以壯歲辭官奉母母年九十卒此其構園娛侍地也今雖遺蹟蕩盡流連慨歎猶想見白華無聲之樂而土人相傳園中舊有三到樓者因諸城劉文恭公鐶之之母嘗三居此署故以名樓至今稱為盛事念前哲之嘉遇顧鮮民之塊然是皆先謙所觸事而增唏者也寄園成既為之記復特為斯廬記其緣起云

江陰學使院續刻題名記

謂居官難乎甲往而乙來朝至而夕遷懷印拕綬意氣赫然紛綸盈乎天下謂居官易乎則名於其職者十不一二數也今夫督學之官將以佐　聖主興行教化董正學術顧終歲不得與士子講論劘切神疲於馳驅而精敝於考校於是求所以自盡者惟在士子應試之文幸而去取無大差失翕翕然羣奉為能否則瞢然不辨黑白傎倒錯繆使人懷才無以自見而文固不能自鳴其不平非如有司折獄失中曲直昭於比戶而利害切於民生也苟非其人滅裂無恥之甚者則相與忍而伺之三年受代斯已耳是故居此官之為難與易其間幾於不可辨丹徒李學士承霖語余先達有言為學政者聰明彊力不見有餘昏昏昧昧不形不足彼意有所激而云爾夫誠思盡心以求稱　朝廷設官本意雖極天下之才未有不欲然自見為不足者而何有餘之可言哉江蘇自前明萬歷四十二年移學使院江陰官此而題名者為碑凡四粤寇陷江陰署燬碑存亂定建署逾二十年而題名之缺今且七十年人咸謂余此故事亦榮名也盍為之續俾後有考余謂苟以官為榮人之具而不思所以實其名則其榮也祇足以為辱耳聊以補故事之闕斯可矣遂記之明江蘇巡撫毛一鷺嘗助魏奄逮

周忠介順昌者其為督學時實始為茲署題名記邦人士請毀之余以為此非王振功德碑比也存其名足以示戒止弗毀此又視其人畢生之賢否以為榮辱而不專係乎督學者並書以自儆且告後之人光緒十四年秋八月記

南菁沙田記

南菁沙田者松江川沙廳竟東海中橫沙也道光間始見可萬畮厥土斥鹵草蘆生之可伐為薪漁於海者厶焉而內貲廳之官吏所為草息者也同治中徵息入江蘇布政使庫歲八百千光緒七年江南大吏有清丈新漲沙灘招佃報買之奏於是候選道姚君文枏清河道費君學曾等仞佃橫沙四萬餘畮貫銀至萬二千歲徵息至二千千眾競於利爭訟積年姚君費君願入公為書院膏火費余又償它姓佃貫銀六千兩有奇沙遂為書院有最灘以蘆草泥計者共五萬畮蓋已視昔加贏此南菁書院有沙地之始草蘆得鹹潮益茂故高阜轉稀擇地闢之可得二萬畮薪櫄無損而菽麥加豐以屬姚君等董其事經始光緒丁亥畮四之一隄防溝洫聿有成績餘次弟盡墾之此沙地有田之始今歲入告部議升科嗣是沙田為書院恆產利賴及久遠矣記曰天不愛道地不愛

實造物之資於人者日取焉而不窮在善理之而已吳地襟帶江海彌望衍沃得漲沙則土人擁圩而耕久之戶口滋多小為鄉聚大則都邑今靖江崇明是矣茲沙也闢可以事諸浮食無產業民苟主之者盡招徠區畫之方絕龍斷苛擾之弊數十百年後宜或有建官分治事而其地直吳淞口外百里所為海上天然屏蔽異日築城郭設汛防言形勢者將有取焉又不獨書院區區之利也已沙無名名以南菁自余始光緒十四年夏六月記

懷翼草廬記

李君幼梅既葬其母徐太夫人於長沙河西都緋珠塘卽墓所為廬名之曰懷翼而告予曰人莫不愛其子然吾獨以為天下之愛子者莫吾母若也自吾居母喪為此廬日讀禮其中冀與吾母相密邇今服除矣然過茲以往吾心不能一日去斯廬也廬前有亭後有堂有簃有齋有園吾顏亭曰依依堂曰白雲簃曰寄夢齋曰五思園曰鞠非故繁為之文也吾入茲廬而不啻吾母常目在焉則是吾母雖亡如不亡也將以章母之德而寄吾之懷於無窮子盍為我記之予維古人之善懷其親者莫如小宛之詩其首章曰明發不寐有懷二人其四

章則曰我日斯邁而月斯征其卒章則曰戰戰兢兢如臨深淵如履薄冰君子劬學敬身非直為己已也以為求無忝於其親者惟在是也思親之成我如是其艱則我俛焉孳孳以仰慰吾親於九原者不敢不至此所以為善言懷也君之始生即育於太夫人顧復恩勤逾於已出自君讀書成立擢科名任監司奉太夫人教彌謹太夫人亦不以君貴故少有假借逮其沒而君擗踊哀思歷久而不忘固君天性純篤亦愈以見太夫人之賢斯懷翼所由名也魯語曰烏翼鷇卵翼之為言成也詩曰詒厥孫謀以燕翼子言能遺善謀以安成其子孫也人與物之翼其理雖異而非甚異也惟賢者能為後嗣謀安成之善道則其所以翼不與物同如太夫人之於君仁不奪於其私而義不虧於其愛用能成就令器以榦國而棟家其為翼孰大於是宜君懷之永而不能已於文也君與予為張氏友壻又以氣誼許與過從逾密得聞太夫人懿行為詳而予自遭母憂以來悲慟纏綿視君尤有不能自釋者援琴而鼓歌則相與沾襟矣惟舉古人之善懷其親者交勉焉可也

捐建福尹二公祠記

福尹二公死事狀具詳王按察所為碑斯祠之建距死事時四十有三年矣先是大吏為福公請於　朝得建祠會城東而尹公祀典闕如於是湘陰李君幼梅謂宜立祠墓所並祀二公旁坿弁兵以永馨香之報羣議既洽鳩貲庀材時歷四旬事用大集以屬先謙為之記夫事有氣決於一時而惠流於千載者二公之於吾楚是已粵寇之來犯也剽悍甚二公所將陝兵遠道飢疲勢不足遏方張之燄茍其臨事稍有顧慮一潰而走則長沙必不守而二公乃能激厲士卒爭先捍敵殺傷相當雖至力竭不支卒皆駢首效命義不返顧彼其心知有
君國而已而會城資其數時悍禦之力急修守備終以保全無事生聚至今者誰之賜與宜吾楚人彌久而不忘也古有生蹈義烈沒為明神威靈赫然使人奔走崇敬而勿替者蜀漢壽亭侯吳秣陵尉其稱著矣若保衛地方以死勤事如何忠武張忠愍之於吳劉忠壯之於秦隴　天子為之崇飾廟貌春秋享祭其勛勞章顯故食報特隆至於所係至鉅而所處至隱如二公死難事若不亟為表章更歷數十百年莫能詳其顛委即有騷人墨客往來墓草拱木間不過等諸國殤之歌戰場之弔其何以伸九幽之毅魄而繫不死之人心此李君

建祠之議爲不可少也捐貲若干弗勞而給則吾鄉懷忠慕義之風有足多者

李君名輔燿按察使銜浙江候補道董修者撫標參將同邑劉君高照也

水月禪林記

水月禪林者不詳其建造之始湘陰李文恭公昔處幽仄茲焉授徒既貴矣而

微時誦讀攻苦之地不能忘也迨歸自江南結宇東城窗邇斯寺崇構爰基淨

域來屬儻所謂情照既動而因果隨之者與公自未爲諸生時名山館曰芋香

嘗以鐫之印章後遂爲居宅之額聞諸長老言公洪音偉幹識者許爲非常人

吾意在禪林時亦或嘗有高僧往來相贈答如唐世鄴侯遇明瓚故事因爲山

館之名以寄意邪惜乎年世已邈無能述其軼事者也公嘗有禪林夜坐詩清

曠閒適爲人傳誦今存集中昔唐王播段文昌貧困寺居爲僧所侮有詩題寺

木蘭曾口異地同符貴顯後流爲嘉話王定保孫光憲猶紀述之公少處困窮

之節未有失色墜言貽人口實已非王段輩所敢望及居峻秩勛業爛然其遺

集亦流行宇宙斯寺又爲李氏永業香火之供與世澤俱長區區題寺韻事又

不足言矣公孫幼梅觀察瞻顧祇林眷懷先蹟思託於文字俾無泯沒觀察才

望隆懿足以繩其祖武匪直善述之美而已余故樂爲之記

慕萊堂記

大戴記言老萊子之行見美於孔子史公高其人與老子同傳劉向迺以爲仙迹其著書垂教守真全生可謂有道者也而後世豔稱獨舉高士傳著斑衣娛母事豈不以道敝俗媮至行難能而可貴其逾老彌篤者尤爲世推重與孟子言五十而慕惟見大舜一人吾意老萊子庶幾近之而孟子無述將飛遯之士名隱而事不章與夫大舜帝王之孝非後世臣庶所敢仰望若老萊之爲人人能之而終身企及者卒鮮顧世亦未有誠慕父母而不慕老萊者也江西臨江府城北有老萊亭相傳爲其故里李君藝淵權守是邦以親老不得迎侍額慕萊於其堂高士傳稱老萊耕蒙山之陽楚王至門迎之遂去至江南而止臨江遺跡宜可信夫以老萊之性行動人感興曠世一旦親至其居俛仰循陔馨膳之所必有流連慨歎油然契合於天懷者況於身羈簪紱不得遂板輿之榮養者乎宜吾藝淵慕之尤切也藝淵權守之次年以憂歸里不及聞父母遺言用爲至慟又十年與余相遇長沙屬補爲之記夫老萊惟棄卿相之貴儆然長往

以自屏於葭牆蒿室之中故養生送死如彼其無憾也余竊祿朝班奉親京邸屬有事　東陵而吾母卒遺危疾相見不能一語可慟與藝淵同逮奉使吳中為永慕廬署側以攄余哀較藝淵為堂時情況又弗如遠甚其在詩曰鮮民之生不如死之久矣慕古人乎慕吾親乎吾與藝淵亦惟虛寄之語言文字而何有萬一之補也嗚呼光緒二十一年歲次乙未仲夏月

珠暉塔記

靈塔經始蕭元為盛隋安舍利遂徧諸州迨像法陵夷而形家言起謎茲實相有同卓筆可以裨助文事贊發科名空色之理自如仁智之見各異豈非道無定體與世推移者與珠暉塔者今安徽巡撫衡州王爵棠中丞所建湘水過郡城而北耒水入焉水經注云西北至臨承縣而右注為耒口者也兩岸山巒宛延無聳特之觀郡人觀流泉而相陰陽咸謂承耒匯湘之所得塔為宜諮於中丞捐奉獨任爰擇拜亭山之陽奠厥累崇閱餽歷稔落成於光緒丁酉費金六萬有奇高十丈五尺層構既章嘉名用顯郡北里所承湘耒同前明有塔建自曾文恪公棣此雙流題曰耒雁中丞名業絜媺文恪斯塔巍然東西並峙郡人

喜樂奔走來登覩形勝之畢赴卜人文之效靈歎想嘉績不遺鄉邦卓立一軀永昭萬禩可謂崇福自邇樹因無窮者矣塔址故陳產陳宗器謀諸其族感斯義舉咸樂捐舍度地班材積勤終事程觀察龢祥之力為多捐貲任歲時埽灑修葺者周吉云朱宗勝庚子夏六月記

楓山致慤饗堂記

巍然起於泰和之西北者曰玉華山楓山其南支也名不見於志乘自蕭浦邨孝廉敷政以葬其尊人楷堂觀察適特顯於世云山之為境重嶺疊阜環複如城東對青原紫瑤諸峯目窮百里蓊蔚無際天馬山近在其南草樹當風狀若振鬣而嘶楓山中峯曰大瑞觀察塋域在焉近人紀勝繢為八景其一曰大瑞晴嵐者也山形如獅右有丘如巨魚其側清泉涌溢下為深溪流溉百畝又有一溪交匯縈紆映帶左右行十餘里以達於贛江塋域之旁平原廣袤百丈而贏中為饗堂蕭浦邨奉觀察及配石夫人木主祀焉取禮記祭義語名堂曰致慤後為別墅建書塾俾子弟族姓習業其中山故多文石大木之饒截柏立柱致砥為階堂宇靚深觀飾瓌瑋室戶四達極眺原野邇綠遠碧不可殫形邑西佳

勝於是為最觀察以副貢入貲得官未行而卒年甫五十如驊騮之將騁於塗奄忽滅沒蒲邨烝烝之思彌久弗衰欲以志哀慕而妥先靈斯堂所由建也蕭氏世為泰和右族通志稱南唐國子祭酒瓚明國子學錄執平涼訓導岐並以孝行為世推頌蒲邨天性純竺殆欲趾美前哲家雄於財而多心計自得此山益墾荒鉏穢購致佳果茂樹尤廣種桐茶收十年之利於以安田宅長孫子而徼先人之福於無窮亦與古昔勤種植盡地力者意有合焉凡此皆其可述者也余故樂為之記光緒二十九癸卯歲夏六月

定香亭圖記代

浙江學使署西偏有園數畝舊引水為池而亭其中嘉慶二年阮文達公始更新之環亭種荷取放翁詩意名亭曰定香而刻記再到亭之碑陰當乾嘉之際海寓清晏民物殷富四方鴻生鉅儒咸沐休明之澤接踵輩興而文達於時袚濯羣才振發風雅因得以其餘暇投壺賦詩登眺為樂極一時之盛粤寇燔東南杭州淪陷者再聲明文物之區夷為犬羊窟宅斯園亦蕪沒於荒榛斷梗之中今距賊平廿年矣回憶寇盜猖熾時烽火四徼鼙鼓殷天雖以草木禽魚之

無知舉不得遂其生息翔泳之性大亂旣定宇內得少蘇息而斯園之勝亦漸復舊觀人事之反覆境地之遷改蓋亦文達當日所不及料者昔周人思召伯不忍伐所舍之棠以睹其物則懷其澤也浙人之愛敬文達不後於召伯雖一亭之微猶相與慨慕弗置若惟恐其廢而不修然則物之成敗靡常其卒能持久而不敝者豈非以其人歟余以乙酉夏至浙喜斯園閒曠稍加葺治叢薉就剃佳幹畢露暇日登樓以望遙見湖上諸山蒼翠萬狀若爭為斯園效勝退而憩於亭芰茄盈陂丹縹間發滌懷獨清眾芳不歇徘徊而樂之感盛衰之無端想昔賢之遺風因屬錢唐戴君某為圖刻諸石貽來者觀焉余覽文達所記署內有老桂十株又補種梅桂桃柳若干今園中之木都非曩時所有其燬於寇與戕於人皆不可知則以數材之在天地間成之至艱而毀之易盡要在培養愛護之而已當無事不亟為之所不幸有變其何以備之哉噫若文達之於浙人庶乎其知此意者矣再到亭者安溪李文貞公之孫穆亭先生暨其子郁齋先生再世督浙學郁齋母夫人作亭紀實亦邦人所歎異云某年月日某記

長沙　王先謙　益吾

祭張樹人文

嗚呼哀哉吾友樹人子之守靜含素無慚影魂胸中太和與物為春類前古有道之士而不藉色莊以自尊紛綸五經之辨涉獵百家之言灑瀚摛藻未嘗不洸洋適已而不假詞章以自文其憤世嫉俗縱心孤往可入獨行之傳及溷迹儕伍追逐時好又疑於和光而同塵澣沐不足為其潔蘭麝不足為其芬蟣蝨滿髮膚衣裳若懸鶉信佯狂而垢汗胡不終於隱淪獨銜杯而終歲甘沈湎以亡身以為希高蹤於伶籍又何心於名世而全真迹子所為似頗有得於禪悅而擯斥佛老者子之言云嗚呼樹人子於聖賢自立之道皆可以深造自得獨有其質而無其學曾不遇知已而一伸然澂清而清濁一世如此其紛紛苟鑿彼之混沌安在其絕類而離羣撫品概以遐想匪三代下之所見聞求吾子之髣髴亦庶幾無懷之世葛天之民嗚呼樹人人之初生形有萬分散者其質全者其神眾牿亡而澌盡子息養以長存故其生也任性放意初不知其形骸何

在知覺何因及其死也全歸所有於造物雖更歷數千百載而元氣不隨朽骨以俱泯余不敢以俗情相弔奉觴臨穴聊佐餘歡而已矣而欷歔感歎不能自禁者痛如斯人之不可再見而自今以往誰可出肺腑而共晨昏

祭閻潛邱先生文

同治十三年八月吉日閻先生祠堂落成後學某等以清酌庶饈敬祭先生之靈夫學以代顯報以功崇不朽殊塗成名則同惟公降精　龍興肇郏草昧爰闢文章始隆世承明儆旁趨歧騖古訓是迷後進焉據有道尋根仲弓可度遂啓　皇風昭茲正路志學神悟遊心奧區覽周藝苑說必經郛上抗黃顧下掖徐吳體直性潔譽高迹孤堯峯文士抵掌失色騰擧巍科而公見抑朏明耆儒垂白戢翼　宸翰褒獎而公弗得　南巡召覲光動幽仄　龍舟若馳弗淹晷刻　潛邸訪對經師是式晦朔三周音塵永閟聲翔於　廷道樹於國胡此乖舛古今悽惻公身不顯公名不湮世祀縣遠流風載延被服道緒勞望山川曾是我人敢忘潔蠲公之北學重踏昔跡　聖皇賞游朋知歡聘長淮之岸學山之巘身返其邱魂棲京輦粤有遺廟在彼山陽翳於涇河公靈弗康不如　帝

都陵跨八荒依我蘭宇侑我椒漿北望　泰陵遥瞻　翠蓋幽神復光　詔公良會左盼廟市舊留書帶右接亭林聯翩雲旆凡公所樂雖幽弗冥尚啟末學宏闡遺經千秋萬歲惟公德馨載奠清觴以妥明靈

春秋二仲祭閻先生文

士有不可冀倖者浮世之榮而必不泯滅者實至之名求之急則愈左鬱之久而彌亨旨信斯理之不易而又何憾於先生惟昔山陽大儒海内經席　天顏違於咫尺　御書丏而弗獲既見徵而垂翅遂羈旅而斂魄可謂時與願違顛倒困戹豈知聲由類應道實遐昌越二百載奠於茲堂儒雅之林冠佩之侶歲時来集相與列祖而陳觴於戲先生於書剔抉爬羅洪王以還迺見專家吐辭為範春粲者華依經樹質秋實者實流目歲景結思芬苾是用敬事將享無闕所期回旆雲路游神廣庭邈曠世而相感庶永鑒乎精誠

湖南省城開北門外新河祭水土神文代

繄古水土代有平治匪人曷勑匪神曷司洞庭之南長沙綰轂萬舳爭趨有渠斯蓄既紲於地或顛於風下民其咨惟神有恫昔居是邦耳聞心惻今來作撫

胡忍慭置湘江之濱有碧浪湖可決而入迺深以瀦北引清瀏宏通廣衍不匱其湶奚虞其澱羣議允叶巨工聿興策成於始為下如登惟爾明神福我蒸庶陳詞達幽敢祈祐助

告大兄墓文

嗚呼兄之埋骨荒山三十年於茲矣弟歲時祭埽未嘗不感慟欷歔伏地而不忍視以兄節概磊砢言議閎博宜遂成業發名飈舉雲起猝避寇於茲地遘微疾而長已斂服未備匠木不美衰親摧頽諸弟稚齒英靈颯其如在亦當為流涕而不止思宇宙之變幻齊一瞬於千祀彼揚馬之肆兀等含悲於逝水獨念兄之高文無名壯歲無子一矜之榮莫慰其心千秋之業未盡其旨伊古志士之堪傷曾未有如此之伏恨而死自季弟以辛未歿弟奉母挈家而僑京邸世母卒以乙亥吾嫂殞身於哀毀迨昨歲吾母即世反嫂櫬於故里卜吉壤而合葬庶以康兄之魄體向家之衡山水環峙仲秋二日幽宅斯徙爰以今辰明虔進醴幽靈勿驚坏土用啟謹告

與采生書

承屬為尊嫂作墓志述及賢友先世竊所未喻所云始祖諱止字帖木陝西甯夏府人元時從益王至滇為雲南樞密使事迹忠烈載在滇志從祀文廟憫忠祠滇誌僕所見未不知何人作雲南通志稿秩官忠烈祠祀諸門無朵止其人阮文達撰志稿旁蒐博采不應獨遺滇誌中一大人物蓋燭其謬也元史列傳中亦無之元諸王無益王之名百官志無雲南樞密使種種杜撰殊為不經蓋元時樞密院猶今軍機大臣總理天下兵甲機密之務其行樞密院國初有征伐置之大征伐則曰行院為一方一事設稱某處行樞密院或與行省代設事已罷文宗至順元年正月雲南諸王圖沁與萬户布呼等反六月置雲南行樞密院討之其時行院事者徹里鐵木兒為同知副使者探馬赤教化無朵止僕意朵止當即雲南廉訪使朵兒赤赤止聲近而譌廉訪使譌為樞密使又以朵兒赤子仁通殉難附會忠烈事蹟加之朵止一人考元史右丞相朵兒只（今作多爾濟）湖廣行省平章政事朵兒直班（今作多爾濟巴勒）非甯夏人集賢大學士楊朵爾濟大甯路總管朵羅台（今作多羅台）雖西夏人不為雲南官惟朵兒赤生甯夏官雲南父名官子忠烈兩世仕滇安斯土而長子孫實為可據世代縣遠雖不敢信為

必然而考獻徵文或亦數典者所取近代人作華氏義莊記華固金匱望族稱其始祖為南齊孝子寄寄行事具史傳父沒不婚娶年七十而表閭以老而無妻之人烏得有子孫者近世譜學不明能實事求是者又少沿譌襲謬未可訓也賢友更審思之

與王實丞書

大著羅整菴先生闢禪說謂整菴斥王陽明為禪學而困知記中取平日用功得力之禪書與儒書相近者闡明詮釋於每章末加三五語痛詆之名曰闢禪反為禪學張其幟以為深病因推論陽明學術事功非整菴所敢望其書雖間雜禪語不害為醇儒反復九千言義精深而詞正大識數百年來未發之覆也夫整菴學由禪入逮其悔悟屏棄之斯已耳而必舉禪學中若者簡淨若者指示緊要若者文法圓熟照應分明津津詔人則固未免多事將謂後之為儒者皆如整安由禪入乎學禪而後知闢禪是必為盜而後能捕盜也豈其然乎整菴之學從積漸考驗而得困知記排斥佛氏就身親體仞者為言其教人由虛靈而歸於篤實之意本為儒者所取而立論不能無疵先生之說所以不可已

也尊説又謂祖整菴以詆陽明者莫如孫北海呂留良張武承三人武承著王學質疑陸清獻序之於留良尤極推許是非顛倒不可不辨愚謂宋陸二派明代迭爲勝負陽明遠紹陸學其末流至於決裂猖狂於是學者尊朱以救時弊沿及　國朝二派各謝師承黨援掊擊之風未絶然人品邪正不係乎此清獻力排王學是其一生得力所在見闢陽明者互相引重無怪其然留良負時望聲氣徧吴楚當清獻名未大顯時容或藉以爲重而其稱揚崇大不離鄉曲之私門户之見至後来逆案固非所料矣清獻之言曰明之天下不亡於寇盜亡於學術良知之學釀成寇盜之禍先生以鍛鍊周内斥之愚謂明代亡於學術清獻之説未盡非也而專歸罪於良知則偏而失實東林顧高諸公修龜山之教朋黨大張禍延宗社王學豈獨任其咎乎葢講學聚徒則趨附者流品混雜而浮議繁興無論其宗旨若何皆足以生事而階亂南宋湻熙以降道學名高舉世風靡所讀惟四子性理之書所言皆修齊治平之道循是則巍科膴仕可以立致高巾敝衣參布朝列讀書作文者目爲玩物喪志幹練材武者嗤爲俗吏麤才遇有異議擠爲小人考其所行絶不相顧權奸利其情憒藉以行私萬

事不理至於亡國其流弊固非朱陸諸子所能逆覩而推原禍始為之倡者豈能無責不謂明代數君子復蹈之嘗以為有明三百年文章之士用聲華標榜相奔走瑣瑣無足道至於臣敢諫於朝士修道於野此亦天下之至美矣而在上者裁制言路不得其宜遂使君無自主之權臣無效忠之路清流横議與朝政角爭恩怨相尋國家隨以傾覆後之為人臣子者其無以好名為營私之捷徑庶幾天下萬世不再見宋明覆轍與陽明學問經濟本無可議即其提唱良知當前指點欲人人本其固有之良存此幾希意在救世而功主靜悟則以讀書為粗迹即所謂格物者亦以為格去物欲還虛明之本體夫中人之性安於放而樂於誕束書不觀而坐收道學之美名此俗子所爭趨而有心世教者所大愳也然則後來諸君子之辨正亦有不得已者乎且陽明為學闡明心性可也宗主象山可也朱學同異何妨置之不言而其作朱子晚年定論必欲引朱合陸顛倒年月以就己說此其一念競名之私流露於不自覺宜乎整菴辨之王覺齋孫北海一再糾之若李穆堂全論輒以朱子悔悟為言舉所稱切實近裏用功者概歸之心學推尊象山仍不免曲袒鄉人之失而先生稱舉之竊未

敢以為然夫先生所左右者羅王二家之言也於朱陸同異不設成見於其間足見先生之學之大整菴籍泰和為先生同郡人尊説不少叚借衛道之誠甚美甚美昔揚雄漢之文士歷代尊尚而東坡鄙其艱深固陋整菴明之大儒舉世推崇而先生譏其言儒行禪若先生與東坡則可謂不私其鄉者矣其與清獻穆堂之用心相去又不啻倍蓰也傾服之餘聊一推論之大稟敬繳順頌道履不宣

復閻季蓉書

奉二月朔手教知前函已達左右足下恕其愚直而復有以誘進之盛心勤勤佩仰無量足下謂明代士習之壞始自中葉其論允矣至謂　國朝康雍以前士習端謹至今徧天下皆遊手浮宕之民由於漢學之以名相高以利相誘士始奔走於津要而蕩焉無復廉恥則僕不敢附和　國初承宋明講學之餘風氣窮則思變天下稍稍惡虛趨實抑陸王而尊程朱此已為理學中之善機乾隆以後學者務於經籍傳注考訂發揮即有宋諸君子之書亦復多所辨正其實事求是使古籍闇而復明微言絕而復續有裨學術甚鉅如江河之不廢也

聖賢之書義蘊閎深雖經宋儒闡明容有疏漏亦非必一無舛誤此固待後人補正而為其學者高談義理以實事求是為不足為於是各尊師說互相詆諆竊啟寡聞之徒沿波逐流遂有漢宋家學之目矣所為漢學者考據是也所謂宋學者義理是也今足下之惡漢學者惡其名也若謂讀書不當從事考據知非足下所肯出也去漢學之名而實之曰考據之學則足下無所容其惡矣去宋學之名而實之曰義理之學則訾詆理學者無所容其毀矣此名之為學術累也然謂二家之學無流弊則非也理學之弊宋明末流者於載記者大略可覩考據之弊小生曲儒失之穿鑿破碎者有之至謂其為世道人心之憂以理推之決無是事今之士習日非矣然所謂奔走津要蕩無廉恥者豈考據之學導之耶彼身居津要能通考據之學者誰邪有孰肯持一卷漢學書以奔走達官貴人之門也果有之僕與足下當心識其人今茫乎未有聞也謂考據家以名相高似矣謂其以利相誘則何利之有謂今天下皆遊手浮宕之民彼為考據學者終日鑽研目眩髮禿以求沒世可稱之名豈遊手浮宕所能為功此不待辨也僕在江南續刊經解有謂不當如阮文達不收李文貞方望溪輩著述

以為排斥宋學者僕曉之曰子誤矣經學之分義理考據猶文之有駢散體也文以明道何異乎駢散然自兩體既分各有其獨勝之處若選文而必合為一未可謂知文派也為義理考據學者亦各有其獨至之處若兼經學書而必合為一未可謂知學派也僕儻續通志堂經苑二書則必取言義理諸書而考據家皆在所弗錄矣其人大悟此可見彼之為說者於學術之深未嘗兼通而博究也本朝糾正漢學者姚姬傳氏最為平允其時掊擊宋儒之風過盛故姚氏非之以救時也非為名也至其論學以義理考據並重無偏而不舉之病道咸以降兩家議論漸平界域漸泯為學者各隨其材質好尚定趨向以蘄於成而已本無所用其辨爭孫芝房先生以粵寇之亂歸獄漢學大為士林姍笑良由於考據一道未加講求致茲鉅失故曾文正起而亟正之今足下痛士習之頹靡發憤著書思拯其敝深心大力敬佩何已惟言漢學似不若姚曾兩君子之持平謹貢其愚惟亮察焉僕於學問惟務躬行不欲以口舌相爭私念忝附心知義無緘默足下方以其道倡於沅澧之間一言之出承學者奉為依歸關繫至重儻不棄芻蕘而俛納之學術之幸也敬安道安

丁次谷司馬壽頌

余交丁君次谷廑五年然自以知次谷者余其一人也卽次谷語人亦必曰如王某知我者也次谷為人尚意氣重然諾於財利視之泊如其在軍無書生選愞之色婁捍危難主將許為知兵顧不盡其用在官無仕宦翕熱之容中歲意有不樂自免去野服蕭然不與人事既不獲已再出於同官未嘗苟求合廉正之操矯乎彌厲可謂難能也已余之知次谷也湘陰郭筠仙侍郎為余言其為邑令善政甚悉因述其任東安甯遠永綏咸有神明之稱權武陵丞時提標兵以鈌饟譁毀太守輿閉城罷市次谷縋城出貸錢饟軍索治首惡片言而事定桃源戴國旺者倚團練暴鄉里據陬市釐局當事議集兵捕之次谷言郡城距陬市卅里脫失利則沿河市集財貨燼矣宜及反形未露以計禽之奚以兵為遂間道赴桃源誘致之法舉二事足知其幹略余聞而心儀之近歲見次谷偶以侍郎所述為稱美次谷曰此一時權變耳吾以為行政之要惟達民情難猶憶權湘鄉時有控子婦忤逆者察知其隱委曲開譬咆哮不服人謂此而可忍何以聽訟吾言考實則兩傷宜善全之權邵陽時有叔姪同居而搆訟者吾謂

姪宜重懲顧其先人遺産既不能析吾行官法以逞一快則骨肉之恩自此而絶如後患何卒理諭之使歸於好若斯之類當時毀譽常相半也然吾行吾意而已余以是歎次谷識之遠而心之厚而侍郎所述猶爲未盡也次谷之免去也僑居長沙獨喜與邑人士往來情誼如鄉人而儕輩中視余與張雨珊數人尤厚善其再出也補乾州廳同知單心撫輯張弛盡美顧以衰年扶疾奔走蠻烟瘴雨之中常用邑邑不得發抒志氣余亦每爲太息張雨珊曰次谷年七十矣而遠在宦所生日作自輓一聯懸之廨舍人服其達觀次谷意不自壽吾與君烏可以默余應曰然因記所聞於郭侍郎及所自言者爲文貽之用廣其意且使天下知吾次谷果有異於俗吏之爲也系以頌曰象公之德和風甘雨民被其施孰見其與思公之名父召母杜民望其出恆憂其處公宦雖久不爲官腐勤於厥心教訓生聚公室雖匱不爲財窶富哉天賦福祿才諝仙侯府高池蓬岩古惟仲之春香火萬户熙熙來庭蠻童獠女爲公奏樂銀釵銅鼓躋堂進酒醉飽歌舞祝公百齡福我南楚

郭筠仙先生西法畫像序贊

光緒元年乙亥郭筠仙先生以兵部侍郎奉　命為出使英法大臣　中朝使臣駐外國自此始越四年己卯先生還　朝以疾乞休其明年曾劼剛通侯自海外寄歸英人石印先生畫像又九年為光緒十五年己丑先謙始拜觀於長沙前譯英人庫伯爾所為先生小傳稱西人敬愛先生甚至於其歸同聲想望而惜其早退未竟厥施又言先生和厚坦直外文明而內剛健自有各國使臣以來無如先生者蓋泰西印行名人畫像通及諸國有名蹟者歲僅數人其重入畫者或數十年一見先生始至英之歲已列畫像至是復列而敘之在西人以　中朝駐使為彼國光榮而其慕說先生歷久而彌永則先生誠有以取重於西人也先生當咸豐己未從僧王贊理天津海防於當日中外違言積釁其機易轉其事至順卒以至計不定一潰不可收拾拊膺裂眦憾事權之不已屬厥後外綰疆符內趨譯署熟覩外患日深中國應之愈無其具其密陳於　君父之前及與同僚爭論侃侃不少避屈常思發抒志慮為　國家定長治久安之局而卒不得一遂及其奉使務平情達理一切決去壅蔽順事而恕施之使人驩然自通其意此先生學問之緒餘而西人所以尊重先生惟是而已至於

沈幾覘國常維持於未然而　國家隱受其益則西人無由知而中國亦未有知先生之深者近世人言西學務師外人所長為富强計而拘墟之徒以為當一埽刮絶持論互為是非先生於泰西利用之道推究本末其有利無弊者必思仿而行之至勢所難為或時有未可不肯徇衆志為苟同如近與合肥相國書力言鐵路不可行於中國是也駐西二歲費國帑不踰八萬金在英時遇各國公會必身帥從官往衆頗苦之而先生以為邦交之義當然且稗益中外機宜卒事如一日以此見先生謀　國之忠足以契　帝心而孚公論者非庸衆所庶幾外人之敬慕固不足為先生異也係以贊曰　大西之通粤自有明聖皇布化旁流八瀛遂環地球咸集户庭曷以安之柔遠有經　皇命重臣往駐法英邦則有交夷亦有情毋俾不通以干　皇靈先生在西察事知萌挈其綱要用贊機廷凡百究圖維勤維誠西人大驩傴僂將迎公歸謳思託於畫形摶摶海天嶽嶽榮名　紫光作繪燿此先聲

支譜述贊

始祖子泉公贊 明正德進士岳州府通判嘉靖四十年辛

於惟我祖昇官來遊濯纓洞庭葺宇漳州身隨時止志以道超遂啟大宗耀振芳流

二世祖棣宇公贊明嘉靖舉人

灼灼其儁終鮮弟昆克衍于箕蔚為國賓誕啟厥後用光我先果碩靡存椒聊遂蕃

三世祖素齋公贊明府學廩生三子應鳴府學廩生應泰及子閶仲皆縣學附生二家後裔因吳三桂之亂逃往他方不知所終

國步斯改育才未貢世遺一老家有三鳳流裔分條洪基開統強藩狡焉喪我伯仲

四世祖行之公贊生明萬歷閏卒國朝康熙十六年子五

季子承家始大其年五桂生矣三槐樹焉靡陁不昌芳均蹈聯鄉邑磐固萬禩瓜綿

五世祖敬菴公贊縣學生生明崇禎二年卒國朝康熙十九年

聖期既炳家風同茂危去安來世新人舊華敷奕葉林挺獨秀博士三男允天所右

六世祖鑒右公贊縣學生贊首二語公硯銘也妣魏氏壽九十一

守學以重養知以默味此名言允惟宗則兢兢壽母亦表貞特導我後人和神之國

七世祖再周公贊縣學生妣毛氏壽九十二子五

不見後美豈傳前盛有五其男載流家慶賢儷贊軌遐年葆性上繼尊章同輝增映

八世祖玉符公贊乾隆戊午舉人乙丑明通進士

祖始通籍末綴榮班兆我甲榜亦在丑年垂裕有模講學訂頑至今雲氣瀰漫麓山

高祖龍溪公贊乾隆丁酉拔貢安鄉縣教諭

高祖篤學美秀而文詩宗子美書接右軍傷哉零落藏弆弗勤珍我吉光篋笥流芬

曾祖名園公贊縣學生

惟曾負異崇尚風雅授徒中年篤行益寡勤身道誘乃遺屬瑕自言後世當有

興者

祖峻齋公贊（縣學生）

祖抱至性惟孝友于名德納交達官數譽人之所榮天之所枯樂道而困以遺其孤

父載之公贊

生於困窮萎於喪亡艱厄畢世忍乎彼蒼遺編待纂今緒或昌光燄萬丈我著文章

張夫人誄

長沙 王先謙 益吾

夫人張氏名廣淑字景儀善化人也歸余四年弗營厥德方期永好以似以續胡天不忱喪我賢儷遘疾百日藥不瞑眩以同治元年十月十二日卒年二十一嗚呼哀哉余望影靈櫬銜悲祖晨敢累行於明旌庶圖芳於來許其辭曰繄爾之先彌芳虎林既徙長沙載好其音流潤惟曾 國瑞斯顯百齡松茂五葉椒衍為富而仁居謙每損承華實樹毓秀瓊畹昔我童蒙投文於師師告爾父謂我奇兒匪兒則奇自辱師知啟彼高聽歸我嘉妃惟爾之歸我室懸罄牀敝於滕塵生於甑家風自清貧而非病喜爾溫肅凝情蓀娃尊章既歡先後無競習美冀缺餉耕相敬竊慕少君窮而安命相彼勁草逢秋而翻嗟此弱質云胡不殘提甕實勞操臼亦顛貌悅神悴血銷骨存爾疾則隱爾舌誰捫既覺而醫曾不返魂嗚呼哀哉昔我之行告爾自愛淚集於眥頭俛臆對遠歸相視悲歌慷慨爾不見答亦無憂態我實儻蕩縱心狂醉胡無諫言色且不懟謂爾石人

夢寐噓唏石猶應語人曷能已數年談笑約可數指豈不違心胡此永失昔賈大夫御妻射雉慚無末技啟爾玉齒息女三年或有其理爾獨何恨不言適似婦哲而傾爾訥而死仁訒吉寡於何竊比嗚呼哀哉我生不辰與世為仇豈謂室家增其憂切蘭房委晨隧路閉宵何物莊叟鼓盆發謳强顏衆視吞聲向隅周求何獲顧瞻在途爾雖好默胡忍恝余夜壑有靈儻為長歔嗚呼哀哉

周夫人誄

夫人周氏名淨蕃字彥嫰同邑人也以同治五年十月初七日卒年二十有一婺輝就匿渺焉長隕曜靈沒馭瞬其再升少君之禱無靈安仁之悼曷既嗚呼哀哉溯自甲子之歲載歌九十之儀婉嫕鑒德綢繆委心左執右招倡予和女固已發由房之清香抱終焉之篤志無何司徒選士公車就徵傷心遠別執手浪然長鞭影徂文囿再捷私幸蘇季還里尚有下機之妻東方為郎永分割肉之惠而乃錦衣雖煖不能溫其慘容寶鏡雖明不能鑒其喜色守申生安君之義負王郎天壤之疑鬱鬱夜思依依魂斷含悲促景抑又何心嗚呼哀哉靈鳥來集詭豎子以召災玉果霑筵逐黃粱而成夢流芳未歇長簟竟空蓋其中情

不春危機豫兆有由然矣自顧薄植永孤嘉耦雖無華元妻省曾參之語俛悼謝女實裂黔婁之心敢託素旗爰作斯誄其辭曰猗歟爾祖萬盈魏大芳烈世滋為南國最惟我之先家風晻藹潛曜弗揚清德同勤孤生阻艱荒野爰遯孫楚除服援文申恨爾父書來期我元獻重以姻盟加之繾綣我輪未御竄迹江隈爾伯爾父晨夕遊陪匪私其姻實愛其才才於何有氣義允諧還而得解光生白屋吾母賀爾新婦之福鸞回既縈燕懷斯卜霍孿雙凋張炊再熱自爾有身母心則悅焚香告祖淚泉首雪二嫂待嗣十霜一暫爾又如斯闔室腸絕嗚呼哀哉爾生之初遭與衆殊雖有賢母不能於夫大叔二妻中郎孤雛宛轉將順迹耦心孤而增之快不翁之諫遂用宛結行歎坐吁我昔語爾人壽難匹憂防豫凶樂有終吉以爾秀慧庶幾自恤此歡之人百齡同室左芬謝韞豈伊異質爾獨慨然死生若一其來無端去亦歘忽但留清氣還之造物我怪此言理適而佛不寤速化游魂髣髴念爾伯父待爾於京豈信奄忽繁華夙零今我遵塗隻影迴方含涕矯首水遠山長山胡而長水胡而遠情還景留惠衆歡尠留連閭德凄其歲晚朽壞庶甯靈轜不反嗚呼哀哉

十家四六文鈔序

夫今樂前陳而賢侯忘倦流徵閒雜則和人彌寡文章道歧何莫不然是以學美者侈繁博才高者喜馳騁往往詞豐意瘠情竭文浮奇詭競鳴觀聽彌眩軌轍不修風會斯靡故駢散二體厥失維均而駢之為累尤劇於散或迺仲宣體弱不起其文休文調律反甚其弊蕃蕪塞涂罕見枝幹之挺平原埃積邈無川岳之秀主文客氣玉貌蓬心論者遂喻蜩螗以齊梁伍俳優於皋胡病至此乎噫其過矣夫詞以理舉肉緣骨附無骨之肉不能運其精神寡理之詞何以發其韻采體之不尊道由自敝余裒類纂古文賡續惜抱既念駢儷一道作者代出無恧古人而標幟弗章聲響將閟故復採斡遺集求珠時髦不使西河侯君失文漢代東海何生闕美蕭選蔚宗述悼於莫知表聖纏憾於既往都為一集共得十人網羅眾家竊附全椒之例推求正宗或肖南城之心庶幾體則不廢江河導其古流光景常新日月並為靈物云爾

徐騎省集序代

李君爰得獲舊本徐騎省集寶愛甚至鏤板既成郵書索序悼南唐末造之衰

思東海躬逢之厄憮然有感不可無言夫其效命偏隅歷踐清要攀龍一鱗吐鳳五采濰州夫子聯李杜之名集賢學士馳機雲之譽可謂弁冕英雋翹藪巖廊者矣洎乎國步既訖大命有歸走青蓋於江東侍白衣於樓下身蒙特宥迹寄中朝則又麥秀之詠無以喻其哀思竹素之詞不能寫其隱痛者焉或謂禽喜受命遂郤敵師珉雋捐軀實因主辱以斯二者疑愧前賢不知南都播越之餘開寶式微之際祓衣僧帽叢姦濫於佛門春水小樓效都俞於詞律軍驅白甲水縮黄花已失佑於天人冀圖存於旦夕秦宓文辯任專對而有餘張儼高才緣通好以相屈渾濬之師已偪儀秦之舌奚裨而公聞命慷慨秉義堅貞勿顧一介之使而止上江之援乞緩無名之師以全一邦之命喙奮風雨心甘雪旄不為馮謐之得歸將繼孫晟而抗節天威方霽卒貸行人運祚俄移仍隨國主越句踐之入吳范蠡從侍劉安樂之降晉郤正拜官然而免為俘虜之悲憾不與楚金同死江南大臣之對未聞向藝祖求生公之心豈為開國千戶侯而負永陵一培土乎或又謂藥賜牽機禍階私謁一將朝命遂洩狂言背曹髦而馳語何異王沈察昌邑而奏言不如張敞此尤事乖實錄語涉不經夫以重光

之孱昏遇太宗之英武勢非建德就擒之比時無唐莊內亂之憂亦既名改侯封錢增月奉偕劉鋹執梃已長降王等叔寶工文祇堪學士本不關其後慮亦安用其雄猜况乎悔已殺之諫臣吟東流之江水閽君常態詞客遥情公縱不壅於上聞帝豈肯援為罪案是以文寶拾遺之記但述悽傷李燾通鑑之編全删疑誤有悖史為左證杜後人之詆誣觀於隴西撰碑便殿請對楊武陽昭烈之贊並述休風魏文貞李密之銘義存故主歎息動夫九陛忠義章於一時益可知文字之禁早與蠲除明聖之君必無忌克己方其浮湛偽朝遠避榮利朋黨不入於韓宋衡軸無競於張陳祇觸內臣識元節之壯志專誅賊首有廣漢之嚴威緬厥廉貞允為卓絕暨歸皇宋終作詞臣王仲宣之侍華轂擬其賢勞蔡中郎之趣飲章同其傷陷半臂弗御嬰子京之寒疾華髮滿領嗟樂天之無兒命途永乖時論所喟而冰斯之筆空爛於當年燕許之文獲編於身後流傳未廣揮發有待幸拂拭於千古得揚搉以片言思鏡湖賀監之答猶慨慕其風標披南閣祭酒之書並垂光於天壤

少讀唐柳子厚永州新堂記至於逦延野綠遠混天碧詫曰此儷語也而雜廁散文深疑不類余兄敬吾先生聞之曰它日可與言流别矣長遊藝林粗涉文翰見夫姚氏古文類纂兼收詞賦梅氏古文詞略旁錄詩歌以為用意則深論法為舛駢文之選莫善於王聞修法海李申耆文鈔傾瀝液於羣言合鑪冶於千載顧王則題目太繁李則限斷未謹所居之代抑又闕如不足綜古今之蕃變究人文之終始美猶有憾斯之謂與屏居多暇舊籍盈几輒復甄錄尤異剖析條流推賓谷正宗之恉更溯其原取姬傳類纂之名稍廣其例座中百琲盡是明珠機間九張無非文錦使異代之上晤言若親寰海而遥光氣不隔藻翰飛騰屈宋之芳無歇商量邃密葉德輝張祖同之力為多凡類十五卷四十有六間亦區其義例第其時代為上中下編云

論說類三一曰文論斯文肇興體隨時變趣尚偏異流失遂生達識稚材掎摭利病彥和子元冠絶倫輩山谷之論河間之評二家並重學者攸資彥和書宜全讀子元頗有芟取文鏡文章論為隱侯而發而沈傳靈運舉斯立言子元以為全說文體備言音律可為翰林補亡流别總說次諸史傳實為乖越以既為

體限仍居史論之次凡若此類所宜旁通一曰史論終篇論事發端馬遷後來各家沿襲成體既趨偶儷彌益煩蕪故史通擬之高士綺紈壯夫粉黛但文之為體有舉莫廢其有聯詞切理比事愜心未嘗不競賞巧工傾目浮藻又鴻儒攷古激想抽毫辨難既紛溢為繁縟才力所極自呈炳蔚雖波瀾莫二而涂軌已別此則循載筆之往式導史評之先聲者矣趙皮書後諸篇或紬繹它作更端引申或留連前史因事寄意名同跋尾義主衡論今棄名取義使以類從一曰雜論如稱舉時美推覈物情鍼砭俗流抽尋往籍萃茲衆理歸於一編亦文林之柯則也稚川尚博諸篇與解嘲賓戲同科蕭樓設論之目也博喻廣譬儷式連珠以體不純壹總列於茲焉共文百二十首

序跋類四史家類傳迺有序文所以領厥宏綱陳其命意休文恩倖昭明選之於前唐宗后妃志堅採之於後並目序以論亮為舛矣若私家撰述條別實繁觀華亭之弁言亦龍門之遺意也士衡標目豪士指刺齊冏賦酌雅文序兼史筆去賦存序亦其類也梁元志傳因襲史裁雖體殊識大而例歸一貫它若金石之刻訂其舛譌傳記之書證其得失並文人所有事史籍所取資絜法海錄

序以詩文宴集區為二門余謂應奉之製唯主頌颺陪從之篇尤重肅穆爰就其中合采前美昭示後儀若尋常詩文序跋亦分兩事一曰酬應之作挹清黃憲之坐問奇楊雄之亭誼重淵源感深投分迨叢蘭有已敗之色而卷葹餘不死之心期以片言偕之千古宅如紀榮遇於畢生述明德於既往貞烈之曜履苦而說甘述作之工推微以致顯皆義主表章而事緣請屬此以情為根而文周其用也一曰揆張之作必植柢忠孝通綸經史藝林萃藪洪纖皆適用之資國士遺編顯晦歸後賢之責此以文為本而情暢其流也至於觸感無聊伸紙寫臆屏居生悟緣虛入實汎長風而不息則回戀故巢望晨星之漸稀則感傷知己亦有朋好往還襟情契結登降巖壑興寄園亭歎逝者之如斯撫今懽而易墜相與招繪事賦新詩更揮發以詞章賡昭宣其情緒一卷之內陳迹如新百年之間古懷若接皆無假故實自達胸懷由耳目以造性靈驅煙墨以籠宇宙文之為道斯其最勝者與共文百六十首

表奏類九數奏始於尚書上書沿於戰國秦并區宇列為四品表以陳事章用謝恩劾驗政事曰奏推覆平論曰駁漢云封事起自宣帝不關尚書亦曰上疏

用之王侯達於天子總駁於議而典午古今尺議尚以駁名陳謝用章而齊陳
賀慶表文亦有章號魏國奏事始或云啟唐世奏謝兼稱為狀六代白簡謂之
彈事蓋按劾之變名宋朝上書或云劄子是書札之譌字並奏之流也進言摛
文戰國為盛漢初沿其波制策發問災靈肇端歷代循其體又有奏對策對之
異焉　本朝革華崇實凡有進御統謂之奏平論大政亦或用議成書賀捷皆
上表文　殿試　朝考分題策疏觀乎人文取存古式而已夫元首居尊羣材
效職聖澤帀寓則思極頌聲飛龍在天則恭陳符命斯國家之鴻美颺言之上
式也興利革弊論政兩塗薦賢劾奸事君大道上進之篇其鉅者國華朝典亦
不遺祥異之微慶賀之詞其尤者愷樂上儀且兼及起居之末亦有榮被泉壤
義激朝端器物寵頒文事相接並魚水生歡鳧藻貢悃位祿與共辭受揣分而
讓謝興上膏猶屯下情待抒而求請起王廷有揚詞筆兼需而對問重流觀天
澤義云備矣竹彈組謝詞詭體正通天之奏故土有懷比士衡之弔魏帝尚蓄
餘思似稚圭之禱漢宗申衷冥漠今各以類附焉共文百三十首

書啟類四書啟者通上下之辭也皇儲貴胄降禮達誠體性明睿文詞雅潤飛

翰染楮咸可覽誦親貴酬獻才雋歡陪光生顧眄情申慕戀或勝詭入讒吳繫競進榮辱倚伏機穽俄生蠖屈求信雖離增歎斯則皇軌不一恒必有之至於折衝之事經畫之宜倚馬援毫提刀入幕亦有請命鄰封薦賢當路推功閫帥致美大府並表裏史乘禪助參稽若文史為用理體滋繁課實談虛悉資考鏡自餘雜述總為一編謝惠覼言盛於六代體不可闕略備前式唐世溫段之徒時復間作並從斷棄又其時風會波頹文盛干請望門投謁呈身貢函昌黎不遇三趨宰相之庭薛逢乞恩死作埽除之鬼此類悉予刪除無俾害道共文百九十七首

贈序類一以言贈人荀子比之金珠擇言而進魯侯以侑觴酒洎乎唐世乃有序文發攄今情敦勉古義斯朋友之達道也獻壽有文沿於明代貴在不溢美不虛稱反是則濫矣王氏法海贈別序自為編姚氏類纂因之增入壽序茲仍其例云共文二十四首

詔令類四文心雕龍云昔軒轅唐虞同稱為命降及七國並稱曰令秦并天下改命曰制漢初定儀則命有四品一曰策書二曰制書三曰詔書四曰戒敕敕

戒州部詔誥百官制施赦命策封王侯體至晰也案蔡邕獨斷云策書策者簡也以命諸侯王三公制書帝者制度之命也其文曰制詔三公赦令贖令之屬是也詔書有三品其文曰告某官官如故事是為詔書戒書戒敕刺史太守及三邊營官被敕文曰有詔敕某官是為戒敕也其義頗異攷西漢賜書輒稱制詔是詔兼制矣武策三子誼主申戒是策亦敕矣劉勰云戒敕為文實詔之切者則敕即詔矣漢高手敕太子知此又不僅施州部也逮及六朝世異封建禪代九錫依倣策文唐宋敕書或施之一人或專賜州郡詔則徧諭天下制以黜陟封贈其大較也然舉例叢文隋高祖報李穆應目以敕唐太宗賜李靖陪葬應稱曰制而皆以詔名知散文通矣遷除用制實病文繁劉子元謂褒貶之言哲王所慎諒哉其義兼戒勉者取之餘屏不錄制策以洛多士勖其書思對命合於釋名驅策諸下之義教令亦上臨下之辭並以附焉蔡邕獨斷云諸侯言曰教劉彥和云契敷五教故王侯稱教自教以下則又有命詔重而命輕者古今之變也攷六朝文例有令無命雕龍所稱殆謂令耳共文六十八首

檄移類二劉彥和云移檄為用事兼文武意用小異而體義大同又云檄者皦

也宣露於外皦然明白也或稱露布播諸視聽也攷文章緣起馬超代曹操賈宏為作露布雕龍以為檄之別稱信有徵驗魏晉以降代有檄文不名露布彥和身居梁世尚無殊解然則露布為獻捷專號必在李唐之初乎茲從其後起分為二流以同在金革仍總諸一例本國伐叛但云下符其小征伐則用移牒皆檄之流也稚圭北山意嚴詞正節壯高隱義激頑夫筆陣助其驅除山靈增其颯爽雖斯體之附庸實文人之魁傑矣甘亭移牒城隍助驅貓鬼幽明一也故並附焉共文十九首

傳狀類一行狀者生而顯貴沒申史官具畢生之事實備後乘之甄錄沈約齊司空柳世隆任昉齊司空曲江公兩狀李氏駢體文鈔采之鈔自類書故非完本不堪垂式所宜割捨傳之為體義通存沒蘇子瞻方山子歸熙甫筠溪翁皆在生存便為紀述蘭成丘崇亦其例也共文五首

碑志類四山川寺墓刻石勒文所以揮發冥靈導揚徽烈隋唐以往釋老競鳴宏闡教宗罕談儒碩曹頌王銘信遺編之雙秀也至於紀功述德意主揄張刊樹墓門標題神道皆以傳名業於靡湮貫榮哀而同致表之言表碣之言揭其

義一而已矣埋隧鐫詞體幽用顯但欲洛陽購紙爭讀太沖之文豈待元武辨銘共識甄邯之冢共文百二十七首

雜記類一齊梁文苑始叙記體樹寺造像休文有作孝標山棲亦名曰志劉子元所謂山棲一志唯論文章者也法海選錄標以志名文鈔下加序字謬矣志記一也雜記之流蓋於茲託始唐代亭堂石瀑咸被文章斯則記例宏開不僅山川能說矣又或追存曩迹暢寫今情逮乎　國朝其流益夥但遊集之記恒與序相出入董子詵泛月艤舟亭序李忞伯遊龍樹寺記即其證也大抵專紀述者乃登記目綴吟詠者方以序稱此雖流别之至微所當部居而不雜共文六十四首

箴銘類一雕龍之論銘箴也曰箴全禦過故文資确切銘兼褒讚故體貴弘潤又言戰代已來棄德務功銘詞代興箴文委絶余謂語其體則箴峻而銘紆言其用則銘廣而箴狹六朝作者競趨辭賦彥和當日已歎箴銘罕施今之為銘者時亦有焉禦過之文宜乎鮮矣共文四十八首

頌贊類二頌體權輿並出周世魯祀文公奚斯有作臣下褒揚於茲託始仲山出祖吉甫贈言詩大雅吉甫作誦潛夫論引作頌蓋三家異朋友歸美亦其肇端考父述商首闡前

代之懿三閭翫橘爰及品物之微後來作者雲興約歸四例士龍頌漢奏章通情斯屬文之別調也贊之於頌名異實同孝若東方畫贊序謂慨然作頌末稱用垂頌聲固已混同一致彥和有云結言於四字之句盤桓乎數韻之辭其頌家之細條乎余謂自來贊文先以論序前專宣以鑿緒不害為煩後約舉以賸詞故不傷其促末世儷之頌文施用彌廣子山諸贊猶存古質雕龍文贊洋洋乎詞林之盛美非凡品所庶幾焉共文百六十首

哀弔類三誄與哀辭彥和區分二事其論誄也曰傳體而頌文榮始而哀終論哀辭也曰以辭遣哀蓋不淚之悼故不在黃髮必施夭昏余謂誄與哀辭並哀逝之作誄以累德施之尊長而不嫌僭辭以敘悲加之卑幼而覺其安許竹篔高夫人哀辭炳焉述德之文亦非不淚之悼務盡今悲稍變前式矣蘭成思舊雖以銘稱亦誄之流也故以次焉雕龍云弔者至也詩云神之弔矣言神至也故弔祭為類君道之弔莊容甫之弔黃馬因文寄意竝弔之別體共文四十首

雜文類三彥和論雜文曰宋玉始造對問東方廣為客難楊班之徒迭相祖述枚乘首製七發子雲肇為連珠凡此三者文章之枝派也統以雜文之目今依

而次焉共文三百十八首

詞賦類二詞者屈左徒諸人所造也阮文達云子史篇翰實有不同楚國多材靈均特起賦繼孫卿之後詞開宋玉之先六藝於此分途萬世咸歸圜範劉孟塗云騷人情深猶能有資於散體豈芳草性僻不欲助美於駢文蓋徑有未窺抑知者猶寡二賢之論斯知要矣賦造端於宋荀宏體於揚馬自茲以降雖程裁迭變而意匠無殊蓋駢儷之道言哀不深則情韻無抑揚之美取材不富則體製乏瓌偉之觀自非抗心逸步縱獵詩流鮮不騰誚於拙工蒙羞於儉腹故以終焉共文八十二首

文章之理本無殊致奇偶之生出於自然麗辭所肇通變所宜彥和辨之究矣引其端緒尚可略言古今文詞遞相祖述胎化因重具有精理魏文賦寡婦安仁擬之朱穆論絕交孝標廣之祖其題也翰林墨客續子虛以代興梁王陳思共楚襄而迭起祖其體也長卿上林云追怪物出宇宙子雲校獵云追天寶出一方孟堅西都云仰悟東井之精俯協河圖之靈明遠河清頌云仰應龍木之精俯協龜水之靈祖其句也安仁秋興賦云善夫宋玉之言曰悲哉秋之為氣

也草木搖落而變衰錢新梧段公遺愛碑云昌黎韓子有言矣事有曠世而相感者忽不自知其何心祖其語也宋玉高唐云纖條悲鳴聲似竽籟清濁相和五變四會上林云猗柅從風劉莅芔歙蓋象金石之聲管籥之音太沖吳都云鳴條律暢飛音響亮蓋象琴筑並奏笙竽俱唱祖其意也案造句但可偶摹無滯迹象采語緣於興到純任天機意之為用其出不窮貴在與古為新因規入巧上林云視之無端察之無涯日出東沼月生西陂馬融廣成云天地虹洞固無端涯大明出東月生西陂雖增改數字變亦不善矣彥和神思云伊摯不能言鼎輪扁不能語斤其微矣乎子元敘事云能損之又損而元之又元輪扁所不能語斤伊摯所不能言鼎也則直鈔成文索然意盡矣苟得其妙如屈平遠遊云下崢嶸而無地兮上寥廓而無天視儵忽而無見兮聽惝恍而無聞長卿大人全祖是篇兼取四語而指各有適文無相害此意匠工拙之辨也諸體成章靡不相襲雜文一類繼者難工自子建七啟歸美當代後賢有作故步相追詞櫛華腴義病重疊華亭吳對名去實存稚存七招性含變化焉伯七居超然意遠其七家之高致乎至於隸事之方則亦有說夫人相續而代異故文遞變

而日新取載籍之紛羅供儒生之采獵或世祺懸隔巧成偶儷或事止常語用始鮮明譬金在鑪若舟浮水化成之功直參乎造物槀籥之妙靡閒於含靈者也漢息夫躬劾伍宏云霍顯之謀將行於杯杓荆軻之事必起於帷幄晉鍾會檄蜀云投跡微子之蹤措身陳平之軌則福同古人慶流來裔取人隱事而意旨躍如此最優矣自餘佳對指不勝僂義乖事舛往往而是校獵云齊桓不使扶轂楚嚴未足驂乘尊皇抑霸允矣慎旃其它虛美之詞不過曰登三咸五甄殷陶周而已若簡文馬寶頌云堯舜不足憲章孝穆代貞陽侯書云湯武方於兒戲此屬詞失當也其與王太尉書云霜戈雪戟無非武庫之兵專耀齊威非夸王眾而子安滕王閣序云紫電青霜王將軍之武庫以電易雪指齊為王此繹文不審也縻弧箕服實喪周邦二龍降庭何預夏事而駱賓王代徐敬業檄云龍漦帝后識夏庭之遽衰此使典差繆也長卿賦秦大人則漢武意淩雲氣厥初楊意之薦惟見子虛之文而滕王閣序云楊意不逢撫淩雲而自惜鍾期既遇奏流水以何慚徒取對工罔顧文義此杜撰不經也蘇老泉作木假山記戴顒以黃鸝為俗耳鍼砭而戴帥初通蘇教授書美以木假山之家世陳其年

載無忝詩序稱為鸝砭名家夫木山小文何關世緒鸝砭雅語詎涉家聲此任意牽附也袁簡齋賀邉平伊犁表云金山擒車鼻本文皇漏網之魚渭橋謁單于慰高祖平城之憾平城之憾漢史可徵漏網之魚唐書未見此隨筆增竄也亦或調律太和翻失古節琢句凡近便成律賦凡此諸弊大傷文格鄙生沿習未知所底又如子山司馬裔碑銘趙武李爕兩見鼎臣武成王碑銘春蘭秋菊重出昔有玆式蓋不相妨苟其效顰實鄰寒陋若此之類理貴善推是故甄引舊編取證本事必義例允協銖黍無爽合之兩美則觀者雀躍儗不於倫則讀者恐卧可以印心源於三古通慧業於萬流雕龍謂言對為易事對為難亦極思之論也至詞氣之兼資乃駢儷之總轄漢魏之閒其詞古茂其氣渾灝縱筆驅染文無滯機六朝以還詞豐氣厚義文衍溢時病煩蕪宋元以降詞瘠氣清成語聯翩祇形剽滑明初劉宋略倣小文自時厥後道益榛蕪雖七子大家闕為斯式華亭崛起晚末抗志追摹詞采既富氣體特高明史稱工非溢美矣

昭代右文材賢踵武格律研而逾細風會啟而彌新參義法於古文洗俳優之俗調選詞之妙酌穠纖而折中行氣之工提樞機而內轉故能洸洋自適清新

不窮儷體如斯可云絕境洪李之作無間然焉韋權陳之用貽通識光緒二十七年歲次辛丑秋七月

仁壽堂記

光緒二十年甲午恭屆尚書中丞吳公周甲慶辰吾楚人涵泳德涯贍依壽宇以先謙屬在譜末要為頌詞先謙曰公之行政惟仁是依仁足長人大易演其文仁者多壽宣尼明其恉今請名公所居為仁壽之堂為之記以暢其說可乎衆曰願有請先謙曰夫人之存仁猶果之有覈果得覈而成實其究也長育百材干蔽雲霄雖充梁棟之用而生理永存者覈藏其精也人資仁而成德其大者經緯萬端彌綸區宇雖歷艱鉅之投而年壽無損者仁固其質也公垂髫發聲落筆驚衆洞書契之奧倉籀印心絜志學之矩洛閩範步自其少時即以禹稷飢溺為懷有杜白庇覆之概善明鄉里銜續命之恩黔敖路人息嗟來之誚屋贍烏其爰止澤集雁以無嗷皆於四郊多壘之秋一錢不名之日區畫盡美時論歸焉咸豐庚申金陵大營潰蘇州紳富遷徙機户亭業貧民生計益艱公時為諸生倡議捐米撫恤推廣至十餘圖人心以定同治乙丑江北清水潭決災民過江者多公甫中式舉人翻議勸捐設廠留養數月既聘　皇衢彌練世務澹沈災於京畿同治辛未

壬申直隸水旱頻仍公力任捐賑衣食躬自料理於京師建慈幼堂設四廠貧而失學者得入焉文安大城亦各設義學一光緒戊寅復會辦河間賑務起

萊色於汾晉光緒丁丑會辦山西賑務並周歷忘瘁積時益勤　禁中累疏至言傾乎百僚

前後條陳時事暨請減　大婚典禮工費請泰西使臣入覲照中國跪見禮請停　圓明園工程闈外交章贊聲徹於　三殿

左李二公　並奏薦大用試之監司靡蠹不抉河北道任內革武陟縣車馬差費設局定章為民歲省錢八萬餘緡以局中餘錢五千緡

建倉購穀備荒出巡自備火食不許州縣供應翊我　皇運如鳳斯儀八論播於元菟玉金佩其德音

出使朝鮮作辦黨論二篇國王命頒示國中又作求賢育才節用恤民緩刑練兵六論貽之六屯總於細鱗煙火蔚為聚落

督辦吉林屯墾事宜按地分六屯以適中之細鱗河所蓋官房為管帶委員公所於是甯古塔至三义河口五百餘里之氣脉以通細鱗河諸屯皆有市集三

义河尤盛招回雁户爭平鄭邑之田豫省貧民乏食輒賤價售田及歲豐歸里無地可耕控案纍纍州縣置不理公提訊斷結一歲

二千餘起孤寡無力者假以貲諭河北三府屬僚一律審理云宜以此為善舉而勿視為詞訟則窮民不至向隅真仁人之言也飛到鷹梭運

入河源之米廵撫廣東時惠州河源等處水災公親往勘以鷹梭輪船運米賑糶有送米人來三百里迎流飛到一鷹梭之句蓋公之

於民不因中外歧視公之為善豈以大小殊情而又赤心相推鋃手如斷單騎

伏賊汾陽羅拜之圖練軍吉林時金廠賊酋韓效忠有　旨嚴緝公單騎入山令素識效忠者一人前導直抵所居　效忠出謁道旁因止

宿其家允為奏請免罪效忠遂降金廠匪徒以靖偏師請前伏波顧盼之色法越構釁公連疏請自率所部進駐越南暨滇桂

邊　詔嘉其勇往秦窾入坐敵人折鋒朝鮮內亂公奉　命前往倭使井上馨不與公相見在朝鮮政府多方要挾公排闥直入直言

詰責德人穆麟德從旁參議公吒使退幷上膂氣阻朝倭之約遂定王尊填隄陽侯卻步河決鄭州奉命權河道總督晝夜督攤五閱
月工竣香山議界深防他族之偪居初任粵撫至澳門晤葡萄牙地們總督高士達卽詰其不當侵占香山民地告以劃青祖
界之意並具奏十條力言中國棄澳與葡之非長嶺勒銘共信交鄰之有道在吉林時奏明俄入侵占琿春黑頂子地方請旨
會勘因圖們江舊立木界牌離海口四十里之沙草峯與中國地圖不符須更正於江口內二十里之地更立石牌俄使奏其國王允行於是黑頂子復歸中
國俄設卡倫電線皆撤回公立銅柱於長嶺子交界銘曰疆域有表國有維此柱可立不可移並議定圖們江海口本地船艘出入無阻不必定向俄官領照
仁者必勇公之謂與故其蒞湘中也使車未下頌聲已興治具畢張朞月而可
訓僚屬若子弟設課吏館於署內州縣官候補者月試以論事之文暇與講論在任者多爲爾語勵之柬卒伍如父兄省內
外營伍隨時察驗公精槍法發必命中增購洋槍礮親教練之靚如山之屋寒士開顏設孝廉書院一所增給獎銀增城南書院齋房
百數十間暨省城三書院膏火銀汎請糴之舟窮黎肉骨茶陵醴陵災歉購米運賑復請撥帑銀二萬兩並設因利局於茶陵等六
州縣各撥錢二千緡潭潭公孫之閣卑禮延賓奏設求賢館爲之記峩峩巴婦之臺懷清衛節建保節百
善二堂於省城養節婦三百四十八兩堂設義學八齋百善立施藥局外府州皆設保節堂公且發言爲澤撫臆流慈喜雪
裁箋壬辰冬有喜雪又一村園亭詩登勤雨成詠癸巳六月憂旱得雨清供祈歲福斯民億萬家謁衡嶽廟詩云
願神鑒此蔬樽供澤被三湘億萬家磨崖續碑求如結十數輩浯溪峿臺㾈亭皆爲詩銘寄仰止之思勉屬僚以次山爲師寬
嚴異用近不廢乎鷹鸇益陽道中詩云安得廉明司牧官詰奸嚴厲待民寬公意可知矣今歲緝獲鹽梟鞫實或予嚴懲者至二十事

廉讓相型訟冀平夫雀鼠（用司馬溫公園丁不受錢事推廣其義作興讓説示諸生命廣為勸導以息獄訟厚風俗）柏巖銘就見搜奇采緣之心（浯溪南廿餘里有異巖如古柏挺生公名之柏巖以為天下所罕有也敘而銘之以補楚乘之遺銘云旁有洞門能興雲雨不為棟梁即為底柱）桃源記成有懷古移風之想（記稱桃源土俗純美懷葛之風猶存）閭巷接於寤寐楮墨喻其性情名馳而草木知威思動則湖山含潤本仁心仁聞之實握壽身壽世之符宜乎伴奐優游召康公聿歌純嘏風情筋力裴晉國無異初時也斯堂者羔羊退食之攸居而鴛鴦福祿所總集彝鼎三古圖書百城君奭之舍盡是甘棠茂叔之窗無非綠草充庭仙侶應和氣而來翔舞潭文禽戀舊恩而不去（署中有白鷺棲止或以錦雞獻縱之復來公繪圖題詩）公於其間怡志悅神出謀發慮貽百年之樂利伏莽全消（公詩云鄉僻猶虞伏莽幡贊）九陛之謨猷甘霖行徧先謙等進而援筆躋以稱觥敢竭揄揚用申頌禱此日清風作誦敬述申樊屏翰之勳它年綠野開襟許在劉白文章之列是為記

邊疆行役圖記

邊疆行役圖者吾友莊心畬觀察分巡偏沅道出靖州途次即景所作也靖州居湘西之窮邊控嶺外之重險示諸五草僻在一隅雖長吏克勤而行蹤罕達

歲壬寅粤寇不靖柳慶告警觀察處防務之闊疏輕巖疆之跋涉履自沅郡既於綏甯時則秋獲野曠冬暄氣清戴星辰而早行衝煙瘴而疾過往往一日之中晹雨百變萬山之內寒燠互殊俛臨深谿聯猨臂而赴飲仰攀天闕共鳥翼而爭高蓋已極登頓之勞窮紆折之致焉迨入綏甯經羅巖石驛半里芙蓉四苗里地形曠夷山色秀發塍陌綺繡交織於飛流之間樓臺金碧半隱於霞氣之表白雲丹樹奇采聚為畫圖翠鳥紅泉幽響和於琴筑如入山陰之道紛來異觀不意桃源之津近在塵世視聽為之發皇襟抱於焉超遠矣時則傖老泥童嬉迎馬首瘴花蠻果爭獻輿前公勞問殷勤德意周浹遂乃沿歷邊境區畫機宜控制五百里往還四閱月隴山聚米在伏波之目中蜀驛籌兵赴諸葛之筆底蓋公負陶甄六合之概含澤潤兆民之思鬱厥淵抱溉此偏隅辟猶神物將騰而尺澤蓄之洪鐘待叩而寸梃鳴之曾中畫之不煩已指揮而若定於是栩園一老自紀壯遊楓南三孫更新繪事公姪鍾瀞為圖有章云楓南山房第三孫滄洲遺趣驚劉俟之再生竹林綴文跨阮門而千古者已光緒甲辰仲春記

祭嫂楊宜人文

嗚呼慟哉吾嫂喪夫始年十九結褵再期遽離凶咎觥觥我兄才名萬口謂當騰上華　國妙手鸞鎩其文凰叫其偶悲生鄰里感動戚友對鏡停妝臨尊卻酒金心自貞冰操永守羲娥奔逸松柏堅久四十七春俄焉黃耇吾嫂奉母二十八年有容愉婉有心蹇淵逮事我父亦允怡顏旁接先後頗少閒言辛未之秋盡室北遷湖江浮浮舟艦聯聯原野昏昏輿轎翩翩慮母疾苦慰母憂煎侍母晨昏親母衣棺婦道云備婦職惟虔吾嫂來歸我方稚齒慟兄早亡如兄未死視嫂猶兄自視猶弟財不內私食無獨美居行卅年始卒一視自我銜艱偕歸故里出居於外祈請弗止匪曰無因真堪隕涕孤心白雲往事流水自傷薄德何以生此嫂志雖激我誠不移索居有衛寄奉有資薄宦歸來相對漣洏摧心蹇運垂老無兒顧念兩嫂　榮褒實宜伯母弟婦不朽同垂一門四節蹟美心悽奉嫂瞻視博嫂安怡柰何數月撒手長辭嫂則無憾莫知我悲嗚呼哀哉

閣先生生日祭文十月十四日

於維公靈宅於斯區歲時瞻拜如對經郛誕辰肇說實源二氏禮非敢瀆義有由起讀公之集從俗與宜展期具啟紀歲成詩楚辭孟陬唐禮生日敬援斯誼

用進芬苾北風裴回霜氣清冽歷陽今月延慶古節蕙肴在俎菊酒升觴明靈陟降歸乎　帝鄉

上胡筱泉師啟

山川阻修日月悠忽企瞻顏範誠結肺腑炎荒之維麟洲之下景純望氣云是衣冠曲江肇文鏘乎韶石得我夫子益之化成所謂采蘭入谷不雜凡卉貢金於廷必發異光者矣暇時文讌羣彥攀追花田送馨酹以芳醴越秀攬古登其遺臺風流蔚然賢衆翕若耳茲盛事實用醉心某春莫向畢言旋　帝畿再試承明幸無隕越猥自夏假迄於秋孟停車訪師煮酒招客東觀圖籍爛其盈几西山爽氣時來撲人然而鄉井云遙菽水無賴每一寘念怦怦五中便思戒途勞勞半載俛臨山川瞻此文藻仰愧鴻鴈謀及稻粱庶幾岷峨或者嶺嶠願以冬日坐於春風珊瑚石閼授我罾網翡翠海上掇公棄羽豫達寸意伏候鑒裁商飇戒寒福履自衛

與梁武卿書

去歲泛舟昭潭僑寓廡下得隨尊丈晨夕講論了無福時譽兒之癖時有坦之

勝父之喜嗣晤少崑詳述雅望兼誦詞翰熟知赤鸞遨鳴天驥蹀躞墨一噴而章成鉢方擊而稿脫露布起草每奏修期之能石鼎聯吟時得軒輊之句洵文壇之飛將亦當世之異才遐思景從願言洄溯臘鼓送歲布帆挂風時則王儉幕上已辟蘭成張敏夢中來尋高惠煙雨助其疲苶山川券其愁思夕烽盡赤堠亭告警春草不青原野無色猶復銷磨輪蹏馳逐泥濘子猷訪交未盡山陰之興呂安命駕彌殷遠道之思豈意欃槍迅流牙纛別指東南之美弗展其良覿行道之詠見迫於年時咄其嗟矣爾者叢祠狐寂霧市妖淨中原載清萬方送喜大帥上餞定之功　朝廷行不世之賞郭公首列無異詞焉然而常何幾奏本出馬周衛青幕議亦諮周霸由斯以談功有歸矣異數在邇遜聽生歡某才非莊助謬直承明之廬志希安仁未奉板輿之養飛雲在目嚙指動心頃值朱明解裝白帝按轡挹涼西山遄返南嶽鬱鬱薊門之樹慨然懷人浩浩湖水之波於焉問訊用是纏綿寫契往復推誠鯉魚遺君尊酒遲我豪素自託向秀遂以攀嵇縞帶可投吳札因而適鄭或者倭遲無戒膠漆有心一展情愫愚之願也言長楮短不盡拳拳

長沙　王先謙　益吾

先太夫人年譜

先太夫人姓鮑氏湖南長沙府善化縣人　先外祖　貤封朝議大夫太學生諱敦富字善夫公女籍徽州徙湖南　太夫人生嘉慶十三年戊辰六月十九日酉時

嘉慶十四年己巳二歲　十五年庚午三歲　是年　先府君載之公生

十六年辛未四歲　十七年壬申五歲　十八年癸酉六歲

十九年甲戌七歲　二十年乙亥八歲　二十一年丙子九歲

二十二年丁丑十歲自六歲後　先外祖為延師課讀已能誦詩書通大誼

二十三年戊寅十一歲　二十四年己卯十二歲　二十五年庚辰十三歲

是年　先外祖母熊恭人卒　太夫人無兄弟姊妹措置家務整肅有法侍奉　先外祖曲得歡心　先外祖深愛之　先祖峻齋公夙與　先外祖為莫逆交稔知　太夫人賢為　府君求婚因許聘焉

道光元年辛巳十四歲　二年壬午十五歲　三年癸未十六歲

四年甲申十七歲　五年乙酉十八歲　六年丙戌十九歲歸　府君　府君兄弟三人大伯父虎臣公娶伯母郭太宜人二伯父直清公娶伯母唐太宜人俱已來歸　太夫人逮事　先曾祖名園公　先曾祖母陳太孺人　先祖峻齋公　先祖母曾太夫人承歡盡敬內外嘉許時家事壹稟於　先祖母　先祖母馭下嚴肅無少假借烹飪縫紉以身率先　太夫人夙所未嫻至即斅為靡不精潔聲色未形取辦皆給杯皿度置必令得所　先祖母尤加愛焉

七年丁亥二十歲　八年戊子二十一歲　先曾祖名園公卒（縣學生卒時年七十歲）

九年己丑二十二歲伯兄先和生　十年庚寅二十三歲

十一年辛卯二十四歲六姊生八月殤　十二年壬辰二十五歲　先祖峻齋公卒（縣學生以善書名卒年五十歲）　自　先曾祖終年授徒裁足自給及卒　先祖不善治生施予無遴家益窘卒時罄田宅不足償逋大伯父性迂謹二伯父略不關家事各攜伯母依婦翁居自是家事畢集於　府君四壁蕭然惟恃筆耕餬口艱瘁難罄述　十三年癸巳二十六歲二姊生　是年　先曾祖母陳太孺人卒

十四年甲午二十七歲以　府君奔迫鮮暇無力延師　太夫人自授伯兄讀
十五年乙未二十八歲
十六年丙申二十九歲三姊生三月殤　是年　先外祖卒大伯父虎臣公卒
十七年丁酉三十歲仲兄先惠生　時家屢空饔飧不繼或日一餐　太夫人
窺甑飯無多食少許輒託故去留奉　先祖母飽食是冬自　先祖母　府君
衣裘外典質俱空嚴寒時　太夫人猶著夏布中衣故次兄生而體弱甚四歲
尚不能步　大伯父卒後　府君屢迎大伯母同居至是始歸　府君命以伯
兄為大伯父後
十八年戊戌三十一歲　大伯母病甚手足不良　太夫人扶持抑搔與俱上
下時其食而進甘旨藥餌焉如是五年然後疾愈　太夫人上奉孀姑下鞠子
女晨興執爨悲嗁索乳者繞其側既昏迺息呻吟愁歎者盈其前生事艱難惟
是為亟　太夫人無幾微怨懟之色且時以樂天知命寬慰　府君　府君嘗
歎曰願汝他日先我沒我得為一文祭汝以章汝德也後　太夫人每語兒婦
輩云吾當時誠不意全活至今然以汝父專精於學雖餓死無怨男子貴固窮

但閨閣內不知禮義或相推諉則心分擾不能自力此關於家道廢興甚大汝曹誌之

十九年己亥三十二歲　府君館瀏陽黎氏家用稍給

二十年庚子三十三歲　二十一年辛丑三十四歲

二十二年壬寅三十五歲不孝先謙生

二十三年癸卯三十六歲不孝患痘瀕危　太夫人備極艱劬遇救得活

二十四年甲辰三十七歲　府君自課伯兄數年至是學成命授仲兄讀　二伯父婦家饒貲中落至是　府君並迎歸同居

二十五年乙巳三十八歲四妹生數日殤

二十六年丙午三十九歲　府君命伯兄授不孝讀

二十七年丁未四十歲　二十八年戊申四十一歲　先祖母曾太夫人卒

二十九年己酉四十二歲季弟先恭生　三十年庚戌四十三歲

咸豐元年辛亥四十四歲長嫂吳來歸

二年壬子四十五歲　是年二伯母唐太宜人卒二伯母同居數年以　太夫

人相待之厚臨終時向家人稱述流涕不止　府君命以季弟為二伯父後

三年癸丑四十六歲　是年二月二姊適候選知縣善化龔運昉五月聞粵賊復將上犯舉家移居城外二十五里之澇塘河伯兄遇雨得疾醫藥不良數日遽没府縣試皆前列竟不及待院試可慟也十月復移省城　府君命不孝從仲兄學

四年甲寅四十七歲仲兄以府試冠軍補縣學生

五年乙卯四十八歲二嫂楊來歸

六年丙辰四十九歲仲兄食廩餼

七年丁巳五十歲不孝補縣學生　仲兄文名籍甚是年撫軍決科第一七月得喉疾甫愈親友咸勸弗入闈兄曰吾不以一第為重輕顧天下大亂今歲鄉試幾不行更三年知復何似吾有老親勢不能投筆取功名家門已不振親意責望厚不從此中乞生活行將窮餓死吾命苟當絶雖家居庸能壽考乎　府君　太夫人阻之仲兄泣求入闈試畢七日竟不起榜發知同考官鼎薦額滿見遺　府君以是肝肺摧傷咯血增劇

八年戊午五十一歲　府君命不孝授季弟讀不孝婦張來歸

九年己未五十二歲不孝食廩餼　是年二伯父直清公卒

十年庚申五十三歲

十一年辛酉五十四歲　是年　府君春秋五十有二以二月十八日棄不孝等　府君自仲兄卒後無日不病前二歲氣喘甚不能動作飲食衣服皆需太夫人調護應念必至聞聲即趨或倚鐙屏息竟夜不寢　府君疾革　太夫人不解衣交睫者四十餘晝夜　府君卒　太夫人暈絕數四不孝等環跪泣勸強起啜粥大事甫畢貲物罄盡不孝請於　太夫人橐筆從戎　太夫人許之六月赴湖北武昌為内江水師嚮導營營官原任狼山鎮總兵官王君吉聘司書記以安慶克復十一月移駐安慶

同治元年壬戌五十五歲不孝辭王君歸友人李君春藻邀往永州旋歸十月不孝婦張卒季弟慧甚為文有精思已能料理家事

二年癸亥五十六歲不孝為前督辦陝南軍務江西布政使李公桓延入幕至湖北李公以病免不孝亦歸南風逆舟不孝急思覲　母步行抵家不敢告太夫人也後　太夫人見不孝詩冊中有云百歲親心逐子飛縱令安穩亦歔欷即今白髮倚門望未識青袍徒步歸河水深深梁正絕炎雲莽莽樹還稀孤

行千里無人問涕近柴扃帶笑揮　太夫人驚問曰汝乃徒步歸乎不孝具述所以　太夫人泣曰汝不思保身以奉親迺爾犯險乎今後愼勿爲此也提督梁剛節公洪勝募勇湘中延入幕復偕往湖北

三年甲子五十七歲　是年四月官軍敗績於天門之九眞廟不孝隨梁君帥敗卒突圍出梁君所部三千五百人得免者裁數百旋隨梁君移營蘄水七月歸里九月中式舉人十月婦周來歸十一月北上

四年乙丑五十八歲不孝會試中式進士引　見改翰林院庶吉士乞假南歸是年恭遇　覃恩誥贈　先府君儒林郎封　母太安人

五年丙寅五十九歲季弟補縣學生弟婦張來歸　是年十月不孝婦周卒不孝十一月往江西

六年丁卯六十歲不孝自江南旋里爲　太夫人稱祝九月北上

七年戊辰六十一歲不孝散館引　見授編修七月由陜西往四川　是年三月季弟生女媚祖九月殤

八年己巳六十二歲不孝二月歸里六月偕季弟赴粵行至樂昌　太夫人走

書仍命弟歸不孝送弟還遂由樊城赴京
九年庚午六十三歲　是年正月季弟生女肇祖不孝充雲南鄉試副考官季弟報捐分省補用知府不孝十一月乞假歸里
十年辛未六十四歲季弟病甚不孝續假三月以待其瘳三月季弟卒五月弟婦張又卒不孝以侍　母無人請於　太夫人舉家北上方　先外祖在時繼姪為子及　先外祖卒舅父外出音耗斷絕舅母獨居無以自存　太夫人命不孝迎之同居姊丈家貧姊生一子二女依倚母家其幼女甫八月大嫂撫為己女不孝請　太夫人偕舅母二姊及子女俱入都　太夫人曰吾雖憐汝姊甚然兒家累太重宜三思不孝啟曰兒兄弟姊妹八人今僅存兒及姊如不同行他日數千里外吾母念姊困苦欲一見不得兒何以自安兒惟循理而行必獲天佑　太夫人曰若是聽汝為之六月婦李來歸七月　太夫人瀕行哭奠於先府君墓祈默佑合家清吉嘔血十數口　不孝旁伏涕泣不能仰視時由長江達濟甯行囊已空不孝復往山東省稱貸以濟值水涸請　太夫人乘輿往德州　太夫人行數十里以不慣長途輿轎頭暈嘔吐不孝屬輿夫平步緩行

次日　太夫人始稍安帖凡五日至德州不孝心膽俱碎季弟在時善承　太夫人意旨有志向學述作斐然又能經理諸務不孝不復問家事自季弟奄逝　太夫人如失左右手不孝亦心如死灰無復曩時豪邁之氣事勢所值迫為迎養舟車轉徙困頓流離飲食衣服不時不適幸獲平安抵德實　太夫人厚福有以庇之時河凍不能行不孝先到京復　命除夕仍回德州侍　太夫人

十一年壬申六十五歲　二月不孝奉　太夫人抵京寓東北園五月不孝生女娛祖

十二年癸酉六十六歲　閏六月大嫂所撫姪女蘭儀殤年十三歲姊子已十八歲至京後忽病狂數年死　是年恭遇　覃恩晉贈　先府君奉政大夫封　母太宜人

十三年甲戌六十七歲　正月不孝女娛祖殤二月移居虎坊橋東姪女肇祖殤三月不孝充會試同考官十月生女順祖

光緒元年乙亥六十八歲　正月不孝生子榮祖二月大伯母郭太宜人卒四月　大考不孝列二等第五名　擢補右中允五月大嫂吳宜人卒六月不孝

充江西鄉試正考官十一月生女慧祖　是年恭遇　覃恩晉贈　先府君朝議大夫封　母太恭人

二年丙子六十九歲　五月不孝子榮祖殤六月不孝充浙江鄉試副考官十一月生女昭祖

三年丁丑七十歲　正月不孝轉補左中允十二月女順祖殤

四年戊寅七十一歲　四月不孝生子壽祖女昭祖殤十二月不孝升補洗馬

五年己卯七十二歲　五月不孝升補侍講六月子壽祖殤七月轉補侍讀十月女慧祖殤十二月升補右庶子

六年庚辰七十三歲　三月不孝充會試同考官轉補左庶子四月升補祭酒

七年辛巳七十四歲　太夫人每見不孝典試擢官中心頗慰而以孫男女相繼殤恒悒悒不樂一日謂戚楊君外間有圖畫小兒者可將來楊購得近人所繪昭君抱子圖以進　太夫人指謂不孝曰我欲抱取此兒共食不孝聞之心痛甚百端解慰　太夫人曰我豈不知命數遲速有定但我為王家婦五十餘年自問生平無過差今娶婦望孫逾三十年迺尚如此兒謂我心當如何因持

不孝而泣不孝亦泣不可止已而謂不孝曰兒盍為一詩紀之不孝乃為書事一首云朔漠冢何在荊門村尚疑丹青昔已誤圖畫今何為空留春風面永繫浮世思遂令出塞曲人人怨别離北堂春晝閒　母顏殊不怡取張雪色壁對之忽移時旁觀竊恠詫惜此冰玉肌甯知護草心未愛柳葉眉回頭顧小子許大雪白兒恨不將入懷哺之以芳飴余心不遑安欲語久淒其如聞琵琶聲切切摧肝脾長跪告　阿母三年以為期身身羣學語索抱環牽衣蟠桃百歲觴玉立森房帷　母言吾戲耳不用長嗟咨我如桃源人漢事非所知但祝隱願遂扶杖觀兒嬉要須將我意寫入蘭陔詩斯圖得依託永作家珍貽再拜壽卮酒援筆獻此詞尋乞同人題詞數首不孝向　太夫人誦之　太夫人曰三年為期則可必乎惟虔祝　祖　父默佑庶家門興盛也欷歔久之　先是不孝在四川友人以建昌花板相贈辛未北上留友人家　太夫人七十後屢促不孝運致都中且曰人生百年會有盡期得良材而不獲用兒他日悔其可追耶後不孝函託友人迄無應者閏七月從弟先泰挈眷北上乃攜以來　太夫人甚喜　是年恭遇　覃恩晉贈　先府君通奉大夫封　母太夫人

八年壬午七十五歲　自庚辰後　太夫人時有微疾服藥即瘳不孝承望顏色喜懼交乘不忍暫離左右　太夫人無不孝在旁亦如有所失每晨不孝起趨問安　太夫人梳洗不孝手一冊侍坐食則侍食食已　太夫人靜坐片時不孝仍手一冊侍焉不孝他往則寡嫂楊宜人迭侍晡食如之食已亦如之日加亥　太夫人先寢不孝旁坐子末不孝退楊宜人就　太夫人旁坐丑末太夫人復起少坐就寢則一嫗旁坐待明不孝入嫗乃退每食必命不孝分嘗少許巡視屋前後必命不孝奉手扶行嘗語不孝我七十許人他無所慮獨憐兒孤立無助此心耿耿耳視不孝不啻二三歲兒不孝自視亦如時時在襁褓中也正月　太夫人患風溫半月未痊後投涼散之劑始漸愈至二月初全瘳精神殊佳行步甚適不孝奉　派往　東陵行禮三月初七日叩辭　太夫人諭以途閒保重勿食生冷不孝稟命遂行詎料初八日申刻突中風疾服藥罔效不孝初十日聞信遄歸十一日抵家　太夫人欲有所諭不能出聲不孝附耳言求吾　母心勿焦急調治當愈　太夫人連頷之至次日牙齒緊閉痰氣壅塞不孝百計乞方禱天請代竟於十六日寅初長逝嗚呼痛哉　太夫人一

生無疾言遽色遇事條理秩如老耄而聰明不減或至家事疑難發言洞要婉轉開諭靡不衷於情義之平見人慶善若己有之人或顛危如在己身大公不私踐分循理接戚鄰和而敬周旋終日無厭倦傾倚雖抵衰疾彌加敦篤子婦勸以少息非所安也有友人攜子寓家中偶犯寒曉出或晚不脫衣臥一日太夫人聞之命不孝等勸諭至再曰渠大可憐念若有母奚至無人調護如此耶今居我家即與我誼同骨肉苟心力所至必善扶持之是夜懸念至不成寐嗣後不孝等遂不敢再令 太夫人知御臧獲恩意周至食則分減寒則呼衣或以為過勞答曰吾心腸自來如此不能改也遇困乏者振貸無少恡每戒不孝云人當無時作有時看有時替無時想至自奉則務崇節儉逮老無玩好之需金玉之飾或強奉之旋即屏置家人勸以戲具為樂 太夫人曰吾但願家庭整肅內外輯和男勤女奮即是至樂他非所願也細務必親終日勤動恆言吾非好勞性實習此且婦人不能作苦福可長享耶顧語兒婦輩曰汝祖母之教迺如是吾家相傳家規當世世謹守之故彌留之前夕不孝泣稟 太夫人前云脫有不諱兒必恪守家規一如 母生存時謹身安分以繼 先府君未竟

之志不使吾　母含恨九原嗚呼不孝知識庸闇不克早覩理道之歸勉自樹立俾　太夫人令德彰聞於時瑕垢淵叢罪釁山積祇託　餘蔭竊祿於　朝迎養十載不能修身以型家啟後以娛　母恩覆無已而承歡闕如一別庭幃永違語笑此所為五內摧崩仰天泣血無時無地可以自容者也苫塊餘生恐卒填溝壑無以章　太夫人盛美謹倣陽湖陸祁孫先生述其母林太孺人年譜例備著　太夫人懿德艱遇附綴瑣事成年譜一卷惟　蓄道能文之君子俛加哀憐賜之銘誄以光無窮不孝死且不朽

棘人王先謙泣血謹述

王母鮑太夫人墓碑以下坿

郭嵩燾

國子監祭酒王君以光緒十年某月葬其母太夫人長沙某鄉之原而敘次其家世為年譜涕泣來言曰先謙年二十而先公卒兄弟骨肉之戚相環也葢母子二人相守以終二十有一年太夫人年踰七十壽固有窮也而其德引之而愈長不知其所窮也其自少逮老憂勞鬱傷與其身相刃相靡其哀又益無窮然則吾何以表太夫人之勤以寄其無窮之痛昭示永久將求先生之文揭之

墓由今以訖無窮有所考覽太夫人姓鮑氏祖某自安徽徽州徙居湖南占籍為善化人父敦富為太夫人擇所歸以適故贈通奉大夫王公及事其兩世舅姑能得其歡既終祖父之喪家益落兩兄娰依食其母家母家又貧通奉公悉迎以歸曰寒饑均之可也已而伯娰病廢太夫人時其温飽躬調護之扶持抑搔五年無閒貧又益甚姑且老通奉公游食於外太夫人日市米一甌贍其姑每侍食輒假他故去問之曰食矣日常忍飢不一言洎通奉公之喪太夫人年五十有四矣家亦稍稍饒太夫人生子四長卒數年其次又卒通奉公哀其子甚亦卒其季尤才也又卒祭酒三娶妻有男子子二女子子四皆殤自祭酒通籍京師官顯矣家裕矣太夫人顧日在哀泣之中與祭酒相慰存母子更依為命而視其家衎衎然以肅聆其言秩秩然以和終不易其常光緒八年三月十有六日以疾卒於京師年七十有四太夫人讀書識大體更歷險夷豊悴宏忍自勵尤篤於仁聞人疾苦必計所以援拯得當乃已親故待養者或有他缺之為之欷歔不歡下至臧獲皆然祭酒故人子寓其家偶失衣服寒燠之節太夫人見之歎曰是無母撫視以有然也日使人伺之或夜不能寐其心篤於仁而施

之誠皆此類也太夫人四子曰先和曰先惠縣學生曰先謙乙丑科進士由翰林歷官國子監祭酒曰先恭縣學生分省補用知府四女存者一嫁候選知縣龔運昉先謙官祭酒以其官封贈其父通奉太夫母太夫人自京師奉太夫人之喪歸葬長沙其地卜之吉也其日當大祥之前一月庶幾以遂其孝思銘曰

始勤家曰賢婦繼昌爾宗曰賢母生世艱劬得天厚百憂積心誰執咎仁德以隆美成久戚忻在人若身受以衍其基宜有後湖湘開闢元黃剖堂堂文宗肇祭酒夫人之子維我友負土成墳被岡阜更千億年詔不朽

王母鮑太夫人墓志銘

李慈銘

慈銘自同治壬申與今國子祭酒王君先謙相識甚疏也甲戌會試卷在祭酒房力薦之佹得而以文字違格卒被擯心感祭酒然蹤迹益以逿庚辰成進士祭酒為鄰房同考官揭榜時見慈銘名以其老也感唏之甚既慈銘呈牒翰林院乞守故官祭酒力沮不能得歎惜衆曰慈銘始益感祭酒交日密於是始知祭酒之有賢母而祭酒門祚之單隻太夫人身世之劬勞始一一聞之祭酒事親孝太夫人年高多病自昔歲後疾婁作祭酒朝夕左右若孺子每為慈銘

言之慘戚不自勝慈銘亦心憂之相見必亟問起居今年三月七日祭酒有事

東陵越日而太夫人病作遂以不起嗚呼鮮民之痛天下無如慈銘之酷者交游中有親在者羨之極而感泣惟恐其樂之不長懼其老而憂其病不啻其在身也肅肅鴇羽哀鳴相聞其相感之悲有不能喻之它人者既祭酒以所次太夫人年譜屬爲志墓之文其曷敢辭按譜太夫人姓鮑氏先由徽州遷湖南長沙府善化縣父太學生諱敦富母氏熊幼失恃終鮮兄弟事父孝年十九歸贈通議大夫長沙王公載之逮事王舅姑及舅姑皆得其歡心贈公祖父皆諸生家貧世以教讀自給太夫人仰事俯育盡其力養生送死盡其誠和娣姒鄉姻黨嘗竟日一餐而甘旨無缺或飯時託故不食嚴寒身著夏布中衣而操作益勤時堂上溫凊而裘絺之其兄公卒迎長姒同居病視之惟謹五年無倦色門以内熙熙如也生丈夫子四皆躬自授書暨長君次君各授室能文次君以高材生食餼而先後夭殤俱無子贈公以痛子亦卒時祭酒已補諸生其季尚少粤寇方熾蹂躪徧湖南北祭酒從軍鄂皖之交太夫人忍死以全厥家其勞瘁而心傷蓋有不忍言者既祭酒連擢科第入翰林奉使雲南假歸省視季君

亦以諸生得官未及上夫婦遽逝亦無子於是祭酒迎太夫人及孀姊寡嫂俱至京師凡十年色養甚備而祭酒連殤子女先是贈公有兩兄皆無後太夫人念家世之衰殄子姓之不育常戚戚不怡欲求一日含飴弄孫以慰暮年而不可得此祭酒述之輒號慟也懋銘竊惟太夫人之所處誠備生人之極艱其所行雖亦閨門之庸德然以富貴婦人處之有不可以終日者即其後親見克家清華膴養而殤折之慘無歲無之嘗讀昌黎苗夫人之志所謂歲時孩嬰嘑笑滿前者幾以為奇福不可倖也然以視不肖如懋銘者母氏勞苦而無一日之養兄弟隕替嗣育剿絶而不得以區區之科名逮親之存則祭酒之所以事太夫人者豈不猶在天衢哉是亦可以無憾已太夫人生於嘉慶戊辰六月十九日卒於光緒壬午三月十六日享年七十有五距贈公之歿二十有二年子四長先和次先惠廩膳生三即祭酒同治乙丑翰林至今官四先恭縣學生分省補用知府女四次適候選知縣善化龔運昉其三皆殤以祭酒貴封由太安人晉宜人恭人至太夫人以某年月日葬某鄉某原銘曰

先儒蕺山劉子有言平生未嘗言及二親者傷心之甚不忍言也母也天只孰

酬恩也維太夫人生備百年而終享鼎茵也象賢有子為名臣也胡天靳之未耄期而撫孫也維艱維劬以成厥家終大其門也高明令終歸儷於原也因祭酒之錫類以慟吾親欲坿臯魚之淚於瀧岡之阡也

王母鮑太夫人墓表

周壽昌

太夫人鮑氏善化儒家子少明詩禮事其親以孝稱適於王王故長沙舊族世業儒太夫人之孝於翁姑與孝於其親無以異也贈君積學而貧太夫人不以貧累其夫之學逮夫亡而子能學太夫人不以貧累其子之學無異於其相夫時也性嚴整小疾不肯延醫以其子先謙從學於予又為予親姪女壻予習醫且老故中外常得見一日忽問曰吾兒為公弟子其典試雲南或謂能得士無遺議信乎予告以信然則喜乙亥先謙典江西試歸復問曰聞江西地大於滇人文較盛我子尚能得士勝昔而且多寒畯乎予告之則要予舉數士以為信迨丙子典浙江試歸問復然而從無一語及賄贈之隆殺贄幣之豐儉其識理道明大義類如此自微時至貴盛無金玉之飾鄰婦有小兒病向太夫人借金指環煎藥送無以應徧索之家人子婦中亦卒無此物也初苦貧養給從嗇迨

其子稍貴而太夫人無改其貧及後可無極於貧矣而太夫人食貧如故其子雖強奉之而終不肯改以至於沒世宜其子每思之輒痛而不能已也予曰太夫人之志定蓋終身焉耳矣而痛有終極耶其封贈世次生卒詳墓誌予特舉所未備者碣諸墓以為戚鄉式幷以慰其子焉

永慕廬銘

郭嵩燾

益吾祭酒為永慕廬屬嵩燾書之因繫以銘其辭曰人皆有母獨吾母之為哀蓋躬習其教相守為命至老而猶孩況若君骨肉凋喪惟母之為依哀豈有窮哉君之兄弟為龍為虎倏忽變化盡為煙埃其文章著述有傳於世討論而表章之足以垂示方來是以告慰君母者將使其家之人與天地齊壽歷千祀而窮九垓君以一身枝柱其間亦豈非天之厚積其勢障頹瀾而使回然則君之有後決矣斯其旁薄鬱積之久而山岳為開追思母德日月崔巍人壽終盡於百年年有盡而思無涯人同此思而傳者獨以其才我銘其廬以告永懷時光緒九年癸未長夏

王母鮑太夫人家傳

李楨

太夫人善化鮑氏　貤封朝議大夫太學生諱敦富之女幼通詩書大誼年十三喪母亡昆弟姊妹遂能庇敕家事後六歲歸載之贈公益從姑曾太夫人儆所為職內之法家匱日或一食不自饜以奉姑嚴冬猶著夏布中衣咸豐乙卯楨與其叔子先謙共學其家見其門以內肅睦終歲不聞讙笑大語太夫人躬擘事鉅細以率子婦性尤慈惠當夏月之夕館師歸去贈公輒命先謙楨各研說毛詩二三篇贈公攜酒獨飲聽之閒為辨析疑義及就寢太夫人已先命婢子為布席驅蚤下帷帳凡數十夕如此後數年先謙橐筆旅戎幕楨亦奔走遠客追惟曩昔切劘之樂杳不可得而贈公既前逝太夫人亦已老矣自先謙通籍迎養太夫人京師更十一年以疾卒年七十有五先謙篤孝哀慟尤至既御匶歸葬撰年譜乞楨為傳以傳之太夫人有子四人長先和後世父某次先惠縣學廩生並蚤卒次先謙同治乙丑進士歷官國子監祭酒次先恭縣學附生分省補用知府亦蚤卒太夫人既喪三子又喪婦四殤男女孫九而齒加耄望孫意益切未及遂而歿

論曰二南美王化稱女婦多矣顧罕有殊節豈其遇獨亨與蓋古之道中庸而

已其所詠歌刑示萬世要使人人皆能循分自盡而不貴苟難而果有能貞婦順恆其德者雖嬰變故必能底節何則其道揆一也觀太夫人事行皆庸近無絕殊者然持其道以承先迪後以方古婦德奚歉哉昔太姒嗣徽齊媚嘗有百男若太夫人所注望意必不終負吾於天道信之矣

王母鮑太夫人像贊 並序

楊恩壽

壬午之夏益吾祭酒以太夫人憂歸假館莫將軍園亭一日登涵景樓則太夫人遺像在焉神采如生不覺涕泣再拜於是與太夫人別凡八年矣憶自咸豐甲寅舉敬吾同舉秀才年齒相若文章意氣睥睨一世款懇綦至太夫人喜敬吾之得友也則請以年家子見見則溫溫慈愛略如子姓荊釵裙布無華服也歲丁巳敬吾不祿益吾推兄愛以執友事恩壽款懇殆逾益吾已而聯捷成進士入翰林以其從姑媒而歸恩壽太夫人亦喜其家之得壻也則更以婣婭見情誼彌篤而服飾儉素無異敬吾為諸生時也益吾迎養京師同治甲戌恩壽以選人注吏部籍客京師凡三閱月有奇幾於無日不見時益吾以　大考擢春坊屢司文柄又以能文章負海內望家道隆隆日上而太夫人所以自處無

異益吾始得官時也恩壽灑然異之歸而舉以告吾婦且詢其軼事之足法者吾婦雖於太夫人為姑姒行而與其季子禮吾齊年更事遲於太夫人持躬訓子諸大節懵然也第記在室時一日雪寒甚頗豔鄰女之衣狐也外姑輒訶之曰若不知老三嫂氏冬日著絺袴執炊乳子寒中肌膝老而不瘉迄無怨言今且膺　封誥乎蓋太夫人次居三益吾亦三稱老者別於益吾婦也僅知此一事不能舉其宅嗚呼夫子不云乎貧而無怨難富而無驕易恩壽稱其易而置其難烏足知太夫人哉謹繫以贊並記曩所聞見者於幀

贊曰鮑姑既仙門風誰紹篤生女宗四德克劭歸我贈公以敬以孝為古樊英亦今德曜御冬澣葛添薪仰槐蘆簾偕隱荻火餘灰森森玉樹照耀庭階伯仲既逝季氏旋靈佼佼叔子芥拾青紫介壽弦歌娛親經史巍然養堂光被桑梓七五高年笑脫塵滓遺像當筵言笑生前賤子瞻禮泣涕漣漣溯從拜母二十九年盛衰離合悽對鑪煙

王母鮑太夫人誄

王闓運

長沙王祭酒先謙既卜葬母夫人自撰懿言述為年譜彙德明哀感人天性閫

運孤子也少依慈訓壯失瞻依譬猶桓山之鳥聞聲而獨悲雍門之弦未彈而先淚況其含淒悱惻追怨重深吹樹甚於皐風積憂多於秦獄生平承歡之事當年飲泣之由繆熙伯之造哀陸士衡之已歎伊鬱無吐情遺有窮者乎昔章夫人之靈表但述摧傷劉子政之贊詞先陳明智原本孝思乃為誄曰

昔有桓鮑實為女宗令德不顯克紹柔恭作嬪于王三母齋顒雖有長姒委政爰從相協厥家內外時雍予遭役遺以我御窮夙興承筐嬰其有容嬰兒號咷顧復喁喁何有何無二紀祁僮汔可小康國有大兵元二之災萬室靡甯擕持顛沛勖訓家釁胡天不傭有曜弗榮既殲良子乃遘梁傾傷哉貧也斂正無贏叔墨其繈負米安慶猶不遑安六涉洞庭母則尸饔奄已耆齡耆齡如何荼亦有甘取經於楹遂騁趨趯排金佩玉直閣司監文無虛奏士有指南亭亭特達烈烈鮎鮎鄰媪笞兒里母搜囪覲養扶輿既涕且談庶幾佑仁暮歲和耽朱輪導伏白髮垂簪人之見之貴壽無極唯子知母中心慘惻七夭九殤空勞母力既見其生悖而轉盡明明夜燭泠泠朝闥曰曩食貧竈鮬之側唬飢泣寒環堵是塞昔笑且嗔今悲更憶柰何冥冥亦從老息於乎哀哉先民有言冥昧慶善

達士不爾等之暮旦一蔽一通得半失半貞操不移九變復貫憂叢於身神周於算人所欣嗟我無愉惋居康不怡知貧非患超矣賢母寄之遐觀鞼福我後逍遥仙館

王母鮑太夫人誄

袁昶

於惟賢明其勤其艱嫥嫥小心高其閈門在約匪詘賓湶蘋蘩處貴匪遴三鄗被仁居不識屏言若畏鄰含悳内章於何稱云國人願嗞昌其嗣人推知母儀輝光日新鮑氏之先賢桓少君胄子茂裔名門作嬪躬躬祼饋肅肅明禋行合法式辮濯組紃食蓼而甘爰康其屯良玉之瑮勁箭之筠其屯伊何儆歸素族逮事王姑重闈祈福雁行娣姒勞嗛也獨冬暄瘃皸年豐杞菊簪蒿饁畦然松佐讀宵警夙興仰事俛畜勞事一埤盅然若谷榛觪再蟿竭思翣翣卒相夫子呴濡涸陸陽九之會兵疫洊羅忠信涉險免于禍羅夫子不伐百行具宜年不副悳禄不逮家中遘慭閟不卒其斂隆冬卉痱雪霜交加猗猗蒼松不傾不頗悳門再造禬祲迓和潛穎青陽靈根啟華既極乃通受祉孔多負荷有子佩玉鳴珂譬彼圮室賢母楠之譬彼弱弦賢母張之枯岸潤珠崩厓產芝始太君教

奮堪豹貍伯既通敏仲亦崛奇季則鴻軒銀魚朱衣國楨繼夭士論嗟洛叔也
潭潭為國子師掌故淵海衆流倚依薦能擢良輶車四馳陳謨沃心抑何夔夔
學成行尊加飧一怡辭湘即燕安輿衎熙白華絳趺辟雍之湄椒馨蘭潔神明
沖夷　璇宮著籍繭館陪祠為婦為母允矣壼儀將躋大耋　天錫羨祺何圖
扶筐掩曜藏儀湖嵌鐫行瀟碧含悲嗚呼哀哉遺令戒敕一何沖䕫民勞之箴
千載觀省全歸斯甯返漠而靜鄰媪輟舂侮甬含哽六館之士樸慕滋永生芻
涕淚薦羞謁請空國會䍁咸欽懿行嗚呼哀哉行輴世敎惪為禮宗勤苦食報
有昭羣蒙薰然慈仁史載管彤卿不慚長丁甯敕躬歸善必果資孝惟忠靈其
何憾神明上通知後昌大式儆幽衷嗚呼哀哉

王母鮑太夫人誄　　朱一新

歲在敦牂月維畢病長沙王益吾先生陪祀　東陵行二日而太夫人疾作聞
耗遄歸未旬遽卒嗚呼哀哉樹蕙委華匪莪輟讀王事靡盬鬼伯何促嗚呼哀
哉太夫人家承顏訓幼嫻班誡誦詩而取德象帛拜而代香纓年十九歸贈公
逮事重闈能諳食性潔蠲概敬瑣擱絺綌和蛩吟而絡緯先雞鳴而總笄𦐇𦐇

焉愉愉焉王緻照於中閨蘭熏扇於孀鄰矣贈公既傾乾蔭重罹困尼紇千之雀懼凍殺而分飛城上之烏獨畢逋而告瘁太夫人數米而爨量腹而食勸威姑以加飯伴稚子以恒飢團團初日照見乎宿盤棱棱朔風威侵乎葛帔龜手之勞畢萃牛衣之泣靡聞食貧而旨媚學相勖蓋偃如也昊穹靡忱漂搖其室屢瀕祝予之痛遂遘未亡之菑薑橘手調慟絕徐家之新婦櫨梨踵武僅賴李氏之嬌兒蓋太夫人舉丈夫子四今獨先生存耳嗟呼回黃轉綠枯菀之遇奚常殫徵叩宮甘苦之懷自喻去齒而子角前沈而後揚湑陽之運不綦然與逮先生入承明教冑子歛笙詩而馨膳被宮錦而戲綵太夫人佩其象揥言分九樹之華撤其環瑱以贍六孀之急敬姜猶績毋學先姑少君雖貴詎忘前事何悟鼎養方遂恒榦不居寒泉咽流悲谷淪曜歌虞殯而電逝鏘楚挽而風凄嗚呼哀哉三釜之祿反哺曾幾何時一溢之米銜恤廼無終極遂使悲隱之之慟鄰毋感而輟餐聆臯魚之言弟子辭而歸養嗚呼哀哉一新隸究公之門下稔魏國之賢聲敢述累德之篇不辭誄長之僭昭我彤管表之素旂其詞曰

猗嗟賢毋女有士行淑質瓊粹沖懷淵映胡德之豐而壽之吝百年有窮令聞

靡竟竹笥遺戴椎髻儷梁姑恩讀曲女憲補亡餅罄罍恥母兮傍徨約其口體以奉尊章孝乎維孝厥聲英英夫子人豪棲貧服道祕文怪牒冥搜幽討佐讀以纅誰謂荼蓼豈伊匪艱榮名為寶學之勤替家之息耗母以瓅瓅而紛厥好顧謂而曹書諸庭誥森森珠樹蟲沒勸學僉曰荀龍倏悲賈鵬扳心卷葹斑涕慈竹偉節最怒阿龍故超豐王荒穀爰登於朝母也逌然秉心無競鞠衣匪榮蔾羹是軫能勤有繼懷哉先訓如何厚夜曾不浹旬悴葉號旦淒花斷春無言怛化遽此歸真侮甬擗摽遺愛在人嗚呼哀哉疇昔之年孫枝屢謝畫圖省識睠焉心寫庶幾禖祝母虛弓冶素幨依然含飴地下嗚呼哀哉峩峩大艑慘慘靈輀昔也板輿今也繐帷宵夢檄怳搤臂歔欷怛焉驚寤卹然增悲湘波嶽雲靈兮儻來嗚呼哀哉

王母鮑太夫人誄　繆祐孫

維光緒八年三月某日王母鮑太夫人疾終京師邸第吾師長沙夫子喬蘐罷授金石輟響感愴寒泉纘兮述往嗚呼哀哉素襲盈幄銘旌在堂師氏劬苦坤體含章辛憲仁恕之戒崔母淑德之懋被翬而匪厥寵躋齡而匪厥壽祐孫既

辱假館備聞徽孅僭不敢辭敬成斯誄其詞曰
猗嗟女師允持士行服諳弦雅嫺禮怡性昇世仍湛深閨損參翼子之竺三纖裾
誓興唯桓少君是徵姍教才嗣令暉敬娩德曜逮事尊章兩世康舒不米而爨
有鍤而漁枵腹謂飫美膳儲甘銜蘗忘苦咀攎遺酸豈裕御冬乃裕之存豈珥
鐲華乃珥為飧盥櫳伺顏紉烹視力抑塞能解唬號為釋楊叛之訌楚此賓傷
傷哉宗適遽殞滂塘仲員文譽已揜羣雅病試有司天不年假季也卓犖劍戟書
史志邁班生壽促顏子棘心用摧亦孔之憂慎旃方詔漣如涕流矧維通奉西
河慟深形鑠瘵傷神索癘侵宵不弛衣昕不拭櫛冠幘相對恭慎慘烈懇懇師
門慈誨虔秉往佐戎旝為博既稟廼領國賓廼班大羅校芸視草馳傳乘查千
里板輿十年京國舝衣嬉歡索棗愉悅諸毋泉姊彼甥與弟為懌晨昏骨肉偕
庚　帝廷奏賦　恩擢青宮成均上尊笙鏞鼓鐘克娛壽毋永錫難老靡遂含
飴猶悒懷抱袿裳則卻節諳璜瑀沈香茀御情厭紈綺鄰巷春寂芭舞徒揚繐
堂悽沮皚露悲傷於乎哀哉享年耄耋詒世毋儀體貌雖邈德問恒烝煒彤不
朽靈兮格思

王母鮑太夫人七十壽言 附

趙銘

清風湘竹移城南尺五之天晴日陔蘭譜堂上筵三之樂玉杯甘露媚此春暉錦帔仙霞攜來帝所榮起居於八座祈綽綰者千齡若我益吾夫子為太夫人七十壽稱觴京邸允宜酌大斗以延釐集搢紳而祝嘏矣而況居歐陽門下親聞畫荻之型依韋母幔前有待傳經之教者乎惟太夫人蘊華珂里毓秀瑤閨搴楚澤之芳芬椒作佩衍令暉之派香茗成吟婉娩髫齡已代母而操內政幽閒嬪則能持家以博親歡迨歸於贈公載之先生也重闈並侍舉案相莊靜調洗手之羹敬上升堂之乳蘭房屈戌不羨名媛齏臼受辛偏勞幼婦采蘋采藻承筐以俟威姑奉水奉槃沃盥而隨諸姒賓至則壺觴立辦夜深而刀尺猶聲盍惢教洽於公宮令德彰乎碩女矣既而喬木成陰連枝競爽謝宏微之讓化及閨中袁汝南之名成於內助會贈公以門宗多悴家督是肩千金之產奚償一硯之耕鮮穫東方索米還遺細君仲子拔葵兼資賢耦飛蟬辭鬢授蓋篋而餓空海燕棲梁催寒砧而欲暮未免居鄰苦縣境廹誃臺太夫人則黽勉同心拮据予手閤慈幃之佐餕不改承顏顧羣稚之牽衣深憐繞膝飛龍藥店銜石

闕以何言紫鳳天吳繡波濤而盡圻獨以冰襟相映風操彌堅有南山之斯飢無北門之交謫隱偕僨廡而伯鸞益顯其高學愉斷機而樂羊亦欽其誡宜乎閨家罔悔壽後有聞四雛接翼而升一鶚淩霄而起也且夫靈珠之輝吐於神澤黄蘭所誕蔭以卿雲非貴來而悟稀乃積善而餘慶觀於我益吾夫子幼承庭誥長守楹書類謝朏之嗣莊賴班昭之授穀良由太夫人推折荻之訓自昆以及弟申集栩之義視國而如家故勉以從軍不畏仲魚之及難課其入彀羣誇張鷟之選錢用是榮榜題名玉堂聯步望遠則泥金有帖還鄉而衣繡乘軺以閬苑霓裳增光舞綵以蓬池鱠味歸勸加餐莫不覩西清視草之才而知北堂樹萱之樂焉於是恭迓板輿同遊京國華孟姬輜軿而往祝牧子繖佩以從下直花軌便趨親舍編成竹史還話家山人紀為榮詞臣爭羨況乎淩雲奏賦　天子動容晝日簪毫儲端進秩其閒輶軒屢駕衡鑑高懸歷邊徼以翹材試春明而校士瞻斗牛之紫氣劍曜星鐔攬江海之銀濤珊披鐵網鯉庭桃李到處新陰鸞掖文章幾人傳鉢在珥筆非徒華國比捧檄尤足娛親論者謂太夫人能玉於成克膺其報以視昔日之尊名柳下表行誰知薄宦桑中寄壽相

勖固已戚愉殊致榮悴分途雖伯霜仲雪早偕子李以遊仙而羯末封胡更挈彌甥而入侍談棋之興姑婦交歡扶杖而來女孫粲列圍闌得之雅集婆娑樂此高年福正未有艾也太夫人方且約身以儉練性以和教組紝以肄勤卻鉛華而示樸勞則思善猶舉敬姜之箴養不求豐曰惟魏國之志至於鮒逢涸轍拯困維殷鶴有餘糧分施靡吝遠貽媏娙覺惠問之纏綿下逮婢媪感恩波之曲盡淑行推於朝列芳徽播乎洞庭此則歌彤管三章難方其懿孅賫金書八會宜集其休徵者矣屬以蕤賓之月敬逢設帨之辰年是古稀祜從　天錫鸞書五色與翠軸而相鮮象服三加自　紫宸而疊賁安榴獻瑞正紅開照眼之花都蔗分甘喜青帶歸鞭之籠縹醪酒熟法醞同斟雲母屏張詩牋競奏洵宮坊之韻事為　盛世之貞祺銘夙受深知遙欽慈範數魚軒於都下楚南之從宦無多仰烏哺於師門　闕北之承　恩獨懋所願壺中日永愛吾長延林下風高　褒封迭晉雲歸衡嶽他時開百歲之筵月滿瑤池此夕進八琅之曲

謹序

王毋鮑太夫人七十壽言

周材芳

葢聞花名綺縞經二百歲而始華桃出磅磄歷一萬年而乃實霜露勝則天為粤宛炙潤久則地亦競環故修齡每積自瘁臞大福恒基於屯蹇是以少君貴壽當年羽提甕之勤李毋康娱早日甘掩錢之困睠言徽景紀載非虛聿攷休徵揄揚允協恭維王太師毋鮑太夫人善心爲窈美意延年蘭澗金盤孕媪神之靈秀鹿車驄馬傳司隸之高華盤肇絲克勵乎婉心麻枲早嫺夫手迹而且金鑾稚弱已辯工書紈素伶俜偏能咏什迨三商之宜吉諧六禮於與門我太夫子和光同塵積善成德邴根矩貞能勵俗郭林宗隱不違親兼以裴顧縱横有五兵之羅庫坡公俊贍傾萬斛以飛泉惟真儒乃溥時榮非淑耦曷襄內政太夫人則瞿瞿治業持家循曹女之書宛宛同心入室舉孟光之案翟氏爲淵明素對馬倫實袁隗賢孋繭作同功服成偕隱維時陳羣門內元方扶持乎仲弓叔紀堂前楊進稟承於文毋鶺鴒原上伯壎仲箎箕帚班中鍾禮郝法夫人職思孝敬誼盡調娱修儀悦尊上之顔祇事隆家人之道既而金鋪簟席占偉兆於充閭因之王長庭階有神光之照社李家四括杞梓呈材崔氏一星珩璜表度折菱蕙洽畫荻心劬凡此皆閨梱之難能而猶非太夫人之至德也且夫班姬

效職未蹈時迍萊婦食貧不聞家難居安履順疇習蓼而避荼遘否罹愳或形茹而神藥慶封范歠遂減晨羞燭撤徐機因停宵績甚者瓜經屢摘復護植以何心鵠巳孤飛更勞生其奚益縱安顣頷遑濟囏難太夫人則粹性恒貞淵懷彌定威姑待養織藜芘以供餐正嫂失天扶荆枝而使活吐甘饍子手合膏骴茹苦勤家親舂蓬稗詎甘臨之未卜值苦節之頻占一樹靈椿遽萎烈日三芝秀草齊折罡風乃復堅志石蘭礪情冰蘗照繐幃之隻影徒泣孤鸞撫南郭之丹雛惟存一鳳長卿門第扶持胥賴乎桓嫠士行功名成拔還資夫湛母爰以梁媛之懿孅鍾爲㕈氏之郙昌我夫子發德髫年表姿丱日終軍志壯駿騁天衢孫扑才雄鶱騫省壁朱繩青鏡數從紅海以羅珊銀牓銅樓遂向瓊條而揷羽當黑水星槎之返深白雲親舍之思棹隗楫以南來捧潘輿而北上崔邠奉母躬導前驅樂藹之官隨攜伯姊宗家會食極繼續之輝華徒附依光盡綢繆之恩紀承天榮渥開第康莊太夫人猶復嗛約束心愉縱警情條衾疏帳咸欽蔣母之賢大帶朝衣猶出敬姜之績散張緬之祿秩惠必逮人誨元佐以温恭恕能待物所由芳猷允塞福嘏丕承者矣兹當設帨之辰巳屆賜羹之節月逢其

吉著履端之義於三旬壽視乎仁兆大齊之徵於七豑朱堂戲綵珥王筠七葉之貂繡閣含飴撫元氏三花之樹西池王母真圖錫以嘉生晉國夫人 褒綍稱其福壽行見慶昌枝裔襲槐衮於雲礽允宜表式笄珈永誕齡於岡阜材芳等寒桃秦李培自鯉庭翠筍金卮奉從馬帳悉琅琊之家世願瞻郡母以升堂屬韋逞之門人敢頌宣文而捧筆謹序

王母鮑太夫人七十壽言

馮一梅

光緒丙子秋益吾夫子主校浙闈沐光寵者百餘人一梅與其列焉明年春闈北上五月恭屆 誥封夫人王太師母鮑太夫人七豑壽辰同人咸願鋪鴻藻揚懿美獻祝辭以為壽一梅從侍師門頗詳顛末敢承執筆之任揚搉而陳之竊聞鬱儀之景非榮耀所得效明檮木之枝非棘林所能擬茂流光者積必厚條繁者本必堅或無言而成蹊乃如響而斯應爰追述壼度宣著母儀而知享遐齡膺多祜厥有由致誠非偶然太夫人湘波毓靈衡嶽誕秀幼承姆教率履蹈和長炳閨型稱詩納順衿褵遵範彤編播厥蘭芬鞶帨垂儀素璧儷茲蕙質若其象服委蛇之度雞晨盥漱之容蘋蘩虔敬之誠絺綌儉勤之素斯則境逢

其易道率夫常覼縷莫罄猶可得而略也適溯含章之始夙遭盤錯之艱未屆
及笄已嗟失恃靈椿之景方迫於崦嵫弱苣之姿自芳於庭砌總角篤孝拂髦
盡勤內外洽和出入咸理洎乎紨帛納吉纁袡于歸始焉櫛縰問安石建之一
堂具慶繼乃田園漸落相如之四壁徒存我太夫子載之公顏巷簞空原襟肘
見鄭侯之架萬卷董遇之讀三餘太夫人上奉嬬姑下撫弱息形疲神瘁而無
餉結之蹙辭蔦杖藜而無懊咿之語鴻婦賃舂之況遜厥優啫萊妻操畚之情
方茲高潔太夫子志甘蠖屈學勵蛾飛紹墜緒於縹緗裕新傳於堂構於以述
曩古啟來今者實太夫人有以成之焉及夫子翔馭西清供職東觀板輿迎養
慰潘岳之情閟宮侍顏洽魯侯之喜　誥頒　芝綍則翟衣耀鮮陔潔蘭羞則
鶴精粲美福應斯集期頤有徵而太夫人猶抱樸自甘志存衛裳之褧保泰有
誠警深周器之攲瑣務必親終日不倦斯其賢德尤越尋常昔夫子嘗惜陶甓
之陰動孟楹之慨擊楫明志橐筆從戎時則星動欃槍流入翼軫之度氛興鑿
齒戰於壽華之虛蚩尤之旂方張衵服之謠易惑太夫人知于公必能有後謂
知鑵當得生還乃日暮千山方倚閭以望而塵飛一騎果突圍而歸允欽先見

之明足驗福根之固今夫子校書虎觀富覽鴻篇金泥玉檢之文蘭臺探祕帝虎馬烏之字蓬閣刊譌日孜達乎　聖聰雨化深於後學朗冰壺於炎徼曾司桂籍之衡揚珠旆於贛江聿萃藥籠之選輶軒所采海宇蜚聲轍跡所經士類慰望乃至越水吳山之地亦沐景星卿月之輝西蔑臚歡東甌引領堂開鳳味胥荷玉尺之量風暖春明復炙緇帷之教每值藜煙然罷芸館晚歸侯芭問字之車常盈戶外康成授經之席猶在人間異時樂育有成人才奮起上為　國家收選舉之效下為天下扶古訓之衰則所以成太夫人之志者豈淺鮮哉一梅等躬荷甄陶羣欽徽懿欣逢燕喜翹祝鴻庥亦惟抒蠡測之微明仿荊渝之箋弄恭韝宣臆捧掌陳辭若攷厥賢明則子政之傳可續欽其淑慎則茂先之誠允符覺鰥生曼漶之文蟲篆雕刻之技誠未能導揚於萬一也

王母鮑太夫人七十壽言

繆荃孫

粤維強圉赤奮若之歲月紀長嬴律中中呂為王太師母鮑太夫人七秩壽辰時逸梧夫子以饟稟之頌絜齋其膳綿纈之服嬖婉其容故舊同僚罔不和會率將酈麗泉之水為聖善緜齡進華岡之枝為眉梨篤祜荃孫久依函丈早熟

儀型敢布謏言聊當喤引夫松茂柏説安貞本於地符震出坎勞成功資乎坤德在昔廬陵文擧基之畫荻之風鄒嶧名賢成以斷機之學是以婉愉之樂富貴所不能强者天獨償之於德門堅苦之操冰霜所不能摧者天亦報之以晩福先河後海隱顯萬端亭陰雪陽盈虛一理今於太夫人可得詳徵焉方其鍾慧綺齡宅衷彤史紘綖獻功之訓早熟於紹繩釵鈿辱金之倫不留於眄睞幽蘭紉佩羣奉女師香茗裁篇夙承家學迨歸我太夫子載之贈公鴻案初齊鹿車共隱齋心錡釜夙夜薦其馨香洗手羹湯重闈説其顔色贈公方出爲經師入奉子舍何家三隱尤數小山賈氏一門首推偉節削竹而寫冶心入於大鑪據梧以吟精思應夫鳴鏑雖復和璞韜采干鋒斂鋩而守學彌篤式茲鄉人力行可風稱夫陰德太夫人扶持中饋黽勉前修饔飧不繼無交謫之嫌嗁號滿前有自得之樂至於奴耕婢織女布男錢百口齏鹽一鐙刀尺成經緯之合度無偏頗而不平則固數十年如一日也泊乎課子和丸留賓截髮許橐筆之請遠遊以副壯懷聞破軍之占迪吉信之天道我夫子學追董賈文儷王楊簪毫晝日掌　丹禁之文章獻賦凌雲　擢青宮之侍從而且鏁闈校藝衡尺量材舉

燭以索遺珠撥雲而求定鏡蒼山洱海珣玕搜巖壑之英浙水章江金箭采東南之美固已遵明說禮海內傾心高密傳經士流引領者矣太夫人猶且絅絅如畏抑抑不矜勖之以仁厚傳家毋忘祖德勉之以經綸報　國毋負科名每進一官輒申一誡每得一士爲加一餐躬親細務習勞而籍作家規施惠寠人振乏而推懷往困擬之饒爲經術成於幼時仲郢功名湔於慈訓以今準古異代同符若夫遠奉板輿就養京國關河閒阻無恙者神明水土異宜何需乎漫朮每當花初星晚月夕霞朝補華黍之詩奏壽人之曲蓬池宴罷分來考叔之羹蓮炬宵歸猶照敬姜之績鞠宏徽於犍歲才語煙霏絜無忌之名甥華詞飈起　雲章鴻奕光夫里閭家慶蟬嫣榮於戚黨回憶倚竹天寒停鍼纂暗塵滿萊蕪之甑蒿生仲蔚之廬一旦以逆坎之占爲順巽之吉靈龜卜勝福草含嘉行地如仙自天錫祉固由太夫人貽謀之善亦可見夫子養志之誠行將壽進期頤輝增史乘湜流慶衍庸有艾乎荃孫援古者嘉禮必有祝辭秦漢以來類以歌詩爲壽揚舉令言稱道洪孅甚盛事也不揣拙僿敬獻頌言其辭曰

朱陽穀旦壽觴踞陳四德令儀是法是遵雨露雖養不如霜晨桃李雖豔不如

蓼辛穀旦朱陽壽觴再侑鍾釜備具金匏互奏中栶飫樂自天佑之羣流鏡仁自心壽之三爵既進穀旦朱陽馳聲南國保艾北堂永錫難老純嘏爾常戩穀罄宜以蘄於世昌

王母鮑太夫人七十壽言

彭毓海

衡山標天柱之奇樹嶽宗之望網絡浯濰跨躡沅湘中興以來武節斯競維我長沙夫子獨被儒者之服扶大雅之輪摛嚌道真回翔文苑方聞綴學之業邁於景鍾研精覃思之功高於中壘固知祝融之所曜景是生魁儒富媪之所腷靈實鍾壽母推其毓源之始徵厥炳慶之由其得之我太師母鮑太夫人乎敢即爲弈之儀用作徽言之闡太夫人司隸清門莊姝令德稱詩納順率禮蹈和玉臺謝其妍詞班管發其新製天將以大定國之門光茂宏之緒焉既而克相皇辟懍乎史箴虔奉威姑儼若朝典喔喔籌唱櫛縰侍晨軋軋機鳴篝鐙落爐柔怡善下踧踖忘勞我太夫子鬱奇律而莫采韞懸藜而未收而乃警旦之聲久聞於鄭國倩春之事不勞於伯鸞吁其難矣夫何藁砧響歇珠樹影摧含霜茹雪集蓼懷辛以將荼之勞為折葼之教補蘿無屋納楹有書每當停鍼月落倚竹

天寒若不知後此之金珥綴蟬揄衣畫翟也且夫娣姒之閫睽孤易起太夫人陶熙其性愉懌其衷憫伯氏之無祿許士安以出後陶嬰之曲頓減悲涼謝庭之枝不妨移植自古為難加人一等在昔長公學行式奉慈闈道園文章出自內訓我夫子騰聲瓊苑晉頌　金天儤承明之直蓮炬生光作博望之賓芝坊領秩子墨客卿咸資準的翰林主人奉為軌塗推其淵致厥有稟階準斯以觀可得而言牂牁風土蒙段山川問俗天南弭節日北收來火齊瑕艷分朱鳥之精網盡珣玕璘玢闢碧雞之色此夫子之力也即太夫人之教也豫章文物近稍砦窳征軺直指慧鏡孤懸芟張霸之偽書斥魯人之贋鼎蠡水無此澂清廬阜還其面目此夫子之力也即太夫人之教也英蕩三持甌淛又莅獨能皋牢眾態融冶羣才會稽玉牒之辭百寶沐浴帝臺鈞天之享九奏砰訇見者歎為鯨鏗春麗鳳鳴朝陽此夫子之力也即太夫人之教也至若盈蹊桃李盡是新陰貯籠藻芩都成俊物銀袍幾輩耀萊子之衣霓裳眾仙和唐山之曲其華國也如彼其榮親也如此太夫人猶復馭才以德守約於豐陽廬陰數噓枯蘇槁鄉多楬父佩玉無歌地匪祇洹布金常滿莫不仰其波及樂此春如古所謂因

仁為質輔義而行者與宜乎景福肸蠁𦭯祉葳蕤紺桃縹李之祥金松綺柏之祝方茲巳徧靡得而云巳人第見　宮錦一襲板輿八年樂且無涯容還有睟而豈知曩者之悁劬荻畫曲悴萱心始得此荼薺異觀枯菀殊致乎歲維彊圉月正長嬴三危瑞露和紅雪以同嘗九醞香醪泛紫霞而共酌南詔西江之士稱娖而前吳山越水之英黎收而拜毓海等深維歡霧久愧氈氍自出大賢之門稔聞聖善之賓曷敢挾張藻繪少溢錙毫所冀慈雲遠蔭愛日長綿躋起居八座之尊光會昌一品之集庶使韓公元氣埽綺麗之餘波永叔別裁釐嘉祐之偽體共聽女牀喤引調飶氣於歸昌豈徒寶婺宵明助中台而爝焜謹序

王母鮑太夫人七十壽言　葉大焯

益吾宮允藝苑宗工蓬山魁宿橐枚乘之筆東觀蜚聲導崔邠之輿北堂就養鳳城春暖白華潔而吹笙燕寢香凝朱轂退而侍膳茲以彊圉之歲蕤賓之辰戲綵承歡徵文祝嘏集賢之杯十九爭介賓筵女媭之紀五千各獻仙算況大焯等與宮允倖託同袍如林宗之知季偉飫聞慈訓因士行而景湛姑敢假鑾詞賓臚懿則惟我年伯母鮑太夫人毓祥湘水著系齊州幼嫻季女之風長擅

大家之譽德成婉婉頌椒有獻於瑞辰典緝紹繩詠絜久稱於內集年十九歸我年伯載之先生鳴璜叶度側袵修儀祇敬以事重闈輯睦以敦六族薦廟中之蘋藻如對先型作廚下之羹湯能諳食性東春西眷式是徽柔婦容婦功表其愔嫕自先生以生計拮据舌耕自贍於時門仍千指地僅一錐范家之甑常塵王氏之氈空在太夫人焦心擘畫赤手搘撐上奉威姑內相夫子鹿車之挽劬於子都之婦牛衣之泣瘁於仲卿之妻既茹蘖以食貧且析荻而課讀為賓劉薦仍袪衡纊之交遺婢買珠徧購琳琅之簡每當霜華覆丸月色窺檐浹舍三椽穅燈一盌毋機軋軋兒誦泠泠林鴉忽嘑階蛩如訴未嘗不繹孟博之傳慷慨以勖東坡授歐陽之文指畫以匡虞集也無何先生玉板書來金刀讖叶布荊依舊腸斷梁春菽水何資心期毛檄宮允廼辭親舍事戎軒鄂皖長征咤叱羊腸之馭灃沅遙戀徘徊烏哺之情太夫人知孝子為祿養而行不揮別淚雖遠道少當歸之寄獨策壯心軍潰壁門人傳噩耗而復信天有素聞變不驚果見柴子羔之來共幸銳司徒之免乙丑宮允入詞林旋晉春坊太夫人笄珈赫艴杖履怡愉似可長攝天龢不關家事乃猶隅圍屏而闚客式古訓而厲忠

法敬姜之習勞屨滿不溢喜崇公之有後述德無忘以故宮允東巳以繩説士若肉雞廉自勉龍性能馴玉尺四持茁軋黜劉幾之體金壺一瀝表傳踵班掾之編凡我宮允之蔚作　國華皆太夫人之垂爲彝教宜乎衆欽閫德家奉女師聖善發揚祓禧翕戢　賜金羅之匕紙官告院高集絳幔之諸生宣文堂啟綰綍之徽斯信純嘏之祿自斅益非璇柏之淵莫睹明玭之照乘非樊桐之圃難逢粹璞之貫虹侯其禕而茂乎鑠矣方今　皇上尊養　兩宮日隆　孝治東朝之奉有曜於崇徽西毋之琛將廣而壽世定見好德之疇錫自　皇極行義之號賁以　綸言又豈僅宜爾子孫萃一門之蕃祉綏我眉壽榮八座之起居也哉是為序

王毋鮑太夫人七十壽言　　彭樹森

吾鄉　王君益吾旋自雲南迎其毋　誥封夫人鮑太夫人來京師就養又七年歲丁丑太夫人壽七十而益吾以宮允連主鄉試門下士畢集樹森等亦以年家子得與蓋升堂介觴千有餘人皆文學士極一時文物衣冠之盛可謂榮矣雖然益吾初自雲南旋猶官編修非大有氣力乃決意迎養念陸行勞苦涉江

泛河自邦溝北泝適年始達又念太夫人遠行違戚里無以為歡遂并及於太夫人之伯姒毋黨子婦猶子女公子及其子女皆挈以行蓋數十百指吾鄉去京師遠能迎養者寡矣迎養而并及族姓戚鄙者尤寡而益吾奮然以行且曲體歡心如此人之知王氏者每論曰王氏有若水先生捐田若干畝為學田而未有後光遠有耀固將必於其宗益吾之先又多積德太夫人尤孝敬能事舅姑冬著夏袴無怨無戚壹以勤苦相其贈公載之先生以禮教訓其子女益吾之兄若弟不獲長世益吾亦轉徙兵革閒瀕危者數乃卒發迹於科目太夫人晉期頤膺難得之寵榮亦固其所而余則尤多益吾之力為其難發於心者誠然行於事者曲盡信乎太夫人獨享之樂京邑宦族所鮮見非外至之榮比也益吾勇於著書凡　本朝掌故地志水經皆究悉之尤肆力古文辭余與反復辯論過從登堂拜母太夫人一言一動無不有誠意將乎其閒令人久而不忘獨念余與益吾同舉又同歲生吾父亦壽七十而十年之內益吾德修業進余猶浮沈郎署求一第以慰高堂亦不可得壽日不獨不能召客且以無名之遊宦違晨昏數千里外所以為子者視益吾何如也然於此益歎羨太夫人之福之

厚為不可及矣同人以侑觴之辭相屬余方自媿何足以仰述太夫人盛美亦述其所以媿而羨者而已益吾其益勉所以事太夫人者哉是為序

王母鮑太夫人七十壽言　　龍文彬

古無壽人之文自宋以詩詞儷語相投贈明則益之以序最富者莫如歸熙甫至　國朝施愚山魏凝叔方靈皋姚姬傳諸家蹊徑各别大約撮舉要端衷之理道不為瑣陳諛頌之詞義法未有不同也近世崇尚鋪張臚列衆美惟恐一端弗備無以愜求之者之懷豈惟於序體有乖且事愈詳義愈愜即揆諸古人紀事之文恐未必盡然也予同年有王益吾精於文者也屢握文衡多得名宿去冬典試浙江旋都以年伯母鮑太夫人今夏五月七十初度命文彬壽叩所以為文者則曰吾母之佐先君備歷百艱先君授經在外吾母或竟日一餐食少許輒託故去慮先祖母之弗飽也或隆冬衣裳質盡猶服夏時之服嘗語兒婦輩曰吾當時不意全活至今然忍凍餓而無怨言者不敢沮乃翁志也男兒貴能固窮但房幃或相摧謫則意紛而不能自力此關於家道廢興甚大又屢稱述先世勤儉家規為勗謂人須無時作有時看有時替無時想故至今儉約

自持不改寒素風文彬曰窮而無怨貴而不易其操此士君子之所難而太夫人能之即此足以徵益吾之振奮有自也夫斯干言女子無非無儀而既醉則有女士之稱義果何屬及三復雄雉之詩婦人以夫遠仕他邦自忘睽違之苦而勉其君子以不忮不求是二者士大夫之所難克聖門如仲由僅僅有合而閨闈乃見及此竊意女士之譽非是不足當之彼北門之賢累於交謫東遷之大夫懷未有室家之慮於此益見雄雉婦人之賢為不可及今觀太夫人貧時艱於雄雉之所遭而能自克其忮求以成夫子之德行其賢則又過之贈公學雖未顯而益吾早歲入詞館　大考擢宮僚茂聲俊烈渢渢日震天心所以隆厥報者未知視雄雉婦人何如也先是益吾從戎幕天門敗績突圍出或以與難告太夫人聞之曰譌也其信道不惑如此今迎養京寓垂七年益吾言公退之暇承望顏色見吾母進一餐加一匕則陶陶然樂莫能名此益吾之所以善養親志而太夫人撫今追昔其樂爲有極耶益吾所述樸屬無溢辭予亦曷敢襲世俗之浮談以進特著太夫人之有合於詩人所稱俾為人母者知所取則益吾精於文以為無盭於古人之義法否也是為序

王母鮑太夫人七十壽言　錢振常

皇帝御宇之三年太歲彊圉赤奮若春正月我同年益吾王君齋宿而來造廬而請曰某自登粉署叨沐　君恩幸奉板輿來游京國竭清温於冬夏已届六年仰康吉之春秋喜登七秩將舉稱觥之禮用承扶杖之歡敢乞瓊琚藉光鞶帨振常重辱斯命深慚不文顧倖叨公瑾同年得拜宣文賢母又何可使黃裳勿表彤管無辭乎維我年伯母鮑太夫人毓自高門生有殊質受公宮四教讀女誡七篇懸淑德之好逑識善心之為窈年十九歸年伯載之贈公靜協陰律穆宣壼儀調琴瑟之音佳偶曰配潔豆籩之奉內助惟賢萊畚同操桓車對挽內而梅蘇韭筆調劑咸宜外而潑酒壺飧餽遺無缺時我年伯高堂重慶垂庇蔭於椿萱年伯母中饋克閑肅儀容於榛栗青甘侍奉得兩代之歡心几杖扶持極一門之樂事所謂愛敬天情言容典禮者矣太年伯峻齋先生樂善無遺安貧有素杯能化去錢不飛來券畫指而難稽貲纏腰而已散年伯母篝鐙宵織執爨晨興上奉姑嫜下撫子女鐵簪畫壁相夫子以持家銅盤傳餐坐佳兒而課讀硯田筆耒難繼饔飧帽布釵荊俱歸質庫而乃艱劬備歷摧適無聞是非

通曉詩書洞明禮義能如是歟歲甲子益吾登賢書乙丑入詞林自庚午迄丙子分校禮闈者一主試鄉舉者三復與　大考特擢中允聽西清之鈴索掌東壁之圖書　綸綍朝宣輶軒歲出一簾秋色湖山之景兼收萬種春花桃李之門更盛金篦刮目黑白無淆玉尺從心短長皆適泛豫章而楩枏盡選登會稽而竹箭都儲　朝廷收得士之功士林服論文之識人第聞其聲華之鼎盛而不知析荾畫荻成之也見其門第之清高而不知茹苦含辛致之也先是同治初益吾慨家況之艱難思戎行之奮迹墨磨盾鼻願草軍書米淅矛頭屢攖鋒刃告急斷紙鳶之信避兵少螢火之丸益吾作代檄之陳琳本無官守效突圍之江革幸返鄉園既慰望於門閭遂仔肩於堂構此固孝思之不匱抑亦陰德之必　酬今者美意延年康強逢吉華鐙遠耀寶婺長明饍潔蘭羞繪斫蓬池而佐餕　恩頒芝誥鶴飛海屋以添籌振常等久挹清芬孰聞懿德雖無鉅筆寫雲母之屏敢獻卮言侑麻姑之酒云爾謹序

宣統二年三月出版

虛受堂文集六冊
定價大洋壹元

總發行國學書社
上海麥家圈才記號內

經售處集成圖書公司
上海棋盤街

外埠分發行所
北京官書局
保定官書局
天津官書局
山東官書局
奉天會文學社
杭州知新書局
蘇州振新書社
漢口六藝書局
各省大書坊